एक उम्मीद

एक उम्मीद

(सूरज)

डॉ. अजय कुमार सिंह

KALPAZ

एक उम्मीद

ISBN: 978-93-5324-642-6

भारत में सन् 2022 में प्रकाशित

कल्पाज पब्लिकेशन

सी-30, सत्यवती नगर

दिल्ली-110052

Phone : 9212142040

ई-मेल: kalpaz@hotmail.com

मुद्रित: ज्ञान प्रेस, दिल्ली

भूमिका

पुस्तक लिखना बड़ी मेहनत का काम है, खास तौर पर तब जब आप यह कार्य अपने अनुभव और शोध के आधार पर करने जा रहे हों। इस पुस्तक में मैंने अपने बरसों के शोध और अनुभवों के आधार पर जो भी ज्ञान प्राप्त किया है, उसको मैं भविष्य में आने वाली पीढ़ियों के मार्गदर्शन के लिये प्रेषित करना अपना कर्तव्य समझता हूँ। यह पुस्तक मेरे हजारों घंटों के कारागार विभाग में दिए सेवा के दौरान मिले अनुभवों तथा हजारों बन्दियों के अनगिनत सुझावों की भी देन है, जिनके साथ मुझे बरसों तक काम करने और समय व्यतीत करने का सौभाग्य प्राप्त हुआ।

मेरा जीवन व्यक्तिगत और व्यावसायिक विकास की एक लम्बी, सतत प्रक्रिया रही है। अपने जीवनकाल में, मैं असंख्य लोगों से मिला हूँ, उनके विचारों से प्रभावित भी हुआ हूँ, किन्तु मैं उनमें से कुछ को खासतौर पर धन्यवाद देना चाहता हूँ, जिनकी बदौलत मैं यह पुस्तक लिख सका।

सबसे पहले, मैं उन लोगों को धन्यंवाद देना चाहूँगा, जिन्होंने बरसों तक मेरे साथ सुख और दु:ख की घड़ी में कन्धे-से-कन्धा मिलाकर मेरा साथ दिया। उसके पश्चात् मेरे वो समस्त मित्र बन्धु, गुरुजन एवं कारागार विभाग के वे समस्त उच्चाअधिकारी,

कर्मचारी एवं वे सभी बन्दी भाई, जिनसे मुझे जीवन में कई बहुमूल्य ज्ञान की प्राप्ति हुई। इन समस्त लोगों के द्वारा मिला ज्ञान, अवलोकन तथा अनुभव मेरे लिये बहुत मूल्यवान हैं तथा उनसे मुझे यह पुस्तक लिखने में काफी मदद मिली है।

खासतौर पर मैं अपने परम् पूजनीय माता-पिता को धन्यवाद देना चाहता हूँ, जिन्होंने मुझे भरपूर स्नेह के साथ-साथ सदा दूसरों के सुख में ही अपने सुख को खोजने की सीख दी। माँ और पिताजी ने मेरी आँखें खोल दीं और मुझे यह अहसास कराया कि मस्तिष्क बेहद शक्तिशाली होता है तथा हमारे साथ घटित होने वाली प्रत्येक घटना से यही मस्तिष्क अवलोकन करता है। साथ ही मैं परम् पूजनीय स्वर्गीय श्री दान बहादुर को धन्यवाद देता हूँ जिन्होंने मुझे अपने मार्गदर्शन में यहाँ तक पहुँचने का मार्ग प्रशस्त किया। मेरे चिन्तन पर कई अद्भुत, चिन्तकों, लेखकों तथा वक्ताओं का भी प्रभाव पड़ा है, जैसे कि मुंशी प्रेमचन्द, मैथिलीशरण गुप्त, महादेवी वर्मा, स्टीफन कवि, श्रद्धेय श्री धर्मगज सिंहजी, परम् पूजनीय श्री प्रज्ञा भारती गिरीजी तथा प्रातः वन्दनीय श्री परमहंस अड़गड़ानन्दजी महाराज।

मैं खासतौर पर धन्यवाद देना चाहूँगा अपनी पत्नी तथा बच्चों को जिन्होंने सदा मुझे जीवन में गर्व करने का अवसर दिया। मैंने जिन्दगी में एक महत्त्वपूर्ण सबक यह सीखा है कि इन्सान कोई भी बड़ा काम अकेले नहीं कर सकता। हम सभी लगभग हर चीज के लिये एक-दूसरे पर निर्भर होते हैं। मैं उन समस्त लोगों को धन्यवाद देना चाहता हूँ, जिन्होंने जाने-अनजाने में मुझे जीवन के प्रत्येक क्षण में सँभाला हैं, किन्तु यहाँ जगह कम पड़

जाएगी, इसीलिए मैं अपनी अद्‌बूत पत्नी अनु को धन्यवाद देकर यह अध्याय समाप्त करता हूँ। अनु, आपको प्रत्येक उस चीज के लिये धन्यवाद, खासतौर पर महीनों तक धैर्य के साथ मुझे बर्दाश्त करने के लिए, जब मैं कोरोना से पीड़ित होकर अपने जीवन की एक अद्‌भुत लड़ाई लड़ रहा था। साथ ही मेरे बच्चे दीपिका सिंह, प्रियंका सिंह, अभय प्रताप सिंह तथा अक्षय प्रताप सिंह, जिन्होंने अपने व्यवहार की वजह से आज मुझे समाज में गर्व की अनुभूति करवायी।

प्रस्तावना

यह कहानी एक बन्दी के संघर्ष की कहानी नहीं अपितु प्रत्येक उस असहाय बन्दी की गाथा है, जो बेकसूर होते हुए भी किसी-न-किसी कारणवश अपने जीवन को कारागार के अन्धकारमय जीवन को जीने हेतु मजबूर हैं। ऐसे ही एक बेकसूर और असहाय बन्दी के उम्मीद की यह कहानी हम सभी को यह सीख देती है कि चाहे हालात हमारे कितने भी विपरीत क्यों न हो जायें हमें किसी भी कीमत पर उम्मीद और अपने हौसले का साथ नहीं छोड़ना चाहिए।

सूरज जो स्वयं अपने आपको तपाकर समस्त जहाँ में ऊर्जा रूपी जीवन प्रदान करता है, ठीक उसी प्रकार से इस कहानी का नायक सूरज भी अपने जीवन के तमाम संघर्षों को पार कर एक ऐसा मुकाम हासिल करता है जो उसकी मृत्यु के उपरान्त भी युगों-युगों तक लोगों के दिलों में सेवा, प्रेम तथा ज्ञान का प्रकाश बिखेरती रहेगी।

सूरज को यह प्रेरणा उस समय प्राप्त हुई जब वह कारागार में बन्द था। उस समय उसके जीवन में कैसे कारागार के दो अधिकारियों ने एक आदर्श गुरु की भूमिका निभाते हुए, उसे

उसके जीवन के मूल उद्देश्य से अवगत करवाया तथा सूरज के अन्दर संस्कारों का एक ऐसा बीज अंकुरित किया, जिसके फलस्वरूप सूरज जब कारागार से बाहर निकला तो वह एक अपराधी बनकर नहीं बल्कि समाज का एक सच्चा सेवक बनकर।

यह कहानी एक कल्पना अवश्य है किन्तु यह सच के उतने ही करीब है जितना कि किसी व्यक्ति की परछाईं।

आइए इस कहानी के माध्यम से हम सभी सूरज के साथ कदम से कदम मिलाकर साक्षी बनते हैं उसके अन्तहीन यात्रा का।

सूरज एक अनाथ बालक होता है। जो मजबूरीवश अपने कुछ दोस्तों के साथ रेलवे स्टेशन पर रहकर अपना जीवन जीने पर विवश है। किन्तु एक दिन सूरज को उसके ही मित्रों के खून के इल्जाम में गिरफ्तार कर लिया जाता है। सूरज के लाख कहने के बावजूद वह पुलिस तथा न्यायालय के समक्ष अपनी बेगुनाही साबित नहीं कर पाता। परिणामस्वरूप सूरज को जिला कारागार, गौतम बुद्ध नगर भेज दिया जाता है।

कारागार में आने के उपरान्त सूरज को जब अपनी बेगुनाही साबित करने का कोई मार्ग नहीं दीखता तो वह निराश हो जाता है। किन्तु तभी उसके जीवन में कारागार के जेलर साहब, एक देवदूत के समान उसे यह समझाते हैं कि अगर वह बेक़सूर है तो उसे अपनी यह लड़ाई मजबूती से लड़नी चाहिए तथा इस धर्मयुद्ध में उसका साथ सिर्फ ज्ञान ही दे सकता है। जेलर साहब के प्रोत्साहन से सूरज कारागार में रहते हुए दसवीं कक्षा की परीक्षा में शत-प्रतिशत अंक लाकर एक नया कीर्तिमान स्थापित करता है।

सूरज के इस कारनामे की खबर जैसे ही कारागार के डी.जी.पी., साहब को लगती है तो सूरज के इस धर्मयुद्ध में उसकी मदद करते हैं। जेलर साहब तथा डी.जी.पी. साहब की शिक्षा की वजह से सूरज कारागार से बरी होने के पश्चात् समाज में सेवा, त्याग तथा ज्ञान की ऐसी अनूठी मिसाल पेश करता है जिसके फलस्वरूप कई बन्दी अपराध की राह को छोड़कर समाज में सूरज के समान सेवा का मार्ग अपनाने हेतु तत्पर हो जाते हैं।

एक उम्मीद

सूरज.... ओ सूरज....। उठ जा बेटा, कब तक सोएगा, यह आवाज अक्सर सूरज के कानों में दर्द का एहसास कराकर चली जाती थी। अक्सर गहरी नींद के आगोश में जब भी सूरज अपने दर्द एवं अन्धकारभरी जिन्दगी से कुछ पल चुराने की कोशिश करता, तब यह आवाज उसकी गहरी निन्द्रा को भंग कर पुनः दर्द एवं अन्धकार के मध्य उसे खींच लाती थी।

अपने कानों में यह आवाज गूँजने के उपरान्त, अक्सर मध्य रात्रि को ही सूरज चिल्लाकर उठ जाया करता था। नींद के खुल जाने के उपरान्त वह घण्टों अपनी अन्धकार से भरी जिन्दगी में गोते लगाना शुरू कर देता था।

उधर कुछ दिनों से यह आवाज उसको अक्सर नींद से उठा दिया करती थी। कारागार में बन्द एक कैदी के लिये नींद का महत्त्व क्या होता है, यह सूरज ने भली-भाँति सीख लिया था। अक्सर जब वह मध्य रात्रि में गहरी नींद से उठ बैठता तो उस समय उसकी वेदनाओं के ऊपर प्यार का मलहम लगाने वाला भी कोई नहीं होता था। कहने के लिये तो उसके आसपास कई लोगों की भीड़ थी, किन्तु वह इस भीड़ में भी तन्हा ही था।

वैसे तो सूरज भी आम बन्दियों के जैसा ही उदासी एवं मायूसी के मध्य गोते लगाता एक कैदी ही था, और कैदियों की भाँति सूरज भी समाज और कानून की नजर में अपने आपको निर्दोष साबित करने की जद्दोजहद में लगा हुआ था। लेकिन इसके बावजूद कुछ तो खास था इस छोटे-से कद एवं गोल-से मासूमियत से भरे चेहरे में जिसकी वजह से अब वह आम कैदी न होकर उत्तर प्रदेश कारागार के बन्दियों के मध्य ही नहीं अपितु प्रदेश के समग्र युवाओं के लिये भी एक चर्चित चेहरा एवं प्रेरणा बनकर उभरा था। जेल के इतिहास में सूरज ने पहली बार एक ऐसी अनूठी मिसाल पेश की थी जिसकी वजह से कई सूबे के बन्दी एक नेक एवं आदर्शवान व्यक्तित्व हासिल करना चाहते थे। जेल और उसमें रह रहे बन्दियों के प्रति सूरज ने पहली बार समाज की मानसिकता के सामने एक ऐसा दर्पण पेश किया था, जिसकी वजह से समाज के कई प्रतिष्ठित व्यक्ति सूरज तथा उसके जैसे कैद में बन्द बेकसूर बन्दियों के सहयोग हेतु आगे आए थे।

जहाँ एक तरफ हमारा समाज मुल्जिमों के प्रति सख्त होता है, सूरज ने उसी समाज को अपने व्यवहार एवं सफलताओं की वजह से अपने विचार बदलने पर मजबूर कर दिया था कि जेल में बन्द हर कैदी एक अपराधी ही नहीं होता, कुछ इन्सानों के ऐसे भी हालात होते हैं, जो कि विपरीत परिस्थितियों के भँवर में फँसकर अपनी सुखमयी जिन्दगी को दोजख बना लेते हैं।

रात्रि के तीन बजे जिला कारागार, गौतमबुद्ध नगर में जहाँ एक तरफ हजारों कैदियों के रहने के बावजूद सन्नाटे का आलम पसरा था, लगभग सैंकडों बीघे में फैले इस कारागार में चारों

तरफ खामोशी का साम्राज्य अपनी चरम सीमा तक फैला हुआ था। रह-हरकर जेल सुरक्षा में तैनात प्रहरियों के कदमों की आहट इस शान्तमयी वातावरण में अपने सतर्क होने का अहसास करा देती थी। जहाँ एक तरफ समस्त बन्दी अपनी अन्धकारभरी जिन्दगी की चिन्ताओं से दूर होकर निन्द्रा के आगोश में शान्ति का अनुभव कर रहे थे। वहीं दूसरी तरफ उन्हीं बन्दियों के मध्य सूरज अकेला बैठा न जाने किन ख्यालों में खोया हुआ था।

उसके साथ अक्सर ऐसा ही होता था, अधिकतर वह कानों में पड़ती उस आवाज की वजह से मध्य रात्रि को ही उठकर बैठ जाया करता था, और पूरी रात अपनी माँ और पिताजी को याद कर विचलित हो उठता था, भले ही वे दोनों इस दुनिया में न हों, किन्तु उनकी यादें, उनके उसूल उससे हर वक्त यही प्रश्न करते थे, कि बेटा यह हमारी दी हुई शिक्षा तो नहीं थी। हमने तो तुझे समाज में एक आदर्श स्थापित करने के लिये शिक्षा दी थी, लेकिन तूने अपनी यह कैसी नियति का चुनाव किया है, जहाँ तू स्वयं समाज का एक दुश्मन बन बैठा है। जब भी उसके मन में यह सवाल उठता, तो वह बेचैन-सा हो जाता। आज भी कुछ ऐसे ही ख्यालों में डूबा, काफी विचलित-सा प्रतीत हो रहा था। बाहर से आती शीतल हवाएँ उसके बदन को स्पर्श कर मानो सान्त्वना दे रही हों, कि सूरज जिन्दगी में तुझे अभी तो और भी बड़ी जंग लड़नी है, याद रख यह समय तेरी नियति नहीं अपितु एक नए अध्याय की शुरूआत है। कुछ पल अपने बिस्तर पर गुमसुम-सा बैठने के उपरान्त वह बेचैनी के आलम में उठकर खड़ा हो गया था तथा न जाने क्या सोचकर वह बैरक में विचलित मन से टहलने लगा। कुछ देर बैरक में टहलने के बाद

वह एक खिड़की के समीप जाकर खड़ा हो गया। वैसे तो दिन के समय बैरक के बाहर का दृश्य शोर-शराबे वाला होता था, किन्तु रात्रि के समय बाहर का दृश्य काफी मनोरम-सा प्रतीत हो रहा था। चारों तरफ पेड़-पौधों एवं फूलों की छोटी-छोटी क्यारियाँ, हरी-भरी घास मानो ऐसा प्रतीत हो रहा था जैसे वे सूरज के हर जज्बात एवं भावनाओं से परीचित हों। अक्सर तनहाई के आलम में सूरज अपने इन्हीं प्राकृतिक मित्रों के सान्निध्य में शान्ति प्राप्त करता था। ये समस्त पेड़-पौधे उसके सच्चे साथी थे। इन सभी पेड़-पौधों को सूरज ने अपने हाथों से लगाया था, शायद इसी वजह से वह या ये समस्त पेड़-पौधे एक दूसरे की भावनाओं को अच्छी तरह समझते थे। कुछ पल खिड़की से उन पेड़-पौधों को देखने के बाद वह पुनः अपने बिस्तर पर वापस आने के पश्चात् भी, नींद अभी भी सूरज की आँखों से कोसों दूर थी। वह तमाम सो रहे बन्दियों के मध्य अकेला बैठा न जाने विचारों में खोया हुआ था, कि तभी किसी व्यक्ति की आवाज ने उसके विचारों की दुनिया से विमुख कर दिया। बगल के बिस्तर से वही आवाज उसके कानों को पुनः सुनाई दी थी, इस बार वह उस आवाज को पूर्ण रूप से सुनने में सक्षम था, "क्या हुआ सूरज भाई, नींद नहीं आ रही है क्या?" काफी बेचैन लग रहे हो। सूरज ने आवाज की तरफ मुड़कर देखा एवं नम आँखों के साथ-साथ रुंधे गले से प्रतिक्रिया देते हुए कहा कि "कुछ खास नहीं जैद भाई बस मन थोड़ा उदास है।"

एक कैदी का दर्द एक कैदी से बेहतर भला और कौन समझ सकता है। जैद भी सूरज की भाँति ही, कानून के भ्रम का

शिकार होकर इस दोजखमय जीवन को जीने पर विवश था। दोनों हमउम्र होने के साथ-साथ इस नरक के समान जीवन में एक-दूसरे के सुख-दु:ख के साथी भी थे।

सूरज की भर्राई आवाज एवं नम आँखों को देख जैद भी विचलित हो उठा था। जैद अपने बिस्तर से उठकर, अब सूरज के पास आकर बैठ गया तथा सूरज के कन्धों पर अपना हाथ रखकर कहने लगा कि क्या हुआ भाईजान, आज आप इस कदर विचलित क्यों हो रहे हैं। आज की रात्रि तो आपके लिये प्रसन्न होने के लिये है, क्योंकि कल इस बन्धन से आप मुक्त हो जाओगे। कल से तुम अपने जीवन की एक नई शुरूआत करोगे, जहाँ न तो कोई पाबन्दी होगी और न ही किसी का पहरा।

जैद भाई की बातों को सुनकर, सूरज की आँखों में रुके हुए आँसू, अपने सब्र के बाँध को अब तोड़ चुके थे। अपनी आँखों से बहते आँसुओं को रोकने की नाकाम चेष्टा करते हुए, सूरज ने जैद भाई से रुधे गले से कहा कि- भाई, आप सच कहते हैं, कि कल से मैं एक उन्मुक्त पंछी की भाँति स्वच्छन्द आसमान में विचरण करूँगा, किन्तु मेरा मन अन्दर-ही-अन्दर यह विचार कर काँप उठता है कि क्या यह समाज मुझे इतने अन्तराल से इस कैद में रहने के पश्चात् पुनः अपनी मुख्य धारा से जुड़ने देगा? पाँच वर्ष मैंने इस कारागार में बिताए हैं, क्या पुनः मेरे लिये सम्भव हो पाएगा इस कारागार के बाहर समाज के बीच में रहकर एक समन्वय स्थापित कर पाना? मैं बाहर निकलकर इस समाज का एक अहम हिस्सा बनना चाहता हूँ, किन्तु दिल के किसी कोने में यह डर समाया हुआ है कि अगर मैं समन्वय

स्थापित करने में असफल हो गया तो क्या होगा? आपको तो ज्ञात ही है भाई, कि मैं इस दुनिया में एकदम तन्हा हूँ। इस कारागार ने मुझे आप जैसा भाई एवं यहाँ के अधिकारियों से मुझे मेरे माता-पिता के समान एक रिश्ता मिला है। किन्तु किस्मत का यह खेल कितना अजीबो-गरीब है, जब भी मुझे ऐसा प्रतीत होता है कि जीवन के पथ पर मेरा सब कुछ सही होने को है, तभी मेरी किस्मत मुझसे सब कुछ छीनकर मुझे बिल्कुल तन्हा कर देती है। क्या यह समाज एक अनाथ को, जो कि पाँच वर्ष तक कारागार में समाज का दुश्मन बनकर रहा हो, उसे पुनः अपनाएगा। कहीं मैं यहाँ से रिहा होने के पश्चात् पुनः अलग-थलग न पड़ जाऊँ, यही विचार मुझे काफी व्याकुल एवं विचलित कर देता है।

जैद, सूरज की बातों को ध्यानपूर्वक सुन रहा था। सूरज की बातों में एक अलग प्रकार की वेदना को महसूस कर, जैद की आँखें भी भर आई थीं। नम आँखों से जैद ने सूरज को समझाते हुए कहा, कि मेरे भाई, हम जब तक अपने कर्मों से समाज का अहित नहीं करते तब तक हमारा समाज सदैव हमें अपने मध्य एक अहम हिस्सा ही मानता है। बाहर लोग यह नहीं जानना चाहेंगे कि तुम क्या थे बल्कि वे चाहेंगे कि तुम वर्तमान में क्या हो। मेरे भाई, जब तुम इस कारागार में आए थे, उस समय तुम एक मुल्जिम थे, इस समाज के लिये दुश्मन थे। लेकिन कल जब तुम यहाँ से जाओगे तब तुम एक मुल्जिम नहीं एक निर्दोष नागरिक के रूप में जाओगे। तुम यह क्यों भूल रहे हो कि समाज के ही कुछ प्रतिष्ठित लोगों ने ही तुम्हें निर्दोष साबित कर बरी करवाया है। तुमने अपने प्रेम और व्यवहार के दम पर जो मुकाम

यहाँ हासिल किया है कि बाहर भी तुम्हें इतना ही प्रेम मिलेगा। इन पाँच वर्षों में हर वक्त एवं हर परिस्थिति में अपने आपको एक बेहतर इन्सान के तौर पर प्रमाणित किया है। वर्तमान समय में तुमने इस कारागार ही नहीं अपितु कारागार के बाहर भी अपने समकक्ष के युवकों के मध्य एक आदर्श पेश किया है और फिर मेरे भाई, तुम्हारा तो कोई शत्रु भी नहीं बन सकता, क्योंकि शत्रुओं को भी अपने व्यवहार से मित्र बना लेना यही तो तुम्हारी विशेषता है।

मेरे भाई, इस कदर अगर तुम ही, जीवन से हताश होने लगे तो, यहाँ पर उपस्थित जितने भी बन्दी आज तुम्हें देखकर अपने आपको तुम्हारे जैसा बनने की प्रेरणा ले रहे हैं, उन सबकी उम्मीदें टूटकर बिखर जाएँगी। अतः यह समय चिन्ता करने का नहीं अपितु चिंतन करने का है। जैद भाई के साथ कुछ वक्त व्यतीत करने एवं उनके विचारों को सुनकर सूरज का मन अब काफी हल्का महसूस होने लगा था। जैद भाई के साथ बैठकर सूरज को अब शान्ति की अनुभूति हो रही थी। जब उसका मन पहले कि अपेक्षा थोड़ा हल्का हो गया, तब उसने जैद भाई की तरफ देखकर मासूमियत के साथ एक प्रश्न पूछा- जैद भाई, आप तो पाँचों समय नमाज पढ़ते हैं, क्या आप मेरी एक जिज्ञासा शान्त कर सकते हैं? वैसे तो मैं यह प्रश्न कई वर्षो से अपने सीने में दबाए बैठा हूँ, किन्तु मैं यह प्रश्न पूछकर आपकी भावनाओं को चोटिल नहीं करना चहता था। इस कारागार में आप ही मेरे मार्गदर्शक रहे हैं, तथा आपने सदैव मुझे ईश्वर के प्रति समर्पण की बात सिखाई है, किन्तु इसके बावजूद मैं कभी दिल से उस ईश्वर के प्रति जुड़ाव नहीं महसूस कर पाया। आपको देखकर

मैं पूजा-पाठ जरूर कर लेता था, किन्तु कभी भी मैं दिल से उस परम्पिता परमेश्वर से नहीं जुड़ पाया। आप हमेशा यही कहते हैं, कि तुम उस ईश्वर के प्रति श्रद्धा रखकर अगर एक कदम उसकी भक्ति में चलोगे तो बदले में परम्पिता परमेश्वर कई कदम तुम्हारे लिये आगे आएगा। लेकिन किस्मत का यह कैसा खेल है कि भगवान् भी जानते थे कि मैं बेकसूर हूँ, लेकिन इसके बावजूद बिना किसी गुनाह के मुझे पाँच वर्ष इस कारागार में बिताने पड़े। भगवान् ने मुझसे मेरा सब कुछ छीन लिया। मैंने ऐसा क्या गुनाह किया था जो मुझे परम्पिता परमेश्वर ने ऐसी सजा दी। आप सदैव कहते हैं, कि हमें अपने मन के अन्दर उम्मीद की एक लौ सदैव जलाकर रखनी चाहिए, क्योंकि ईश्वर अगर हमारे लिये एक दरवाजा बन्द करता है तो बदले में हमारी तरक्की के लिये कई दरवाजे खोल भी देता है। लेकिन मेरे लिये उसी परमेश्वर ने सदैव अँधेरा क्यों रखा, अगर मैं कभी उस भगवान् से मिलूँ तो उससे यह प्रश्न जरूर पूछूँगा कि उसकी नजर में सत्य की क्या परिभाषा है? क्या सत्य की सदैव यही गति होती है कि एक व्यक्ति बेकसूर होते हुए भी समाज की नजरों में गुनहगार बन जाए तथा अपना जीवन पूर्ण रूप से अन्धकार की तरफ धकेलने पर विवश हो जाए। जैद भाई यह कैसा न्याय-चक्र है, उस भगवान् का....। कभी-कभी तो मुझे ऐसा प्रतीत होता है, जैसे भगवान् इस दुनिया में है ही नहीं।

सूरज की बातों को सुनकर, जैद ने मुस्कुराते हुए कहा कि "मेरे भाई कौन कहता है कि भगवान् हमारे मध्य नहीं है। वह तो हर पल, हर परिस्थिति में हमारे साथ रहता है। उस भगवान् के बिना न तो हम लोगों का कोई अस्तित्व है और न ही इस

कायनात का महत्त्व। अगर भगवान् हमारे मध्य से अदृश्य हो जाए तो, हम लोगों का अस्तित्व भी खत्म हो जाएगा। यह तो हम लोगों की अज्ञानता है, जिसके फलस्वरूप हम उस सर्वशक्तिमान ईश्वर को अपने समक्ष देखते हुए भी अनदेखा कर देते हैं तथा इसके विपरीत हम ईश्वर भक्ति से विमुख होकर कई अन्य आड़म्बरों का शिकार हो जाते हैं। श्रीमद्‌भगवत् गीता में श्रीकृष्ण भगवान् ने अर्जुन से कहते हैं कि:-

ममैवांशो जीवलोके जीवभूत: सनातन:।
मन: षष्ठानीन्द्रियाणि प्रकृतिस्थानि कर्षति।।

अर्थात हम सभी मनुष्य ईश्वर की ही सन्तान हैं, भगवान् ही हम सभी के पालनहार एवं रचयिता हैं। जैद भाई, ये सब कहने की बातें हैं, जब हम भगवान् को परम्पिता कहते हैं, तो क्या यह उसका दायित्व नहीं बन जाता कि हमें कठिन परिस्थितियों में सँभाल ले, क्या एक परम्पिता को यह शोभा देता है कि वह अपने बच्चों को ऐसी विषम परिस्थितियों में अकेला छोड़ दे? अगर मैं कभी उस भगवान् से मिलूँ तो मैं यह प्रश्न उससे जरूर पूछना चाहूँगा।

सूरज की बातों को सुनकर जैद ने मुस्कुराते हुए कहा कि- अच्छी बात है, अभी तो रात काफी हो चुकी है, मैं कल प्रात: ही तुम्हारी जिज्ञासा को शान्त करने का प्रयत्न करूँगा। इस समय तो यही बेहतर होगा कि तुम कुछ पल के लिये सोने कि चेष्टा करो। तुम्हारा तो पता नहीं, लेकिन इस समय मुझे तो काफी नींद आ रही है। सूरज ने जैद से अनुग्रह करते हुए याचना की, वह उसे भगवान् का भेद समझा दे। उसने निवेदन करते हुए कहा

कि- भाई, कृपया मेरी इस जिज्ञासा को आप इसी क्षण शान्त करने की कृपा करें। उसके उपरान्त मैं आसानी से सोने के लिये अपने आपको सहज महसूस कर पाऊँगा।

सूरज के इस प्रकार बार-बार अनुरोध के आगे झुकते हुए, जैद ने कहा कि ठीक है मित्र, जैसी तुम्हारी इच्छा। अगर तुम यही चाहते हो तो, तुम्हें मैं इसी वक्त उस परम्पिता परमेश्वर का भेद समझाने का प्रयत्न करूँगा। किन्तु उससे पूर्व तुम्हें मुझे यह वचन देना होगा कि तुम आगे भविष्य में कभी हताश नहीं रहोगे। मित्र, तुमसे कई लोगों की उम्मीदें जुड़ी हुई हैं, अब तुम सिर्फ एक आम इन्सान नहीं, जो पाँच वर्ष पूर्व इस कारागार में एक मुल्जिम की तरह आये थे, आज तुम हर उस युवा के लिये एक आदर्श बन चुके हो, जो अपने जीवन की शुरूआत तुम्हें अपना प्रेरणास्रोत मानकर कर रहे हैं।

जैद भाई के उत्साह के साथ सूरज ने वचन देते हुए कहा कि- मैं आपको वचन देता हूँ भाई कि मैं आपकी उम्मीदों पर सदा खरा उतरने का प्रयत्न करूँगा। चाहे परिस्थितियाँ कितनी भी विषम क्यों न हों, मैं हर समय उस विषम परिस्थिति का सामना एक नवीन उत्साह के साथ करने का प्रयत्न करूँगा। जैद ने सूरज की बातों को सुनकर, उसे गले से लगा लिया तथा उसके कन्धों को थपथपाते हुए कहा कि- भाई मुझे तुम पर पूर्ण विश्वास है कि तुम जीवन में अपने आपको हर परिस्थिति में सफल साबित करोगे। मुझे इस बात का गर्व सदैव रहेगा कि अल्लाह पाक ने मुझे तुम जैसा एक नायाब भाई दिया है। मैं सदैव तुम्हारे साथ प्रत्यक्ष अथवा अप्रत्यक्ष रूप से खड़ा रहूँगा, तुम जीवन के किसी भी मोड़ पर अपने आपको अकेला नहीं पाओगे।

जैद की बातों की वजह से, सूरज थोड़ा भावुक होने लगा था। अपनी वेदनाओं को संभालते हुए उसने, जैद भाई से पूछा कि भाईजान मुझे इस बात का गर्व है कि आप जैसा भाई मुझे उस भगवान् ने दिया है। शायद इसी वजह से मैं आपके ऊपर इतना निर्भर हो पाया हूँ। कभी-कभी तो मन में यह ख्याल आता है, कि अगर आप यहाँ नहीं होते, तो मेरे, जीवन न जाने किस दिशा में गोते लगा रहा होता। भाईजांन, अब तो मेरी जिज्ञासा शान्त करें तथा मुझे भगवान् का भेद समझाने की कृपा करें।

सूरज के शब्दों में उत्सुकता साफ-साफ झलक रही थी। उसकी जिज्ञासा एवं उत्सुकता को देखते हुए, जैद ने कहा- मित्र क्या तुम जानते हो कि भगवान् को भगवान् क्यों कहा जाता है। भगवान् का शाब्दिक अर्थ क्या होता है, अगर तुम यह अर्थ जान जाओगे, तो शायद तुम भगवान् के रहस्य को भी आसानी से जानने में सक्षम हो जाओगे। अब जो मैं तुमसे बताने जा रहा हूँ, उसको ध्यानपूर्वक समझने की कोशिश करना। भगवान् का सही शाब्दिक अर्थ है-

भ - भूमि

ग - गगन

व - वायु

अ - अग्नि

न - नीर

मेरे भाई, इन्हीं पंच महाभूतों से ही सृष्टि की संरचना परम्पिता परमेश्वर ने की है। इन्हीं पंच महाभूतों को भगवान् कहा जाता है। मेरे भाई, इन पंच महाभूतों के बिना शायद हमारा

भी कोई अस्तित्व न हो, सूरज क्या तुम जानते हो, भगवान् सदैव इन पंच महाभूतों के रूप में हमारे साथ ही रहते हैं।

जैद भाई की बातों को सुनकर सूरज को आत्म-शान्ति की अनुभूति हो रही थी। उसने जैद से मुस्कुराते हुए कहा कि भाईजान, आप तो एक मुसलमान हैं। फिर भी आपने कितनी अच्छी प्रकार से मेरे मन की शंका का समाधान किया है। सूरज की बातों पर जैद ने हँसते हुए कहा- "क्या हिन्दू और क्या मुसलमान हम सभी तो एक ही परम्पिता की सन्तान हैं, हाँ, ये बात और है कि उन्हें याद करने का तरीका हम लोगों का भिन्न है, लेकिन अन्ततः हम सभी पूजते उसी एक ईश्वर को हैं," तुम्हें पता है सूरज, ईश्वर ने जातियाँ नहीं बनायी, यह तो हम मनुष्यों के द्वारा रचित एवं बनायी गयी हैं। श्रीमद्भगवत् गीता में भगवान् श्रीकृष्ण कहते हैं कि:-

द्वौ भूतसर्गो लोकेऽस्मिन् दैव आसुर एव च।
दैवो विस्तरशः प्रोक्त आसुरं पार्थ मे शृणु।।

अर्थात्- मनुष्य केवल दो प्रकार के हैं, देवता और असुर। जिसके हृदय में देवी सम्पद् कार्य करती है, वह देवता है तथा जिसके हृदय में आसुरी सम्पद् कार्य करता है वह असुर है। तीसरी कोई अन्य जाति सृष्टि में नहीं है। इतना कहने के उपरान्त जैद ने जम्भहाई लेते हुए सूरज से कहा कि- मेरे भाई नींद के कारण अब मेरा यहाँ बैठना तकलीफदेय हो रहा है। मेरे भाई अब तुम भी सोने की कोशिश करो तथा बिना अपने मन में किसी संशय के खुले मन से अपने आने वाले समय का स्वागत करो। तुम्हारा भविष्य काफी उज्ज्वल है। इन पाँच वर्षों में जो भी तुमने

इस कारागार में पाया है। वह सीख तुम्हें सदा जिन्दगी के सफर में सदैव अग्रसर करती रहेगी। इतना कहने के पश्चात् जैद भाई सूरज के बिस्तर से उठ खड़ा हुआ तथा अपने बिस्तर की तरफ सोने चल दिया।

सूरज के बार-बार निजी विद्यालय में पढ़ने की इच्छा की वजह से अपनी आर्थिक स्थिति की परवाह न करते हुए सूरज के पिता ने सूरज का दाखिला पास के ही एक निजी विद्यालय में करवा दिया। सूरज के इस नए विद्यालय का नाम 'एडवांस मॉडर्न पब्लिक स्कूल' था। जहाँ का माहौल अपने नाम के अनुरूप ही काफी मॉडर्न था। जहाँ एक तरफ सूरज अपने इस नए विद्यालय में पहली बार प्रवेश कर उत्साहित था। वहीं दूसरी तरफ उसकी सादगी एवं सीधापन उसके जीवन में कई प्रकार की परेशानियाँ लेकर आने वाली थीं। एक तरफ सूरज जहाँ एक साधारण घर से ताल्लुक रखने वाला था, वहीं दूसरी तरफ उस विद्यालय में पढ़ रहा हर बच्चा मानसिक एवं आर्थिक रूप से सूरज की अपेक्षा काफी मजबूत था।

सूरज ने प्रथम दिन जब अपनी सातवीं कक्षा में प्रवेश किया तो उस समय ही उसका सामना कक्षा की सबसे होनहार लड़की जो कि कक्षा की मॉनिटर भी थी, उससे हो गया। वैसे तो उस लड़की का नाम सिमरन था, पर कक्षा के सभी बच्चे उसे सिमी के नाम से ही सम्बोधित करते थे। सिमी कक्षा में एक होनहार विद्यार्थी होने के साथ-साथ एक सख्त एवं गुस्सैल प्रवृत्ति वाली लड़की थी। अगर कक्षा में कोई विद्यार्थी उसकी किसी बात को अनदेखा या अनसुना कर दे, तो इसका सीधा तात्पर्य यही समझा

जाता कि आने वाला समय उस विद्यार्थी के लिये काफी मुश्किलों भरा होने वाला है। जिसकी दो वजह थी, एक तो उसका दोस्त आदित्य जो शरीर से काफी बलिष्ठ था। वह सिमरन के साथ बदतमीजी किए हुए किसी भी विद्यार्थी को अपना निजी दुश्मन समझता था। दूसरा खुद सिमरन उस विद्यार्थी की शिकायत अध्यापकों से करके उसे समस्त कक्षा के सामने लज्जित करवाती थी। अध्यापक भी जाने-अनजाने सिमरन का समर्थन करते थे। सूरज अकेला उस कक्षा में ऐसा विद्यार्थी नहीं था, जिसे सिमरन एवं आदित्य के कोप का भाजन बनना पड़ा था। उसके अतिरिक्त भी कक्षा में दो-चार ऐसे विद्यार्थी थे, जो समय-समय पर सिमरन और आदित्य के द्वारा किसी-न-किसी बहाने से सताए जाते थे। अक्सर उन बच्चों के कपड़ों पर टिफन में लाई हुई आलू की सब्जी मसलकर लगा देना तथा बाद में उसका मजाक उड़ाना। ये सिंमरन, आदित्य एवं उसके दोस्तों के मनोरंजन का मुख्य स्रोत होता था। जब यही मजाक भरी कक्षा में सूरज के सामने उसी की कक्षा में पढ़ने वाले एक अन्य विद्यार्थी शोभित के साथ दोहराया गया तब ऐसी परिस्थिति में सूरज अन्य विद्यार्थियों की भाँति शोभित के ऊपर कैसे हँस सकता था। समस्त कक्षा को छोड़कर सूरज ही एक मात्र ऐसा विद्यार्थी था, जिसने शोभित के साथ हुए इस मजाक का विरोध किया था। सूरज के विरोध करने की वजह से सिमरन एवं आदित्य उससे अत्यधिक द्वेष रखने लगे थे। उन दोनों के द्वेष रखने की वजह से कक्षा के अधिकतर विद्यार्थी भी सूरज से अब दूरी बनाने लगे थे। अब एकमात्र उस कक्षा में उसे शोभित का ही साथ प्राप्त था।

एक दिन सिमरन एवं आदित्य ने सूरज को सताने के लिये योजना बनायी। जिसकी वजह से सूरज को समस्त कक्षा के साथ-साथ अध्यापकों की नजरों में भी दोषी सिद्ध किया जा सकता था। वह समय अक्टूबर का महीना था, दीपावली आने में कुछ ही दिन शेष थे। बाजार में पटाखे आसानी से उपलब्ध हो रहे थे। शायद इन्हीं कारणों की वजह से सिमरन, आदित्य एवं उसके दोस्तों ने सूरज के साथ एक खतरनाक शरारत करने का विचार बनाया। उस समस्त कक्षा में बलदेव पांडेजी जो कि गणित के अध्यापक भी थे, काफी सख्त अध्यापकों में गिने जाते थे। उनके सामने कक्षा के ही नहीं अपितु समस्त विद्यालय के विद्यार्थी खौफ खाते थे। वे एक ईमानदार, कर्तव्यनिष्ठ एवं धार्मिक प्रवृत्ति की छवि वाले अध्यापक थे। उनका यह व्यक्तिगत मत था, कि शिक्षा रूपी सरस्वती को सदैव ध्यान एवं स्वस्थ माहौल से ही प्राप्त किया जा सकता है। शायद इसी वजह से वह अध्यापन के कार्य को एक तपस्या मानते थे एवं पूरी निष्ठा के साथ विद्यार्थियों को पढ़ाते थे। उनकी कक्षा में पढ़ाने का एक नियम यह भी होता था कि वे सदैव अपनी कक्षा में पाठ की शुरूआत माता सरस्वती की वन्दना से किया करते थे। स्वयं अपने द्वारा लायी हुई अगरबत्ती जलवाते थे। नियमानुसार उनकी कक्षा में पढ़ने वाले विद्यार्थी उनके आने से पूर्व ही कक्षा में अगरबत्ती जला देते थे।

इसी बात का फायदा उठाकर सिमरन तथा आदित्य ने सूरज के साथ शरारत करने का विचार बनाया। सिमरन पूरे सप्ताह के लिये किसी विद्यार्थी को नियुक्त करती थी कि वह बलदेव पांडेजी के कक्षा में आने से पूर्व ही अगरबत्ती जला दिया करें।

जिससे कि बलदेवजी को अपनी कक्षा प्रारम्भ करने में विलम्ब न हो। उस समय एक सप्ताह के लिये सूरज को अगरबत्ती जलाने का कार्य सौंपा गया था। जिसे वह ईमानदारी से पूरा कर भी रहा था। किन्तु एक दिन जब सूरज, बलदेवजी की कक्षा प्रारम्भ होने से पूर्व कक्षा में अगरबत्ती जलाकर अपनी जगह पर बैठ गया, तब उसी समय सूरज की नजरों से बचते हुए आदित्य ने एक पटाखा उस अगरबत्ती के दूसरे छोर पर बाँध दिया। जैसे ही बलदेवजी कक्षा में आए तथा सरस्वती वन्दना को समाप्त कर अपनी कक्षा प्रारम्भ की, ठीक उसी समय एक भयानक विस्फोट उनकी कक्षा में हुआ। उस पटाखे का विस्फोट इतना तीव्र था जिसकी वजह से कक्षा की खिड़कियों के शीशे तक चकनाचूर हो गए। विस्फोट की वजह से कक्षा में ही नहीं अपितु पूरे विद्यालय में अफरा-तफरी का माहौल-सा बन गया था।

बलदेवजी को यह समझते देर न लगी कि हो-न-हो यह शरारत कक्षा के किसी विद्यार्थी की ही है। वे इस शरारत को अपना निजी अपमान एवं अपनी कक्षा का अपमान मान बैठे थे। क्रोधवश उन्होंने जब सिमरन से इस शरारत के बारे में पूछा तो, सिमरन ने बड़ी ही मासूमियत के साथ यह कहकर 'इस सप्ताह कक्षा में अगरबत्ती लगाने का कार्य सूरज का है, जिसकी वजह से उसके अतिरिक्त और कोई भी यह शरारत नहीं कर सकता। बलदेव पांडेजी ने क्रोध की अग्नि को सूरज की तरफ मोड़ दिया। अपने क्रोध के वशीभूत होने की वजह से बलदेवजी ने सर्वप्रथम तो सूरज को बिना उसका मत जाने, उसकी छड़ियों से पिटाई शुरू कर दी, तदुपरान्त उसे सजा के तौर पर आने वाले एक महीने तक अपनी कक्षा से निष्कासित करते हुए पूरे एक

महीने तक उसे अपनी कक्षा से बाहर एक टाँग पर दोनों हाथों को ऊपर कर खड़ा होने की सजा भी सुना दी।

अब सूरज की पिटाई एवं उसकी सजा समस्त कक्षा के सामने एक मजाक का विषय बन गई थी। कक्षा के विद्यार्थी आए दिन किसी-न-किसी बहाने सूरज का मजाक उड़ाते तथा वह बेचारा प्रतिदिन निर्दोष होते हुए भी गणित की कक्षा प्रारम्भ होने से पूर्व ही कक्षा से बाहर जाकर दोनों हाथों को ऊपर उठाकर एक टाँग पर खड़ा हो जाता था। एक दिन विद्यालय में जिला शिक्षा अधिकारी महोदय का औचक निरीक्षण हेतु आगमन हो गया। जिला शिक्षा अधिकारी के अचानक आगमन की वजह से पूरे विद्यालय में अफरा-तफरी का माहौल हो गया था। जब जिला शिक्षा अधिकारी विद्यालय के दौरे पर थे उस समय सूरज अपनी कक्षा के सामने दोनों हाथ उठाकर एक टाँग पर खड़ा था। जिला शिक्षा अधिकारी ने जब सूरज को इस प्रकार अपनी कक्षा के बाहर खड़ा देखा तो वे अनायास ही सूरज से मिलने के लिये उसके पास खींचे चले आए।

जिला शिक्षा अधिकारी के साथ-साथ विद्यालय के प्रधानाचार्य, उप प्रधानाचार्य तथा कई और अध्यापक भी सूरज के पास पहुँच गए थे। जिला शिक्षा अधिकारी ने जब सूरज से इस प्रकार कक्षा से बाहर खड़ा होने का कारण पूछा तो उसने कक्षा में हुई पटाखे की घटना तथा गणित के अध्यापक के द्वारा दी हुई सजा के बारे में यथावत मासूमियत के साथ बता दिया। जिला शिक्षा अधिकारी अपने उसूलों पर अडिग रहने वाले अधिकारी थे। उनका व्यक्तिगत मत था कि किसी भी शिक्षक के द्वारा किसी विद्यार्थी को ऐसी

सजा नहीं देनी चाहिए, जिसकी वजह से उसकी शिक्षा प्रभावित हो। सूरज ने जब जिला शिक्षा अधिकारी को यह बताया कि गणित के अध्यापक प्रतिदिन कक्षा में अगरबत्ती विद्यार्थियों से जलवाते हैं तथा उसके उपरान्त ही अपनी कक्षा प्रारम्भ करते हैं तो वे इस बात पर काफी क्रोधित हो उठे। क्रोध के आवेग में उन्होंने उसी क्षण प्रधानाचार्य को यह निर्देश दे दिया कि तत्काल प्रभाव से गणित के अध्यापक को विद्यालय से निष्कासित कर दिया जाए। जिला शिक्षा अधिकारी के कठोर रवैये की वजह से प्रधानाचार्य भी उनकी आज्ञा का विरोध नहीं कर सके तथा उसी क्षण उनके आदेश का पालन करते हुए गणित के अध्यापक को विद्यालय से निष्कासित कर दिया गया। पांडेजी के निलम्बन की खबर विद्यालय में आग की तरह फैल गई थी। उस विद्यालय के अध्यापक, विद्यार्थी एवं कर्मचारी जिसने भी यह खबर सुनी वह आश्चर्यचकित एवं भावुक हुए बिना अपने आपको नहीं रोक सका था। हर कोई अपने-अपने प्रकार से पांडेजी को संवेदना व्यक्त करने पहुँच रहा था। इधर दूसरी तरफ पांडेजी इस निलम्बन के कुछ समय पश्चात् ही पांडेजी ने विद्यालय का परिसर छोड़ दिया था।

विद्यालय का हर कर्मचारी और विद्यार्थी अपनी-अपनी क्षमता अनुसार सूरज को कोसने में व्यस्त था। विद्यालय के समस्त कर्मचारी सूरज के इस कृत्य पर उसे प्रताड़ित कर रहे थे। उस दिन विद्यालय में घटित घटना शाम तक सूरज के घर तक भी पहुँच गई थी। शाम को जब सूरज के पिता थके-हारे घर में आए, उस वक्त सूरज की शिकायत एवं अपनी थकान की वजह से उनका क्रोध और अधिक भड़क रहा था। उनको प्रधानाचार्य

ने पहले ही बता दिया था कि आज सूरज की शिकायत की वजह से एक प्रतिष्ठित अध्यापक को अपनी नौकरी से एवं सम्मान से हाथ धोना पड़ा है।

घर पर पहुँचते ही अपने क्रोध को काबू में न रख पाने की वजह से सूरज के पिता उसको दोषी मानकर उस पर टूट पड़े थे। जीवन में यह पहला अवसर था जब सूरज या उसके अन्य भाई-बहनों ने पिता का यह क्रोधित रूप देखा था। पिता के क्रोध को देखकर, घर का हर सदस्य सहम-सा गया था। सूरज को बेतहाशा पीटने एवं लानत देने के उपरान्त वे अपने कमरे में जा कर बैठ गए। इधर दूसरी तरफ जब सूरज अपने पिता के क्रोध की अग्नि को झेल रहा था। उस परिस्थिति में उसके मन में सिर्फ यही प्रश्न उठ रहा था कि उसने ऐसी कौन-सी गलती कर दी जिसकी वजह से आज उसे ऐसी परिस्थिति का सामना करना पड़ रहा है। उसके मन में यह प्रश्न बार-बार उठ रहा था कि क्या सत्य बोलना इतना बड़ा गुनाह है, जिसकी सजा उसे मिल रही है। बार-बार उसके नन्हें दिमाग में यही प्रश्न उठ रहा था कि क्या सत्य बोलने की यही दशा होती है। अगर सही सत्य है तो हमारे बड़े-बुजुर्ग सदैव हमें सत्य बोलने के लिये क्यों प्रेरित करते हैं। उस शाम इन्हीं उधेड़बुनों में उलझा सूरज, दुःख एवं मायूसी के आलम में बिना भोजन किए अपने कमरे में लेटा करवट बदलता रहा। उसके पिताजी भी सूरज के ऊपर अपने दुःख एवं क्रोध की भड़ास निकालकर अपने कमरे में जा चुके थे। सूरज की माँ बेचारी इसी असमंजस में फँसी थी कि दुःख की इस घड़ी में इस वक्त वह किसको सँभाले। एक तरफ उसके जिगर का टुकड़ा था तो दूसरी तरफ क्रोधित पति। इससे

पूर्व अक्सर ऐसे हालातों में उसकी माँ सूरज के पिता के क्रोध से उसे बचा लेती थी। लेकिन आज सूरज की वजह से एक प्रतिष्ठित अध्यापक को अपनी नौकरी से हाथ धोना पड़ा था। इस बात का गम व क्रोध शायद उस समय उनकी ममता पर भारी पड़ गया था। इधर दूसरी तरफ पिता के द्वारा डाँट खाने व प्रताड़ित होने के पश्चात् सूरज ने मन-ही-मन निश्चय कर लिया था कि अब वह ऐसे विद्यालय में पढ़ने के लिये नहीं जाएगा, जहाँ पर सत्य का पाठ सिर्फ पुस्तकों में पढ़ाया जाता है। किन्तु वास्तविक जीवन में सत्य का कोई मोल नहीं रह जाता। अपने मन के अन्दर उपज रहे ऐसे विचारों से रातभर सूरज अपने बिस्तर पर करवटें बदलता रहा तथा आने वाले समय में नैतिकता के किसी भी पाठ को अपने जीवन में न उतारने हेतु अपने आपको प्रोत्साहित स्वयं से ही करता रहा। इन्हीं विचारों के मध्य खोया हुआ सूरज एक पल के लिये भी सो नहीं पाया था।

अगले दिन सुबह जब सूरज के पिता उठे तब तक उनका क्रोध शान्त हो चुका था। वे घर के कोने में बैठकर अखबार पढ़ रहे थे तथा दूसरी तरफ सूरज के भाई एवं बहन विद्यालय जाने की तैयारियों में व्यस्त थे, लेकिन उस समय भी सूरज गुमसुम-सा अपने कमरे में बैठा न जाने उस समय किन ख्यालों में खोया हुआ था। माँ ने उसको विद्यालय जाने के लिये तैयार होने को कई बार आवाज लगायी, मगर माँ के बार-बार आवाज देने के बाद भी जब सूरज ने अपने कमरे से कोई प्रतिक्रिया नहीं दी तब अन्त में उन्होंने सूरज के पिता से निवेदन किया कि आज सूरज न जाने क्या सोचकर विद्यालय जाने को राजी नहीं हो रहा है,

इसलिए एक बार आप ही प्यार से उसको समझाने की कोशिश करें।

सदैव माँ एवं पिता का बच्चों के प्रति ऐसा ही उदार रिश्ता रहता है। माँ–बाप बच्चों पर क्रोध भी अपने हित के लिये नहीं अपितु अपने बच्चों के हित के लिये ही करते हैं। वक्त आने पर बच्चों की जिद के आगे अपनी खुशियों एवं इच्छाओं को मारकर झुकने के लिये भी सहर्ष तैयार रहते हैं। कुछ यही परिस्थिति इस समय सूरज के माँ एवं पिता की थी। पिता का क्रोध जब शान्त हुआ उस समय उन्हें भी यह एहसास हो चुका था कि उन्होंने रात के समय सूरज के साथ कुछ ज्यादा सख्ती कर दी थी। पत्नी के द्वारा अनुरोध करने पर उसके पिता सूरज को विद्यालय जाने एवं उसको समझाने हेतु जब सूरज के कमरे में गए तो उस वक्त सूरज अपने कमरे की खिड़की के पास खड़ा होकर टकटकी लगाए आसमान की तरफ देखते हुए न जाने किन विचारों में खोया हुआ था, बाहर से तो सूरज काफी शान्त एवं मौन था, लेकिन उसके अन्तर्मन में एक अलग प्रकार की सुनामी एक विध्वंसक रूप ले रही थी। शाम की घटना के पश्चात् उसके मन के अन्दर विरोधाभास का जन्म हो चुका था। सूरज के पिता भी, मौन धारण कर शान्त भाव से उसकी बगल में जाकर खड़े हो गए थे, बगल में खड़े होने के पश्चात् उन्होंने अपना दाहिना हाथ उसके शीश पर फेरते हुए प्यार से पूछा, "क्या हुआ बेटा, किन ख्यालों में खोए हुए हो, आपके विद्यालय जाने का समय हो चुका है, और आप अभी तक तैयार नहीं हुए? मैंने कल आपसे अपनी नाराजगी व्यक्त की, आप पर हाथ उठाया इसके लिये नाराज हो क्या..? बेटा, मुझे इस बात का अफसोस है कि

कल मैंने क्रोध के वशीभूत होकर आपके साथ जो भी किया वह मुझे नहीं करना चाहिए था। किन्तु बेटा, कल मैं जिस कशमकश में था या परिस्थितियाँ जो भी उत्पन्न हुई थीं उस समय मैं अपने क्रोध को नियन्त्रण में नहीं रख सका था।"

बेटा, मैं मानता हूँ कि मैंने कल क्रोध में आकर आपके साथ ज्यादती की, किन्तु यह भी सत्य है कि कल आपकी वजह से एक प्रतिष्ठित अध्यापक को अपनी नौकरी से हाथ धोना पड़ा। आपको उनकी शिकायत करने से पूर्व एक बार तो सोचना चाहिए था। उनका भी परिवार है, वे अपने परिवार के अकेले कमाने वाले व्यक्ति हैं। सिर्फ आपकी वजह से उनका रोजगार उनसे छिन गया। एक बार विचार करके देखिए कि अगर आपके पिता के साथ यही घटना घटित हो तथा किसी कारणवश मुझे निलम्बित कर दिया जाता तो इस वक्त घर की क्या दशा होती? अब आप इतने छोटे भी नहीं हो कि आप घर की आर्थिक दशा की स्थिति भी नहीं समझ सकते। किसी भी कर्मचारी की आय संकुचित होती है तथा हमारे ऊपर जिम्मेदारियाँ काफी अधिक अधिक हैं।

सूरज शान्त भाव से अपने पिता की बातें सुन रहा था। कुछ पल मौन रहकर पिता की बातें एवं विचार सुनने के पश्चात् उसने अपने पिता से पूछा कि "पिताजी सदैव आपने मुझे यही सिखलाया है कि जीवन में हमें सदा सत्य बोलना चाहिए। मैंने भी तो आपकी दी हुई शिक्षा का ही पालन किया। फिर मेरे साथ ऐसी कटुता क्यो हुई।" सूरज के इस प्रकार के प्रश्न से सूरज के पिता कुछ पल तो मौन हो गए, फिर कुछ विचार कर उन्होंने

कहा कि बेटा सत्य कभी नुकसानदायक नहीं होता, किन्तु अधूरा सत्य तथा तोड़-मरोड़ कर पेश किया हुआ सत्य भी झूठ के समान ही समझना चाहिए। तुमने जिला शिक्षा अधिकारी के समक्ष जो सत्य बोला था वह अधूरा था, जिसकी वजह से उस अध्यापक को अपने सम्मान एवं नौकरी से हाथ धोना पड़ा। कल जब तुमने जिला शिक्षा अधिकारी को कक्षा में अध्यापक द्वारा अगरबत्ती जलवाने की बात बताई थी उस समय तुम्हें यह भी बताना चाहिए था कि उस अगरबत्ती को स्वयं अध्यापक कक्षा में खरीदकर लाते हैं, अगर तुम यह पूरा सच उनके समक्ष पेश करते तो शायद परिस्थितियाँ कुछ और ही होतीं। बेटा, जीवन में एक बात सदैव याद रखना, सत्य कभी किसी का अहित नहीं करता किन्तु अधूरा सच सदैव तकलीफदेह होता है।

उस दिन पिता के द्वारा दी हुई शिक्षा सूरज के मन के अन्दर घर कर गई थी। अब उसे अपनी गलतियों का अहसास होने लगा था। अपनी गलतियों के अहसास के फलस्वरूप सूरज की आँखों से पश्चात्ताप के आँसू देख पिता का कलेजा भी रो पड़ा था। सूरज ने उसी क्षण पिता के चरणों पर गिरकर, अपने द्वारा की हुई गलती की सजा माँगी। साथ ही यह वचन भी दिया कि अब वह जीवन में पुनः ऐसी कोई भी गलती नहीं करेगा, जिसकी वजह से उसके माँ एवं पिता को अपना शीश दूसरों के समक्ष झुकाना पड़े। जिस प्रकार उसकी नादानियों की वजह से उसके माँ एवं पिता को शर्मिन्दगी का भार उठाना पड़ रहा है अब वह जीवन में कभी ऐसी परिस्थिति उत्पन्न नहीं होने देगा।

सूरज के पिता तो उसकी गलती पर उसे क्षमा कर चुके थे, किन्तु सूरज को अभी आने वाले समय में कई समस्याओं का

सामना करना था। पिता के द्वारा तो माफी मिलना उसके लिये आसान था, पर क्या उसे इतनी ही आसानी से उसके अध्यापक एवं सहपाठी भी समझकर माफ कर देंगे, यह संशय सूरज के दिमाग में बार-बार उथल-पुथल मचा रहा था। यही सब मन के अन्दर विचार कर उसने हिम्मत कर पिता से कहा कि पिताजी अब मैं उस विद्यालय में शिक्षा ग्रहण के लिये नहीं जाना चाहता। इस समय मैं सिर्फ अपने अध्यापक का ही नहीं अपितु समस्त विद्यालय के अध्यापकों एवं विद्यार्थियों का भी दोषी हूँ। अतः अब मेरे लिये उनके मध्य जाकर शिक्षा ग्रहण कर पाना थोड़ा मुश्किल होगा। क्या यह सम्भव नहीं हो सकता कि, आप मुझे उस विद्यालय से निकालकर, किसी दूसरे विद्यालय में मेरा दाखिला करवा दें। अगर आप पुनः मुझे सरकारी विद्यालय में भी मेरा दाखिला करवाएँगे, तो भी मुझे उसमें कोई आपत्ति नहीं होगी। सूरज के इस प्रकार की बातों में डर के साथ-साथ अनुरोध साफ तौर पर झलक रहा था। सूरज की बातें सुनने के पश्चात्, उसके पिता मुस्कुराते हुए बोले, बेटा मुश्किलें हर मनुष्य के जीवन में आती हैं, परन्तु जो उन मुसीबतों से डटकर निडर भाव से सामने आने वाली चुनौतियों के लिये अपने आपको तैयार करता है, वास्तव में विजेता वही होता है। मुश्किलों से डर कर भागने वाला मनुष्य कहीं भी जाए उसे कहीं पर भी शान्ति नहीं मिलती। बेटा, मसला यह नहीं है कि तुम्हें विद्यालय वाले अध्यापक पुनः अपनाएँगे या नहीं, बल्कि मसला यह है कि तुम अपने व्यवहार से उनकी नफरत को अपने प्रति प्रेम में बदलने में कामयाब हो पाओगे या नहीं। जो भी गलतियाँ तुमने की हैं, उससे तुम्हारे प्रति अविश्वास एवं नफरत का बीज

अंकुरित हुआ है, तो पुनः तुम्हें उस बीज को उनके हृदय से उखाड़कर उस स्थान पर अपने प्रति प्रेम व स्नेह का बीज अंकुरित करवाना होगा। विजेता वह नहीं होता जो ताकत के दम पर जीत हासिल करे, बल्कि विजेता तो वह होता है जो लोगों के दिलों में अपने प्रति प्रेम एवं विश्वास का बीज रोपित कर सके। अतः बेटा, यह वक्त मुश्किलों से भागने का नहीं अपितु आने वाली मुसीबतों का डटकर सामना करने का है। पिता के द्वारा मिले प्रोत्साहन की वजह से सूरज को काफी बल मिला था। पिता के द्वारा समझाने की वजह से सूरज ने एक बार पुनः विद्यालय जाने के लिये अपने आपको तैयार कर लिया था।

मन के अन्दर डर, संशय एवं असमंजस का भाव लिये जब वह अपने विद्यालय पहुँचा उस समय समस्त अध्यापकों एवं विद्यार्थियों की नजरों में उसने अपने प्रति घृणा का भाव ही देखा था। विद्यालय तो उसका अपना था परन्तु विद्यालय में उपस्थित किसी की भी आँखों में उसे अपनापन नहीं दिख रहा था। कक्षा के अन्दर विद्यार्थियों का स्वभाव भी उसे अपने प्रति रूखा ही लग रहा था। कक्षा में पहुँचकर जब सूरज अपने पढ़ने का बस्ता अपनी जगह पर रखने को हुआ तब उसी समय आदित्य ने आकर उसका बस्ता उसके बैठने की जगह से दूसरी तरफ फेंक दिया। सूरज इससे पूर्व आदित्य की इस हरकत पर कोई प्रतिक्रिया दे पाता, उससे पहले ही सिमरन तथा आदित्य के कुछ और दोस्त वहाँ पर आ गए। आदित्य ने सूरज को लगभग धमकाते हुए कहा कि यह जगह तुम्हारे जैसे विद्यार्थी के बैठने के लिये नहीं है। तुम्हारी वजह से हम लोगों को एक अच्छे अध्यापक को खोना पड़ा है। अतः हम सभी बच्चों ने मिलकर

यह फैसला लिया है कि तुम अब से हम लोगों के साथ बैठकर कक्षा में नहीं पढ़ सकते। अपनी ही कक्षा में अपने ही सहपाठियों की आँखों में इस कदर नफरत का भाव देखकर सूरज सहम-सा गया था। वह खामोश स्थिति में बस आदित्य एवं उसके साथियों की बातें सुन सकता था। इसके अतिरिक्त वह कुछ भी करने में अपने आपको असहाय महसूस कर रहा था। आदित्य एवं बाकी बच्चों का कठोर निर्देष मिलने के पश्चात् वह चुपचाप जाकर अपना बस्ता उठाकर एक कोने में खड़ा हो गया। कक्षा के एक कोने में सिर्फ अपना बस्ता रखने के लिये एक बेंच पाकर बिना कुर्सी के ही पूरा दिन खड़े-खड़े ही बिताने पर विवश होना पड़ा। वह अपने साथ हो रही इन ज्यादतियों को किससे कहे और किससे न कहे, इसी असमंजस में पड़ा था। जो भी शिक्षक उस दिन कक्षा में पढ़ाने के लिये आते वे भी किसी-न-किसी बहाने सूरज को अपने-अपने तरीके से प्रताड़ित कर अपने क्रोध की अग्नि को शान्त करने का यत्न करते। लगातार अपने सहपाठियों के द्वारा उपहास एवं शिक्षकों के हाथों प्रताड़ित होने से उसका दिल बैठा जा रहा था। कभी-कभी ऐसी परिस्थितियों में फँसने की वजह से उस प्रताड़ना एवं उपहास का घाव शरीर से ज्यादा हमारे मन पर पड़ता है, जो हमारे उत्साह एवं आत्मविश्वास को इस कदर तोड़ देता है जैसे कोई खूबसूरत दर्पण टूटकर कई हिस्सों में बँट जाता है। एक खूबसूरत दर्पण टूटने के पश्चात् जैसे अपना अस्तित्व एवं खूबसूरती खो बैठता है, कुछ ऐसा ही हाल उस समय सूरज का भी था। कुछ समय के उपरान्त सूरज को प्रधानाचार्यजी का बुलावा आ गया। प्रधानाचार्य के बुलावे पर डरा-सहमा सूरज जब प्रधानाचार्य के कक्षा में घुसा, उस वक्त

उसकी साँसे एक अनजान भय के कारण तेजी से चल रही थीं। मन के अन्दर कई प्रकार के अहितकारी विचारों ने घेरा बनाना प्रारम्भ कर दिया था।

प्रधानाचार्य कक्ष में कदम रखते ही सूरज ने देखा कि उसके कक्षा के आचार्य, उप प्रधानाचार्य तथा प्रधानाचार्य पहले से ही वहाँ पर उसका इन्तजार कर रहे थे। इन लोगों को देखकर सूरज का चेहरा एक अनजान भय के कारण लाल होने लगा था तथा दिल की धड़कन तीव्रगति से धड़कने लगी थी। प्रधानाचार्य ने सूरज को देखते ही अन्दर आने का इशारा किया, उस समय सूरज वहाँ पर उपस्थित सभी अध्यापकों की नजरों में अपने प्रति क्रोध की ज्वाला को आसानी से महसूस कर सकता था। सूरज जब प्रधानाचार्य के समक्ष खड़ा हुआ, उस समय उसकी टाँगें भय के कारण काँपने लगी थीं, तभी प्रधानाचार्यजी ने तीखी एवं कठोर वाणी में सूरज को सम्बोधित करते हुए कहा कि "सूरज कल आपने जो भी हरकत की उसकी वजह से अगर मैं चाहूँ तो इसी क्षण तुम्हें इस विद्यालय से निष्कासित कर सकता हूँ। तुमने एक झूठी शिकायत करके न सिर्फ एक अध्यापक एवं विद्यार्थी के पवित्र रिश्ते को कलंकित किया है, बल्कि एक अध्यापक का अपने विद्यार्थी के प्रति जो निश्छल प्रेम होता है, उसको भी कलंकित किया है। यहाँ पर उपस्थित उप प्रधानाचार्य एवं तुम्हारी कक्षा के आचार्य का यही मत है कि तुम्हारे द्वारा किए गए अपराध के लिये तुम्हें तत्काल प्रभाव से इस विद्यालय से निकाल दिया जाए। किन्तु इसके बावजूद मैं तुमको इस विद्यालय में रहकर पढ़ाई करने का एक मौका और देना चाहता हूँ। क्योंकि बदले की भावना से किया हुआ कोई भी कार्य हमें

सिर्फ तकलीफ एवं अपयश ही देता है। मैंने तुम्हें आज यहाँ पर यही समझाने के लिये बुलवाया है कि आगे से भविष्य में तुम्हारे द्वारा की हुई किसी भी प्रकार की अन्य गलती को मैं अब बर्दाश्त नहीं करूँगा तथा अगर तुम्हारी शिकायत मेरे पास दोबारा किसी भी प्रकार की शरारत के लिये आती है तो मैं तत्काल प्रभाव से तुम्हें इस विद्यालय से निष्कासित कर दूँगा। सूरज एक बात सदैव याद रखना कि हम अपने देश या समाज को एक दिन में स्वर्ग तो नहीं बना सकते किन्तु अपने द्वारा की हुई तुच्छ या घृणित हरकत की वजह से अपने आस-पास के माहौल के लिये अशान्त एवं परकमय स्थिति जरूर बना सकते हैं। जीवन में हमें सदैव इसी बात के लिये प्रयत्नशील रहना चाहिए कि हम समाज के लोगों के दिलों में अपने लिये प्रेम एवं विश्वास भाव जगा सकें। किसी के भी दिल में अपने लिये नफरत एवं घृणा का बीज उगाना काफी सरल होता है। ऐसा करने वाला व्यक्ति सदैव अपने सम्पूर्ण जीवन में समाज के लोगों से बदले में घृणा एवं अविश्वास का फल ही पाता है। अब यह तुम पर निर्भर करता है कि तुम समाज में अपने प्रति प्रेम एवं विश्वास की भावना जगाना चाहते हो या घृणा एवं नफरत की।" सूरज प्रधानाचार्य की बातों को शीश झुकाकर मौन अवस्था में सुन रहा था और मन-हीं-मन यही चिन्तन कर रहा था कि आगे भविष्य में वह एक बार ऐसा कार्य अवश्य करेगा, जिसकी वजह से इस प्रधानाचार्य कक्ष में वह सम्मान प्राप्त करने के लिये खड़ा होगा न कि आज की भाँति अपमान प्राप्त करने हेतु। प्रधानाचार्य के मुख से निकली कठोर बातें सुनकर उसकी आँखों से अश्रु की धारा बह निकली थी। कुछ पल वहाँ पर रुककर प्रधानाचार्य के

कोप को झेलने के पश्चात् अन्ततः उसे उस डाँट एवं फटकार से मुक्ति मिल गई। एक लम्बे-चौड़े प्रवचन के पश्चात् अन्ततः प्रधानाचार्य ने उसे अपने कमरे से जाने का आदेश दे दिया। दुःखी मन एवं भर्राए दृश्य के साथ जब सूरज अपनी कक्षा में पहुँचा उस समय कक्षा के विद्यार्थी सूरज को देखकर अपने-अपने हिसाब से निष्कर्ष निकालकर कई अलग प्रकार की कहानियाँ गढ़ने लगे थे। कोई विद्यार्थी कहता कि प्रधानाचार्य ने सूरज को विद्यालय से निकाल दिया है तो कोई सूरज की धीमी चाल को देखकर यह अन्दाजा लगाता है कि शायद बन्द कमरे में उसकी अत्याधिक पिटाई हुई है। हर विद्यार्थी का अपना मत था, अपना विचार था। किन्तु उन सभी के विचार भिन्न होने से सूरज का अन्तर्मन मुरझा गया था, जिसके फलस्वरूप उसका हँसता-खेलता मासूम-सा चेहरा भी मायूस-सा दिखने लगा। यह आँखों का तेज एक होठों की मुस्कान कहीं खो-सी गई थी। इसके दिमाग में कई प्रकार के अच्छे-बुरे विचारों ने घर बनाना प्रारम्भ कर दिया था। विद्यालय से अवकाश के पश्चात् शाम को घर पहुँचते ही, वह बिना भोजन किए तथा घर के अन्य सदस्यों से कोई बात किए, सूरज सीधा अपने कमरे में जाकर लेट गया। शाम को जब उसके पिता अपने कार्य से निवृत्त होकर घर पहुँचे, तब माँ ने उनके समक्ष सूरज को लेकर अपनी चिन्ता व्यक्त की कि उन्होंने जब सूरज के पिता को यह बतलाया कि विद्यालय से आने के पश्चात् वह बिना भोजन किए ही अपने कमरे में सोने के लिये चला गया तथा वह अभी भी कमरे से बाहर नहीं निकला है। सूरज के पिता सूरज के लिये थोड़े चिन्तित एवं व्याकुल अवश्य हुए किन्तु उन्हें इस तथ्य का आभास भी था, कि सूरज के

जीवन में आए इस तूफान का सामना स्वयं सूरज को करना होगा। वे चाहकर भी अपने बेटे के इस द्वन्द्व में उसका साथ नहीं दे सकते थे। अतः अपने मन में यही विचार कर, उस रात सूरज को उसके पिता ने तन्हा छोड़ने का फैसला किया। रात के समय, सूरज के पास जाकर उससे बात करना उन्हें, उचित नहीं लगा। अपने रात के भोजन करने के पश्चात् वे भी अपने कमरे में सोने के लिये चले गए। भले ही सूरज के पिता रात के समय सूरज से बात न किए हों, किन्तु अपने बेटे की चिन्ता से वे भी ठीक उसी प्रकार से ग्रसित थे, जिस प्रकार से स्वयं सूरज ग्रसित था। रातभर करवटों में समय कब व्यतित हो गया उन्हें पता ही नहीं चला। रातभर वे यही मनन करते रहे कि किस प्रकार वे अपने जिगर के टुकड़े को इस मुसीबत से लड़ने के लिये प्रेरित करें। उनके दिमाग में बार-बार यही प्रश्न उठ रहा था, कि क्या सूरज की उम्र के हिसाब से इतनी ज्यादा पीड़ा उसके लिये उचित है। ऐसे ही कई अनगिनत ख्यालों के मध्य जूझते-जूझते रात से भोर कब हो गई ज्ञात ही नहीं रहा। रातभर ठीक से न सो पाने की वजह से उनका पूरा बदन दर्द से टूट रहा था तथा सिर भारी-भारी-सा लगने लगा था। लेकिन इस समय उन्हें अपने दर्द की परवाह नहीं अपितु उन्हें सूरज के भविष्य एवं तकलीफों की ज्यादा चिन्ता सता रही थी।

सुबह के समय नाश्ते पर जब सूरज अपने कमरे से बाहर न निकला तो स्वयं उसके पिता अपना एवं सूरज का नाश्ता लेकर उसके कमरे में चल दिए। सूरज उस समय तक भी मायूस अवस्था में न जाने किन ख्यालों में खोया अपने बिस्तर पर ही लेटा हुआ था कि उसे अपने पिता के आने का भी आभास नहीं

रहा था। अपने दोनों हाथों में नाश्ते की प्लेट लिये जब सूरज के पिता उसके कमरे में दाखिल हुए तो उस समय भी सूरज ने कोई प्रतिक्रिया नहीं की। दोनों प्लेटों को कमरे में ही रखे टेबल पर रखने के पश्चात् वे स्वयं भी सूरज के बिस्तर पर जाकर बैठ गए। अपने हाथों से सूरज के शीश को प्यार से सहलाते हुए पूछा– 'किस ख्याल में डूबे हो बेटा, आपकी माँ कब से आपको नाश्ते के लिये आवाज दे रही है। इस समय तक तो आपको नाश्ता करने के उपरान्त तैयार होकर अपने विद्यालय के लिये निकल जाना था, किन्तु अभी तक तो आप अपने बिस्तर से ही सोकर नहीं उठे हो। ऐसा आलस एक कर्मठ एवं अनुशासित विद्यार्थी के जीवन में ठीक नहीं है। आलस ही उसका सबसे बड़ा शत्रु होता है।"

सूरज के पास अपने पिता के इस प्रश्न का कोई उत्तर नहीं था। पिता के द्वारा इस प्रकार बोलने पर बिना कोई उत्तर दिए वह मौन अवस्था में सिर्फ उनको टकटकी लगाए देख ही रहा था। पिता की तरफ देखते समय उसके होंठ तो खामोश थे, परन्तु अश्रुओं के सैलाब में डूबे हुए उसके नेत्र अपने पिता से काफी बातें करना चाहते थे। अपने बेटे की आँखों से बहते अश्रुओं को देखकर वे स्वतः ही समझ गए थे कि इस समय सूरज का हृदय दुःखी ही नहीं अपितु काफी चोटिल भी है।

किसी महापुरुष ने सत्य ही कहा है कि 'किसी भी व्यक्ति के शारीरिक घावों को तो यह समाज आसानी से देख सकता है। किन्तु मन के अन्दर लगे घावों को सिर्फ तीन शक्तियाँ ही देख व महसूस कर सकती हैं।'

(क) ईश्वरीय शक्ति।

(ख) माँ-बाप।

(ग) सच्चा मित्र।

शायद इसी वजह से सूरज के पिता ने उससे बिना कुछ कहे ही उसके मन की वेदना को समझकर उसे अपने सीने से लगा लिया था। पिता के गले लगाते ही सूरज के मन में दबा हुआ दर्द एक सैलाब बनकर टूट पड़ा और वह फूट-फूटकर रोने लगा। रोते-रोते उसने अपने पिता से विद्यालय में उसके साथ घटी समस्त घटनाओं का वर्णन विस्तारपूर्वक कर दिया।

कुछ पल रोने के पश्चात् जब उसका व्यथित मन थोड़ा हल्का महसूस हुआ तब वह अपने पिता से अनुरोध करते हुए कहने लगा कि "पिताजी मैं उस विद्यालय में अपने व आपके सपने को कैसे पूरा कर सकता हूँ। वहाँ पर मेरे सहपाठी एवं अध्यापक किसी-न-किसी बहाने से मुझे प्रताड़ित करने का मौका तलाशते रहते हैं। अतः अब मैंने यह दृढ़ निश्चय किया है कि मैं अब उस विद्यालय में पढ़ने के लिये कदापि नहीं जाऊँगा।

उसके पिता के पास उस समय सूरज की इस परेशानी का कोई समाधान नहीं था। वे बस शान्तभाव से सूरज की बातों को सुन ही सकते थे। उन्होंने सूरज की आँखों से आँसू को पोंछते हुए कहा कि- "बेटा आज तुम घर पर ही आराम करो। जब मैं शाम को घर आऊँगा, तब हम इस समस्या पर विस्तारपूर्वक वार्तालाप करेंगे।' उन्होंने सूरज को प्यार से समझाते हुए कहा कि- बेटा, सदैव याद रखना कि ईश्वर अपने बच्चों को कभी तकलीफ नहीं देता, जिसको सहन करने की ताकत हम सब में

न हो। अतः इसलिए कहा गया है कि हम सभी के जीवन में ऐसी समस्या कभी नहीं आती जिसका समाधान न निकल सके। अपने बेटे को समझाने के पश्चात् वे व्यथित हृदय के साथ तैयार होकर अपने काम पर चले गए तथा दूसरी तरफ सूरज आज विद्यालय न जाकर अपने विचलित मन को शान्त करने की कोशिशों में लगा हुआ था।

इधर दूसरी तरफ सूरज के पिता अपने बेटे से यह वादा तो कर आए थे कि शाम तक वे उसकी समस्या का समाधान निकाल लेंगे, परन्तु इस विषय पर विचार करते ही उनका मन एवं मस्तिष्क दोनों ही एक अनजाने भय के कारण काँप उठते थे। लाख विचार करने के पश्चात् उन्हें ऐसा कोई उपयुक्त सुझाव सूझ ही नहीं रहा था, जिसके योजन करने से वे अपने कलेजे के टुकड़े को इस दुःखमय भँवर से निकाल सकें। बार-बार उनका मन इसी विचार से दूषित हो उठता था कि क्या होगा उस समाज का भविष्य, जिस समाज में नैतिकता, ईमानदारी एवं धर्मिष्ठा का पाठ पढ़ाने वाले अध्यापक ही अगर अपने मन के अन्दर द्वेष की भावना को लेकर विद्यालय जैसे विद्या के मन्दिर में रहेंगे। हमारे शास्त्रों में गुरु का मान ईश्वर से भी श्रेष्ठ माना गया है। क्या होगा उस समाज का भविष्य जिस समाज में गुरु ही अपने दायित्व का निर्वहन द्वेष की भावना के साथ कर रहा हो। ऐसी परिस्थिति में यह सत्य है कि उस समाज के पतन का समय ज्यादा दूर नहीं है। उस दिन वे ऐसे ही विचारों में खोए हुए सूरज के भविष्य को लेकर चिन्तित हो रहे थे। उन्हें बार-बार यही चिन्ता सता रही थी कि कहीं ऐसा न हो कि सूरज का भविष्य भी उनके वर्तमान के समान दिशाहीन एवं शून्य

बनकर रह जाए। उनके मन में यह ख्याल कई बार उत्पन्न हुआ था कि वे अपने पुत्र को उस विद्यालय से निकलवाकर किसी दूसरे विद्यालय में उसका दाखिला करवा दें, परन्तु घर की आर्थिक स्थिति उन्हें इस बात की इजाजत नहीं दे रही थी। ऐसे ही विचारों के जद्दोजहद में कब शाम हो गई उन्हें पता ही नहीं चला। शाम को घर जाते वक्त उनके कदम भारी-से होने लगे थे। ऐसा प्रतीत हो रहा था जैसे उनके कदम घर क़ी तरफ बढ़ना ही नहीं चाहते हों।

जब वे थके व उदास मन से घर पहुँचे तो सूरज उनकी ही प्रतीक्षा कर रहा था। पिताजी के कमरे में बैठने के उपरान्त वह भी धीरे से जाकर उनकी गोद में अपना शीश रखकर बैठ गया। पिता की गोद में अक्सर इस प्रकार से लेटने मात्र से ही उसे काफी शान्ति की अनुभूति होती थी। सूरज को इस प्रकार अपनी गोद में लेटा देख उसके पिता ने अपनी बेबसी एवं चिन्ता को अपने मन के अन्दर दबाते हुए मुस्कुराकर प्यार से सूरज के बालों को सहलाते हुए पूछा, "आज मेरे शेर ने पूरा दिन घर पर क्या किया?"

पिता के इस प्रश्न का उत्तर देते हुए सूरज ने कहा कि- "कुछ खास नहीं पिता जी, बस आज दिनभर घर पर ही अपनी पुस्तकों को पढ़ता रहा तथा घर पर माँ के काम में हाथ बँटाता रहा।" इतना कहने के पश्चात् वह पुनः मौन हो गया। कुछ समय तक पिता तथा पुत्र दोनों मौन थे, दोनों के मन में ऐसे कई विचारों का आदान-प्रदान होना बाकी था, जिसके लिये दोनों के ही मन उतावले हो रहे थे। बस इस मौन अवस्था में फर्क इतना

था कि एक मन बेबस एवं लाचार पिता की व्यथा को अपने करुण शब्दों में पुत्र को समझाना चाहता था तथा दूसरा चंचल मन यह आस लगाए बैठा था कि शायद उसके पिता के पास उसकी समस्याओं का समाधान हो।

कुछ पल मौन रहने के पश्चात् सूरज ने पिता की तरफ देखकर मुस्कुराते हुए पूछा, "क्या हुआ पिताजी आप किस सोच में डूबे हुए हैं?" सूरज की मुस्कुराहट एवं उसके प्रश्न का जवाब उसके पिता ने एक मुस्कुराहट के साथ ही दी थी। सूरज के इस प्रश्न का उत्तर शायद वे अपने बेटे के समक्ष देने में काफी असहज महसूस कर रहे थे। शायद इसी वजह से उन्होंने अपने आपको मौन रखना ही बेहतर समझा। जब सूरज ने दोबारा यही प्रश्न अपने पिता के समक्ष दोहराया तो इस बार वे अपने आपको इस प्रश्न के उत्तर देने में टाल नहीं सके। उन्होंने मुस्कुराते हुए प्यार से सूरज के शीश को सहलाते हुए कहा कि, "कुछ खास नहीं बेटा, बस यहाँ शान्ति में थोड़ा अच्छा महसूस कर रहा हूँ, शायद इसी वजह से मौन हूँ।

सूरज ने पिता की गोद में लेटे-लेटे ही कहा कि पिताजी मैं उस विद्यालय में अब नहीं पढ़ना चाहता। अतः आप मुझे उस विद्यालय से निकलवाकर पुनः मेरा दाखिला सरकारी विद्यालय में करवा दीजिए।

सूरज के इस अनुरोध को कुछ पल मौन अवस्था में सुनने के पश्चात् उन्होंने सूरज को समझाते हुए कहा कि- "बेटा, इस वक्त मैं तुम्हारी बातों से सहमत हूँ, किन्तु बेटा, यह भी हम मनुष्यों के जीवन का एक अटल सत्य है कि हमारे जीवन का

दूसरा नाम ही संघर्ष है। अगर हम अपने जीवन में आए संघर्षों की वजह से चुनौतियों का सामना करना छोड़ दें तो फिर बेटा, ईश्वर की अनुकम्पा से मिले इस जीवन का कोई मोल नहीं रह जाता। बेटा, यह सत्य है कि तुम्हें उस विद्यालय में शिक्षक तिरस्कार एवं घृणा की नजर से देखते हैं, लेकिन बेटा, यह भी सत्य है कि तुम्हारी वजह से ही उन लोगों को जलील होना पड़ा है। हम अपने खेतों में जो भी फसल उगाते हैं, हमें उसी फसल को काटना होता है, ठीक उसी प्रकार हमारा जीवन भी एक खेत की तरह है, जिसके किसान हम स्वयं होते हैं। हम अपने जीवन रूपी खलिहान में सुखमय रूपी खुशबुओं से परिपूर्ण फसल उगाना चाहते हैं या कि दुःख मय रूपी काँटों से परिपूर्ण यह हम पर निर्भर करता है।

सूरज उनकी बातों को गौर से सुन रहा था। उसके पिता ने सूरज को समझाते हुए कहा, "बेटा मुश्किलों से भागना वीरता की नहीं कायरता की निशानी है। आज तुम्हारे विद्यालय में जो भी तुम्हारे साथ घटित हो रहा है यह आगे भी घटित होगा या नहीं यह वहाँ के माहौल पर नहीं अपितु तुम पर निर्भर करता है। अगर तुम अपने मन के अन्दर कोई द्वेष की भावना रखोगे तो बदले में तुम्हें भी सिर्फ द्वेष ही मिलेगा। इसलिए मेरी बातों को मानो और अपने जीवन में आई चुनौतियों का सामना स्वयं करो। अगर तुमसे कोई नफरत करे या तुम्हारा तिरस्कार करे तो यह जरूरी नहीं कि बदले में तुम भी उससे नफरत करो या उसका तिरस्कार करो। तुम्हारी अच्छाई और प्रेम एक-न-एक दिन तुम्हारे विरोधी को तुम्हारे प्रति अपना विरोधाभास और नफरत बदलने पर विवश कर देगा। आपको पता है बेटा, यह जीवन

ईश्वर की दी हुई सबसे अनमोल उपहारों में से एक है। जिसकी कभी भी किसी वस्तु से तुलना नहीं की जा सकती है। हम अमीर हैं या गरीब, विद्वान होंगे या मूर्ख यह हमारे कर्म पर निर्भर करता है। तुम अपने जीवन रूपी फसल को किस तरफ पोषित करते हो यह फैसला सिर्फ तुम्हें करना होगा। तुम्हारे विद्यालय में उत्पन्न इन छोटी-मोटी परेशानियों से बाहर निकलने की चेष्टा करो, अभी तो तुम्हें आगे और बड़ी लड़ाइयाँ लड़नी हैं।

सूरज अपने पिता की बातों को ध्यानपूर्वक सूनता रहा। फिर कुछ पल मौन रहने के पश्चात् उसने रुँधे हुए गले से अपने पिता से पूछा, पिताजी, मैं ऐसे हालात में वहाँ पर अपना भविष्य कैसे सुधार सकता हूँ, जब मेरा भविष्य सँवारने वाले गुरु ही मुझे अपना सबसे बड़ा शत्रु समझने लगें। सूरज के पिता उसकी बातों को सुनने के बाद मुस्कुराते हुए बोले, "बेटा, वे सब तुमसे नाराज हैं, तुम्हारे शत्रु नहीं। अगर हमसे कोई नाराज हो तो इसका तात्पर्य यह नहीं निकलता कि वह हमारा शत्रु है। शत्रु हमसे नाराज नहीं होते वे तो हमसे नफरत करते हैं। सम्भव हो कि वे कभी-कभी हमारे हितैषी बनकर हमारा अहित कर दें। अतः जीवन में इस बात का भी सदैव ध्यान रखना चाहिए कि अगर कभी हमें चाहने वाला या करीबी ही सत्यमार्ग को छोड़कर कुमार्ग पर ले जाए तो हमें तुरन्त उसका साथ छोड़ देना चाहिए।

सूरज के पिता ने सूरज को समझाते हुए कहा कि आपको पता है बेटा कि अगर उस दिन तुम अपने विवेक और वाणी पर अंकुश रखते तो आज तुम्हें यह दिन नहीं देखना पड़ता। बेटा, जीवन में एक बात सदैव याद रखना कि हमें अपनी वाणी पर

अंकुश लगाकर और धैर्य रखकर सारे जहाँ के लोगों के दिलों पर राज कर सकते हैं।

सूरज अपने पिता की बातों को गौर से सुन रहा था, उसे पहली बार यह अहसास हो रहा था कि वह कितना गलत है। उसने अपने पिता से पूछा कि पिताजी, क्या अगर हमारे सामने कुछ गलत हो रहा हो तो क्या हमें मौन हो जाना चाहिए? क्या उसका विरोध करना उचित नहीं है?

सूरज के पिता ने बड़े प्यार से उसे समझाते हुए कहा, बेटा हमें सदैव अपने जीवन में गलत का विरोध करना चाहिए, लेकिन विरोध का तात्पर्य यह नहीं कि हम सामने वाले को इतना कछु वचन बोल दें कि हमारा विरोध सामने वाले को हमारा परम शत्रु बना दे। बेटा एक बात सदैव याद रखना, हमारे मुख से निकले शब्द कई बार जाने-अनजाने में किसी व्यक्ति के दिल को ऐसा जख्म दे जाते हैं, जिसका इलाज उसके पूरे जीवन में सम्भव नहीं हो पाता है। अगर हमें जीवन में सफल होना है तो सर्वप्रथम हमें अपनी वाणी को अपने अंकुश में रखना सीखना होगा, क्योंकि अगर हम किसी अस्त्र या शस्त्र के द्वारा घायल होते हैं तो उसका घाव सिर्फ हमारे तन को प्रभावित करते हैं, जिसको हम उपचार से कुछ ही दिनों में भर सकते हैं। लेकिन कठोर वाणी के द्वारा दिया हुआ घाव का असर हमारी आत्मा और मन पर पड़ता है, जिसका इलाज बड़े से बड़े वैद्य के पास भी सम्भव नहीं होता। शायद इसी वजह से महान संत कबीर जी कहते हैं कि:-

शब्द सम्हारे बोलिए, शब्द के हाथ न पाँव।
एक शब्द औषधि करे, एक शब्द करे घाव।।

अर्थात्- हम सभी को शब्द सँभालकर बोलना चाहिए। यद्यपि शब्दों के हाथ पैर नहीं होते, लेकिन एक शब्द औषधि करने वाला अमृत तुल्य होता है तथा एक शब्द घाव बनाने वाला कष्टकारी होता है।

अपने पिता की बातों को सुनने के पश्चात् सूरज ने उनसे पूछा कि पिताजी मैं मानता हूँ कि मुझसे बहुत बड़ी गलती हुई है, मुझे इस प्रकार पूरी कक्षा के समक्ष अपने गुरु का अपमान नहीं करवाना चाहिए था। लेकिन अब जो गलती मुझसे हो गई मैं उस गलती का प्रायश्चित्त किस प्रकार करूँ, मुझे कुछ भी समझ में नहीं आ रहा।

सोचकर बोलो न कि बोलकर सोचो"

सूरज ने सुनने के उपरान्त अपने पिता से कहा कि पिताजी मैं आपसे वादा करता हूँ कि आगे अपने जीवन में कभी किसी से कटु वचन नहीं बोलूँगा तथा मैं कल विद्यालय जाते ही सर्वप्रथम प्रधानाचार्यजी एवं समस्त अध्यापकों से अपने किए हुए बर्ताव के लिये क्षमायाचना करूँगा। अगर वे मुझे क्षमा नहीं भी करेंगे तो भी मैं अपने नम्र व्यवहार से एक-न-एक दिन उन सभी अध्यापकों का दिल जीतने का यत्न करूँगा।

सूरज के मुख से यह वचन सुनने के उपरान्त उसके पिता ने गर्व से उसे गले से लगा लिया। दोनों बाप-बेटे अपने मन को अब काफी हल्का महसूस कर रहे थे। दोनों की आँखों से सन्तुष्टि के आँसू छलक उठे थे।

उसके उपरान्त वे दोनों काफी समय तक शान्त भाव से बैठे रहे, तभी अन्दर से सूरज की माँ ने खाने के लिये आवाज दी।

माँ की आवाज को सुनकर सूरज ने पिता से कहा, चलिए पिताजी खाना खा लेते हैं, अन्यथा कहीं ऐसा न हो कि विद्यालय के अध्यापकों की तरह माँ भी नाराज हो जाए। सूरज के इस कथन से बाप और बेटे दोनों खिलखिलाकर हँस पड़े।

रात्रि में भोजन के उपरान्त सूरज अपने कमरे में चला गया, उसे जिन्दगी में पहली बार कल की सुबह का इन्तजार करने की बेचैनी-सी हो रही थी। वह जल्द से जल्द अपने विद्यालय पहुँचना चाहता था। अब वह भविष्य में आने वाली चुनौतियों के लिये पूरी तरह से तैयार था।

अगले दिन सूरज घर में सबसे पहले उठ गया, अगर यूँ कहा जाए कि उसे उत्सुकतावश पूरी रात नींद ही नहीं आई हो तो इसमें कोई अतिशयोक्ति नहीं होगी। आज जीवन में पहली बार वह अपने विद्यालय जल्द से जल्द पहुँचना चाहता था। उसका मन एक नई ऊर्जा से भरा हुआ था, कल रात को अपने पिता से विचार-विमर्श करने के उपरान्त अब उसे एक नई दिशा मिल गई थी। सूरज ने मन ही निर्णय कर लिया था, कि अब वह अपने व्यवहार से सबका दिल जीतेगा। शायद इसी वजह से वह घर पर अपने भाई और बहन से पहले तैयार होकर विद्यालय जाने को तत्पर था।

घर से निकलते ही विद्यालय की तरफ जाते समय जीवन में पहली बार उसके कदम इतनी तेज गति से विद्यालय के लिये चलें हो। कुछ पलों के उपरान्त ही सूरज अपने विद्यालय पहुँच चुका था। कक्षा में सर्वप्रथम उसने जाकर अपना बैग रखा तथा तुरन्त वह प्रधानाचार्य के कक्ष की तरफ दौड़ गया। प्रधानाचार्य

के कक्ष में उस समय काफी शान्ति थी। उस समय प्रधानाचार्य महोदय अपने कक्ष में आए नहीं थे। सूरज वहीं उनके कक्ष के बाहर खड़ा होकर उनकी प्रतीक्षा करने लगा कुछ समय के उपरान्त जब प्रधानाचार्य महोदय अपने कार्यालय में आए, तो वे सूरज को अपने कक्ष के सामने यूँ अकेला खड़ा देखकर थोड़े चकित से हुए। उन्होंने सूरज से कठोर शब्दों में पूछा, तुम इस वक्त यहाँ क्या कर रहे हो? इस वक्त तो तुम्हें अपनी कक्षा के बच्चों के साथ प्रार्थना स्थल पर होना चाहिए था। प्रधानाचार्य के इस प्रश्न का उत्तर शायद सूरज के पास नहीं था, पर उसकी आँखों से बहते आँसुओं ने एक पल के लिये प्रधानाचार्य महोदय को भी विचलित कर दिया।

उन्होंने पुनः उत्सुकतावश, लेकिन इस बार नरम शब्दों में सूरज से पूछा क्या बात है बेटा, आप रो क्यों रहे हो? उनके इस प्रश्न के तुरन्त बाद ही सूरज उनके चरणों में गिर गया तथा उनसे अपने द्वारा किए हुए बर्ताव के लिये क्षमा याचना करने लगा। सूरज की आँखों में पछतावे के आँसू को देखकर, प्रधानाचार्य महोदय का दिल भी पिघल गया। वे सूरज को उठाते हुए बोले, बेटा, तुम्हारे जैसे बालक अगर मेरे विद्यालय में पढ़ रहे हैं, तो यह मेरा सौभाग्य है कि मैं ऐसे विद्यालय का प्रधानाचार्य हूँ। मैंने अपने जीवन में ऐसे विरले ही बालक देखे हैं, जो अपनी गलतियों का अहसास कर उसे सबके सामने कबूल करने का साहस करते हैं। धन्य है वह माँ जिसकी कोख से तेरा जन्म हुआ।

मगर बेटा मैं अगर तुझे माफ कर दूँ, तो भी उस गणित के अध्यापक की गई हुई नौकरी वापस तो नहीं आ सकती। मुझे

इस बात का दु:ख सदैव रहेगा, कि तुम्हारी वजह से किसी अध्यापक को यूँ सबके सामने शर्मिन्दा होना पड़ा।

प्रधानाचार्य की बातों को सुनकर, सूरज ने नम आँखों से उनसे विनती करते हुए पूछा कि, गुरुजी मैं स्वयं इस सन्ताप से कभी उभर पाऊँगा, कि मेरी वजह से एक अध्यापक को यूँ इस प्रकार से सबके सामने जलील होना पड़ा। मैं यहाँ पर अपनी उसी गलती को सुधारने के लिये ही आपके सामने उपस्थित हुआ हूँ। अत: अब आप ही मेरा मार्गदर्शन कीजिए। सूरज की बातों को सुनने के पश्चात् प्रधानाचार्य ने उससे कहा, कि बेटा किसी चीज को बनने में वर्षों लग जाते हैं लेकिन उसे नष्ट होने में कुछ ही क्षण लगते हैं। हम सब लोग अपने जीवन को सुखमय बनाने में वर्षों लगा देते हैं, लेकिन अपने जीवन को दु:खमय बनाने में मात्र एक क्षण लगता है।

तुम्हारे द्वारा बोले गए मात्र कुछ शब्दों की वजह से आज हम सभी लोगों को यह दिन देखना पड़ रहा है। लेकिन जितनी आसानी से तुमने शिकायत की थी, उतना ही कठिन है वापस सब कुछ पहले जैसा सही करना।

सूरज ने प्रधानाचार्य महोदय से विनती करते हुए कहा, कि सर चाहे परिस्थिति कितनी भी विकट क्यों न हो, मैं अपनी गलतियों को सुधारूँगा, आप सिर्फ मेरा मार्गदर्शन कीजिए। कुछ पल मौन रहने के पश्चात्, प्रधानाचार्य महोदय बोले, बेटा काश यह सब इतना आसान होता। अध्यापक की नौकरी सिर्फ एक ही तरीके से बच सकती है, अगर तुम जिला शिक्षा अधिकारी के समक्ष स्वयं जाकर यह कबूल कर लो कि तुमने सिर्फ अपने

निजी हित के लिए, अपने गणित के अध्यापक के बारे में झूठा लांछन लगाया था। लेकिन ऐसा करने से सम्भव है कि जिला शिक्षा अधिकारी गणित के अध्यापक को तो वापस बहाल कर दें लेकिन दंड स्वरूप तुम इस जिले के किसी भी विद्यालय में शिक्षा ग्रहण नहीं कर पाओगे। इतना कहने के पश्चात् प्रधानाचार्य महोदय ने सूरज से कहा कि बेटा, अब अपनी कक्षा में जाओ। बाहर विद्यालय की प्रार्थना समाप्त हो चुकी है। तुम्हें अपनी गलती का अहसास है, मुझे इस बात की खुशी है। हम अपने वर्तमान से अपना भविष्य सुधार सकते हैं, परन्तु भूतकाल की गलतियों के लिये सिर्फ प्रायश्चित्त ही किया जा सकता है।

अपने प्रधानाचार्य से अनुमति मिलने के पश्चात् सूरज ने उनके चरण स्पर्श किए तथा अपनी कक्षा में चला गया। कक्षा में पहुँचते ही उसका सामना आज भी, जैसे ही अपने सहपाठियों से हुआ तो उसने अपने कक्षा के समस्त सहपाठियों की आँखों में अपने लिये उपहास और तिरस्कार की भावना को देखा। यह देखकर उसका मन थोड़ा उदास हुआ, लेकिन दूसरे ही पल उसने अपने आपको यह सोचकर सँभाल लिया, कि बहुत जल्द ही वह सब ठीक कर लेगा और पुनः वह अपने सहपाठियों की आँखों में अपने लिये सम्मान अर्जित करेगा।

जैसे ही यह विचार उसके मन में आया, वह पुनः एक नई ऊर्जा अपने मन के अन्दर महसूस करने लगा। उस दिन भी सूरज को पूरे दिन कक्षा में अपने अध्यापकों से तिरस्कार और सहपाठियों से उपहास का शिकार बनना पड़ा था। पर अब उसके मन में किसी के भी प्रति को दुर्भाव नहीं था। वह तो बस अपने मन में निश्चय कर चुका था, कि एक दिन वह सबकी आँखों

में अपने लिये सम्मान अर्जित करेगा। उसका मन बार-बार यही सोचकर काँप रहा था, कि अगर वह जिला शिक्षा अधिकारी से अपने अध्यापक के लिये क्षमा याचना की माँग करे, तो कहीं ऐसा न हो, कि उसे सदैव के लिये विद्यालय से निष्कासित कर दिया जाए। अब वह इस विद्यालय में पढ़ना चाहता था। शायद इसी असमंजस में वह कोई निर्णय नहीं ले पा रहा था।

विद्यालय से छुट्टी के उपरान्त वह, दुःखी व निराश मन से घर तो जा रहा था, पर उसका मन बार-बार इसी दोराहे पर जाकर अटक जाता था, कि क्या वह जिला शिक्षा अधिकारी के समक्ष पेश होकर अपने अध्यापक की नौकरी और सम्मान की रक्षा करे या फिर वह जिस पथ पर चलने का निर्णय ले चुका है, उस पथ से पीछे हट जाए। इन्हीं विचारों में खोया हुआ, जब वह घर पहुँचा, जब उसकी माँ मन्दिर में धार्मिक पुस्तकों का पाठ कर रही थीं। सूरज चुपचाप अपने कमरे में चला गया। कुछ पल के पश्चात् जब माँ ने अपना अध्यापन समाप्त कर लिया, तब वह बेचारी बच्चों को भोजन के लिये बुलाने लगी। सूरज के भाई और बहन तो भोजन के लिये माँ के पास चले आए, लेकिन माँ के बार-बार बुलाने पर भी सूरज नहीं आया।

अपने दोनों बच्चों को भोजन देने के उपरान्त सूरज की माँ जब उसके कमरे में गईं, तब उन्होंने देखा कि सूरज पेट के बल लेटा हुआ है, न जाने किन विचारों में खोया हुआ था। उसका एक हाथ बिस्तर से नीचे लटका हुआ था तथा वह उसी हाथ से फर्श पर मिट्टी से कुछ रेखाचित्र बनाता और बिगाड़ देता।

माँ ने प्यार से अपना हाथ सूरज के सिर पर फिराया। माँ के स्पर्श से, सूरज तुरन्त उठ बैठा। माँ ने प्यार से पूछा क्या हुआ बेटा, तुम भोजन क्यों नहीं कर रहे हो? सुबह तो तुम काफी खुश थे, फिर विद्यालय में ऐसा क्या हो गया कि तुम इतना अधिक गुमसुम से हो गए हो? सूरज ने रूखे मन से माँ से कहा, "कुछ नहीं बस एक दुविधा में फँसा हूँ। दुविधा! कैसी दुविधा? माँ ने आश्चर्य के साथ पूछा।

सूरज ने माँ को अपने साथ विद्यालय में बीती सारी घटना तथा पिताजी के द्वारा समझाए हुए समस्त नवीन मार्ग को बता दिया। उसने माँ से यह भी कहा, कि आज वह विद्यालय में अपनी गलतियों को सुधारने हेतु प्रधानाचार्य के समक्ष उपस्थित हुआ था। प्रधानाचार्य ने तो उसे माफ कर दिया, लेकिन गणित के अध्यापक महोदय को पुनः बहाल करने का जो तरीका उन्होंने बताया उस तरीके की वजह से सम्भव है कि आगे भविष्य में, मैं विद्यालय न जा पाऊँ।

सूरज की बातों को सुनने के बाद माँ ने मुस्कुराते हुए कहा, बेटा, मैं ज्यादा पढ़ी-लिखी तो नहीं हूँ, परन्तु मैं इतना अवश्य जानती हूँ कि इस सृष्टि में कोई भी कार्य कठिन नहीं होता, जिसको हम अपने दिल से करना चाहते हों। ईश्वर सदैव उन लोगों के साथ होते हैं, जो कोई भी नेक कार्य करने का प्रण लेते हैं।

माँ की यह बात सुनकर, सूरज उठकर बैठ गया तथा माँ से कहने लगा, माँ अब आप ही बताइए कि जिस दोराहे पर मैं खड़ा हूँ, इस दोराहे से निकलने का कोई रास्ता है क्या?

सूरज की माँ ने प्यार से अपना हाथ उसके गालों पर फेरा तथा कहने लगीं, हाँ बेटा, अवश्य है। मेरे पास एक ऐसी पुस्तक है, जिसमें मनुष्य के हर प्रश्न का उत्तर है।

सूरज ने उत्सुकतावश कहा कि माँ मुझे भी वह पुस्तक देखना है। माँ ने कहा जरूर बेटा लेकिन उससे पहले चलो भोजन कर लो।

माँ से मिले दिलासा के पश्चात्, सूरज ने भोजन किया तथा उसके पश्चात् पुनः माँ के समीप जाकर बैठ गया। माँ ने पूछा बेटा, भोजन के उपरान्त कैसा महसूस कर रहे हो?

सूरज ने आश्चर्य से माँ की तरफ देखा और कहने लगा, माँ यह कैसा प्रश्न है? भोजन के उपरान्त तो हर कोई सन्तुष्ट ही महसूस करता है।

सूरज के इस उत्तर पर माँ ने मुस्कुराते हुए कहा ऐसा नहीं है बेटा। हम भोजन से तभी सन्तुष्ट हो सकते हैं जब हमें ज्यादा भूख लगी हो। अभी इस वक्त तुम्हारा पेट भरा हुआ है, सो अगर अभी तुम्हें पुनः भोजन करने के लिये कहा जाए तो सम्भव है कि तुम उस व्यंजन को खाने से मना कर दो, चाहे वह व्यंजन कितना ही स्वादिष्ट क्यों न हो। भोजन और जल के महत्त्व का अहसास उस व्यक्ति से बेहतर कौन समझ सकता है, जो दो दिन से भूखा-प्यासा तपती रेत में चला हो। ठीक उसी प्रकार तुम्हें भी सर्वप्रथम यह सोचना होगा कि तुम जिस सत्य के पथ पर चलने का निर्णय ले रहे हो, वह मात्र तुम्हारे दिल से निकली हुई इच्छा है या फिर तुम्हारी अन्तरात्मा द्वारा लिया हुआ अटल निर्णय।

माँ की बातों को सुनने के पश्चात् सूरज ने कहा, माँ मेरा यह निर्णय अटल है। मैं अपने अध्यापक को उनका सम्मान किसी भी तरह वापस दिलाना चाहता हूँ। यह सुनने के उपरान्त माँ ने सूरज के हाथों में श्रीमद् भगवत् गीता की पुस्तक रख दी तथा सूरज से कहा, जानते हो बेटा, यह सिर्फ एक पुस्तक नहीं है। यह ज्ञान की चाबी है, जिसमें हमारे जीवन की हर समस्या का समाधान समाहित है।

तो क्या माँ, मेरी समस्या का हल इस पुस्तक में मिलेगा, सूरज ने उत्सुकता से पूछा। क्यों नहीं बेटा, लेकिन यह ध्यान रहे कि अगर तुम्हें अपने प्रश्नों का हल चाहिए तो यह पुस्तक पढ़ने से पहले तुम्हें स्वयं महान धनुर्धर अर्जुन के समान धीर व महान श्रोता बनना पड़ेगा।

मैं समझा नहीं माँ, आप कहना क्या चाहती हो, सूरज ने उत्सुकता से पूछा। माँ ने मुस्कुराते हुए कहा बेटा कुरुक्षेत्र में विश्व का एक महान धर्मयुद्ध लड़ा गया था। उसी कुरुक्षेत्र में धर्म की तरफ से पाँच भाई, जिनका नाम युद्धिष्ठिर, भीम, अर्जुन, नकुल तथा सहदेव अपने धर्म और आत्म-सम्मान के लिये अपने ही बड़े पिता के सहस्र पुत्रों तथा पितामह और गुरु के विरुद्ध लड़ रहे थे। उन पाँचों भाइयों की सेना बहुत कमजोर व कम थी परन्तु उनके साथ स्वयं भगवान् श्रीकृष्ण का आशीर्वाद था।

युद्ध कुरुक्षेत्र में पहुँचने के उपरान्त जब अर्जुन ने अपने सामने अपने ही सगे सम्बन्धियों को देखा तब उसका हृदय व्यग्र हो उठा। महान धनुर्धर अर्जुन ने अपना उठाया हुआ गांडीव नीचे रख दिया था। वह अपनों के ऊपर गांडीव नहीं उठाना चाहता

था, उसी समय वासुदेव भगवान् श्रीकृष्ण ने उन्हें श्रीमद्भगवत् गीता का उपदेश दिया था।

अपने उपदेश में भगवान् श्रीकृष्ण, अर्जुन से कहते हैं कि "हे अर्जुन! तू इस सृष्टि के जिस मोहफाँस में फँसा है, उस मोहफाँस से बाहर निकल। हमारा जन्म ईश्वर की अनुकम्पा से सिर्फ कर्म करने के लिये होता है, अगर हम धर्म के अनुसार कोई भी कार्य करते हैं, जो कि धर्मसंगत और न्यायसंगत हो तो ईश्वर सदैव हमारे साथ होता है।

माँ ने आगे कहा कि जानते हो भगवान् श्रीकृष्ण ने इस पुस्तक के माध्यम से हम सभी मनुष्यों को भी यही उपदेश दिया है, कि हमें सदा कर्म करना चाहिए, फल की इच्छा रखकर किया हुआ कर्म सदैव हमें दो राहे पर लाकर छोड़ देता है। अगर तुमने सच्चे मन से यह निर्णय लिया है कि तुम्हें अपने अध्यापक की मदद करनी चाहिए, तो बेटा सर्वप्रथम अपने मन से यह संशय निकाल दो कि तुम्हारे द्वारा उठाए गए कदम का परिणाम क्या होगा। हमारी नियति हम सबके जन्म के साथ ही वह परमेश्वर लिख देता है। लोग क्या सोचेंगे, मैं जो भी कार्य करने जा रहा हूँ उसमें सफल होऊँगा या असफल, मेरा तो भाग्य ही खराब है। ये सब बातें हमारे दिमाग से निकल जाएँगी उसी क्षण से हम उस परम् शक्तिशाली परमेश्वर की अनुकम्पा के भागी बन जाएँगे। बेटा, एक बात सदैव याद रखना, जीवन में सुख तथा दुःख आशा और निराशा सदैव आएँगे, लेकिन अगर तुमने दृढ़ निश्चय के साथ यदि कोई नेक कार्य करने का प्रण ले लिया तो स्वयं ईश्वर किसी न किसी रूप में तुम्हारी मदद अवश्य करेंगे।

माँ की बातों को सुनने के उपरान्त अब सूरज खुश था, उसके मन के अन्दर उठा संशय अब समाप्त हो चुका था। उसने तुरन्त खुशी से अपनी माँ को गले लगा लिया तथा प्यार से माँ के गालों को चूम लिया। वह माँ से कहते हुए अपने कमरे में चला गया कि माँ अब मैं चलता हूँ मुझे बहुत सारा काम करना है। यही कहते हुए वह अपने कमरे की तरफ चला गया।

अब सूरज खुश था उसे माँ ने एक नवीन मार्ग जो सुझाया था। अपने कमरे में जाकर सर्वप्रथम उसने एक माफीनामा लिखा, जिसमें उसने यह कबूल किया कि उसने अपने निजी गुस्से की वजह से जिला शिक्षा अधिकारी के समक्ष उसने अपने गणित के अध्यापक के ऊपर झूठे लांछन लगाए थे। जिला शिक्षा अधिकारी के नाम प्रार्थना-पत्र लिखने के उपरान्त वह अपने दोस्तों के साथ बाहर खेलने चला गया। अब सूरज सन्तुष्ट था। उसके दिमाग में किसी प्रकार की दुविधा नहीं थी। चेहरे पर अब शिकन नहीं अपितु असीम शान्ति थी।

शाम को जब सूरज बाहर से खेलकर घर आया तो उस वक्त तक उसके पिता भी घर पर आ चुके थे। घर पर पिताजी को देखते ही सूरज जाकर उनके पास बैठ गया, तथा उनसे कहने लगा, पिताजी, आज मैंने विद्यालय में प्रधानाचार्यजी से माफी माँगी और उन्होंने मुझे माफ भी कर दिया। सूरज की बातें सुनकर उसके पिता काफी खुश हुए। शाम को सूरज अपने भाई और बहन के साथ पढ़ने बैठ गया। यह देखकर घर के सभी सदस्यों को आश्चर्य हो रहा था कि अधिकतम समय अपने कमरे में रहने वाला सूरज आज परिवार के सभी सदस्यों के साथ

समय व्यतीत कर रहा था। यह देखकर सूरज की माँ ने ईश्वर माँ को मन ही मन धन्यवाद दिया तथा ईश्वर से यही प्रार्थना की कि आगे भविष्य में भी सूरज सदैव ऐसा ही बना रहे। उस शाम घर के सभी सदस्यों ने एक साथ खाना खाया था। घर पर खुशी का माहौल था। भोजन के उपरान्त सूरज अपने कमरे में सोने के लिये चला गया।

अगली सुबह भी सूरज घर के अन्य सदस्यों से पहले ही सोकर उठा था। वह जल्द से जल्द तैयार होकर अपने विद्यालय पहुँचना चाहता था। शायद इसी वजह से वह अपने भाई और बहन से पहले ही तैयार हो गया था। उसने अपना नाश्ता जल्द से जल्द खत्म किया और एक नए जोश के साथ विद्यालय के लिये दौड़ चला।

कुछ समय के उपरान्त ही वह अपने विद्यालय के दरवाजे के सामने पहुँच चुका था। अपनी कक्षा में पहुँचते ही सर्वप्रथम उसने अपने स्थान पर अपनी किताबों का बस्ता रखा और प्रधानाचार्य के कक्ष की तरफ अपने गणित के अध्यापक के लिये अपना माफीनामा लेकर पहुँच गया। कक्षा से निकलते समय वह इतनी जल्दी में था कि हड़बड़ाहट में कक्षा के बाहर निकलते ही वह अपने साथ पढ़ने वाली एक सहपाठी सिमरन से जा टकराया। दोनों की टक्कर इतनी तेज थी कि, वे दोनों अपने आपको सँभाल न सके और उतनी ही तेज गति से गिर पड़े। इस टक्कर की वजह से जहाँ एक तरफ सिमरन की पीठ और ठुड्डी में चोट आई थी, वहीं दूसरी तरफ सूरज के घुटने पर भी ज्यादा चोट लगी थी। अपनी चोट की परवाह न करते हुए, सूरज

जल्दी से उठा और उसने अपनी सहपाठी सिमरन को सहारा दिया, ताकि वह उठ सके। सूरज ने सर्वप्रथम सिमरन से माफी माँगी तथा उसको सहारा देकर अपनी कक्षा में ले जाकर बैठा दिया। सिमरन की ठुड्डी से लगातार खून निकल रहा था, अपने बहते हुए खून को पोंछने के लिये सिमरन ने सूरज के हाथों से वह पेपर ले लिया तथा उसको अपने बहते हुए रक्त के ऊपर लगा दिया।

सूरज ने जो माफीनामा जिला शिक्षा अधिकारी के नाम लिखा था अब वह माफीनामा सिमरन के लहू से रंग चुका था। यह देखकर उसका मन थोड़ा उदास हो गया था, किन्तु तभी उसे माँ की बताई हुई शिक्षा याद आ गई। सूरज की माँ ने उससे कहा था, कि जब भी हम कोई नेक कार्य करने का मन बनाते हैं, तब हमारे सामने ईश्वर कई प्रकार की बाधाएँ उत्पन्न करता है। इसका तात्पर्य यह नहीं कि हमें अपने कार्य से विमुख हो जाना चाहिए। बल्कि इसका तात्पर्य यह है कि ईश्वर यह देखना चाहता है कि हम उस नेक कार्य को करने के लिये अपनी अन्तरात्मा से पूरी तरह तैयार हैं या नहीं। इसीलिए वीर व धीर पुरुषों को सदैव अपने लक्ष्य पर ध्यान केन्द्रित करना चाहिए न कि लक्ष्य के दौरान आने वाली बाधाओं की तरफ।

सूरज के मन में माँ के द्वारा दी हुई शिक्षा जैसे ही आई उसने अपने मन के अन्दर एक नवीन जोश का अनुभव किया और अपने दर्द की परवाह न करते हुए वह पुनः प्रधानाचार्य के कक्ष की तरफ निकल पड़ा। घुटने में लगे दर्द की वजह से सूरज के पैरों में असीम पीड़ा हो रही थी। लेकिन वह दर्द की परवाह न

करते हुए आगे बढ़ता गया। कुछ समय के उपरान्त वह प्रधानाचार्य के कक्ष के सामने खड़ा था। उस समय तक विद्यालय की प्रार्थना शुरू हो गई थी, प्रधानाचार्य महोदय अपने कक्ष से निकलकर प्रार्थना स्थल पर पहुँच चुके थे, सूरज अपने घुटने के दर्द की वजह से ठीक ढंग से खड़ा नहीं हो पा रहा था। इसी वजह से वह प्रधानाचार्य कक्ष के बाहर रखी हुई एक बेंच पर जाकर बैठ गया।

थोड़े समय के उपरान्त, जब विद्यालय की प्रार्थना समाप्त हुई तब प्रधानाचार्य महोदय अपने कक्ष की तरफ आए, उनको आता देख सूरज अपनी जगह पर ही खड़ा होकर उनका अभिवादन किया। प्रधानाचार्य महोदय ने आश्चर्य के साथ सूरज की तरफ देखा और उससे पूछा क्या बात है सूरज, आज तुम पुनः प्रार्थना के लिये नहीं आए। सूरज इससे पूर्व अपने प्रधानाचार्य को प्रार्थना में न आने का कारण बता पाता प्रधानाचार्य की नजर सूरज के कपड़ों पर पड़ी। उसकी कमीज पर सिमरन के रक्त के छींटें पड़ गए थे। सूरज की कमीज पर रक्त के छीटें तथा चेहरे पर पीड़ा का भाव देखकर प्रधानाचार्य थोड़े आशंकित हुए। उन्होंने कठोर शब्दों में सूरज से इस लहू के छींटों तथा उसके दर्द के बारे में पूछताछ की। प्रधानाचार्य के मन में यह संशय था कि कहीं सूरज किसी विद्यार्थी से लड़ाई करके तो नहीं आ रहा है। सूरज ने विनम्रता से अपने साथ घटी घटना से प्रधानाचार्य महोदय को अवगत करा दिया।

प्रधानाचार्य को जब यह पता चला कि इतनी चोट के बावजूद सूरज का उनके पास आने का कारण, अपने अध्यापक

को पुनः नौकरी पर बहाल करवाने की दृढ़ इच्छा है तो वे काफी प्रसन्न हुए। उन्होंने स्नेह से अपना हाथ सूरज के सिर पर फेरा तथा सूरज से कहने लगे कि बेटा, मुझे तुम पर गर्व है कि तुम मेरे विद्यार्थी हो। मैं स्वयं तुम्हारे इस नेक कार्य में तुम्हारी मदद करूँगा। इतना कहने के उपरान्त वे अपनी कुर्सी पर बैठकर सूरज की तरफ से एक माफीनामा जिला शिक्षा अधिकारी के नाम से बनाने लगे।

कुछ पलों में जब उन्होंने माफीनामे का प्रार्थना-पत्र तैयार कर लिया तब उन्होंने वह पत्र सूरज के हाथों में देते हुए कहा कि बेटा, मुझे तुम पर सदैव गर्व रहेगा। परन्तु मेरा मन न जाने क्यों तुम्हें इस प्रार्थना-पत्र के साथ जिला शिक्षा अधिकारी के समक्ष भेजने का नहीं कर रहा है। मैं तुम्हारे जैसे सच्चे विद्यार्थी को खोना नहीं चाहता। अतः मैं तुमसे एक बार पुनः कहूँगा कि तुम जो निर्णय लेकर यहाँ आए हो, उस पर एक बार पुनः विचार कर लो।

प्रधानाचार्य की इन बातों को सुनने के उपरान्त सूरज ने उनसे निवेदन करते हुए कहा कि प्रधानाचार्य महोदय, सम्भव है कि आज मेरे इस कार्य की वजह से मेरा इस विद्यालय में आज अन्तिम दिन हो। परन्तु मुझे इस बात की सदैव खुशी रहेगी कि मैंने अपने द्वारा की हुई गलती को सुधारने का प्रयत्न किया। सूरज के मुख से ऐसी बातें सुनने के पश्चात्, प्रधानाचार्य महोदय भी भावुक हो गए तथा सूरज को गले से लगा लिया। उन्होंने सूरज से कहा कि बेटा, मैंने प्रार्थना, पत्र तो लिख दिया है, लेकिन आगे का सफर तुम्हें स्वयं ही तय करना पड़ेगा। मैं तुम्हारे

साथ जिला शिक्षा अधिकारी के कार्यालय तक नहीं जा सकता, क्योंकि मेरे जाने से सम्भव है कि जिला शिक्षा अधिकारी यह सोचें कि तुम यह प्रार्थना-पत्र हमारे दबाव में दे रहे हो। अतः इसीलिए मैं तुम्हें वहाँ तक पहुँचाने का प्रबन्ध कर देता हूँ। सूरज ने विनम्रतापूर्वक प्रधानाचार्य को प्रणाम किया तथा अपनी मंजिल की तरफ चलने को तैयार हो गया।

प्रधानाचार्य ने उसी समय अपने एक चपरासी को बुलाया तथा उसे कुछ पैसे देते हुए यह निर्देश दिया कि वह सूरज को ले जाकर सर्वप्रथम उसके घुटनों की मलहम-पट्टी करवाए तथा उसके उपरान्त सूरज को सीधे जिला शिक्षा अधिकारी कार्यालय लेकर चला जाए। चपरासी और सूरज के जाने के पश्चात् प्रधानाचार्य ने अपने विद्यालय के एक अन्य कर्मचारी को सिमरन की मलहम-पट्टी करवाने तथा उसके उपरान्त उसे घर छोड़ने की हिदायत दी। अपने कक्ष में बैठकर प्रधानाचार्य महोदय मन ही मन यह दुआ कर रहे थे, कि हे ईश्वर! अब इस नेक बालक का भविष्य आपके ही हाथों में है। आप कुछ ऐसा चमत्कार करें कि इस बालक का भविष्य सुरक्षित रहे।

इधर दूसरी तरफ चपरासी ने पास के ही अस्पताल में ले जाकर सूरज के चोटिल घुटने पर मलहम-पट्टी करवायी तथा उसके उपरान्त उसे लेकर जिला शिक्षा अधिकारी के कार्यालय की तरफ चल दिया। जिला शिक्षा अधिकारी का कार्यालय विद्यालय से ज्यादा दूर न होने की वजह से वे दोनों थोड़े समय के उपरान्त ही जिला शिक्षा अधिकारी के कार्यालय पर पहुँच गए थे। कार्यालय पर पहुँचते ही चपरासी ने सूरज को पास में

पड़ी एक बेंच पर बैठा दिया तथा स्वयं कार्यालय के अन्दर चला गया। इधर दूसरी तरफ सूरज का दिल जोरों से धड़कने लगा था। मन के अन्दर बार-बार यही विचार आते थे कि जिला शिक्षा अधिकारी उसके साथ न जाने कैसा व्यवहार करें।

थोड़े समय के उपरान्त ही चपरासी, कार्यालय कक्ष से बाहर आ गया तथा उसने सूरज को बताया कि आज जिला शिक्षा अधिकारी अपने किसी निजी कार्य की वजह से अवकाश पर हैं। वे पुनः दो दिन बाद ही कार्यालय आएँगे। चपरासी की दी हुई इस सूचना के कारण सूरज का मन पूर्ण रूप से उदास हो गया। कुछ पल सोचने के बाद सूरज ने उस चपरासी से विनती करते हुए कहा कि चाचा क्यों न हम लोग यह पत्र सीधे जिला शिक्षा अधिकारी के घर पर ही जाकर दें।

सूरज का यह सुझाव सुनने के पश्चात् वह चपरासी आशंकित भाव से सूरज को देखने लगा तथा कठोर शब्दों में सूरज के सुझाव की निन्दा करते हुए कहने लगा कि मुझे प्रधानाचार्यजी ने तुम्हें बस इस कार्यालय तक छोड़ने को कहा है। उनके आदेशानुसार मैं तुम्हें यहाँ तक लेकर आ गया हूँ, इसके आगे मैं तुम्हारी कोई मदद नहीं कर पाऊँगा। मेरा सुझाव है कि इस वक्त तुम भी चोटिल हो अतः तुम सीधे अपने घर चले जाओ। हम पुनः दो दिन बाद यहाँ आकर यह प्रार्थना, पत्र जिला शिक्षा अधिकारी को दे देंगे। सूरज कुछ पल तो मौन रहा फिर अपने मन में कुछ पल विचार करने के पश्चात् उसने शान्त भाव से उस चपरासी के हाथों से वह प्रार्थना-पत्र लेते हुए कहा कि आप ठीक कहते हैं, चाचाजी। हम लोग पुनः दो दिन बाद यहाँ पर आ जाएँगे।

इस वक्त मेरे पैरों में पीड़ा भी हो रही है। अत: मेरे लिये भी यही बेहतर रहेगा कि मैं इस वक्त अपने घर जाकर थोड़ा आराम करूँ।

इसके उपरान्त सूरज ने चपरासी से विदा लिया और वहीं से सीधे अपने घर की तरफ बढ़ गया। इधर दूसरी तरफ वह चपरासी भी सूरज को घर के लिये भेजकर विद्यालय की तरफ चल दिया। कुछ दूर चलने के उपरान्त सूरज वापस जिला शिक्षा अधिकारी के कार्यालय की ओर वापस मुड़ा। उसके पैर जरूर चोटिल थे पर उसका निश्चय दृढ़ था, ऐसा प्रतीत होता था, जैसे वह आज किसी भी कीमत पर जिला शिक्षा अधिकारी से मिलने के उपरान्त ही घर जाने का प्रण लेकर आया हो।

कुछ देर चलने के उपरान्त वह पुन: जिला शिक्षा अधिकारी के कार्यालय में पहुँच चुका था। लेकिन इस बार उसने बेंच पर बैठकर प्रतीक्षा नहीं की वह सीधे कार्यालय में बढ़ता गया। कार्यालय के अन्दर जितने भी कर्मचारी थे, सभी अपने-अपने कार्यों में व्यस्त दिख रहे थे। सूरज को कुछ भी समझ में नहीं आ रहा था कि वह किसके पास जाकर अपनी समस्या बताए, और कहाँ पर उसकी समस्या का निराकरण होगा।

तभी पीछे से किसी रोबदार आवाज ने सूरज को रोका कौन हो तुम और यहाँ पर किससे मिलने आए हो? वह रोबदार आवाज इतनी कड़क थी कि एक पल के लिये ऐसा प्रतीत हुआ, जैसे सूरज का कलेजा उसके मुँह तक आ गया हो। सूरज ने डर और विस्मय के साथ आवाज की तरफ पीछे मुड़कर देखा। उसने देखा कि एक अधेड़-सा व्यक्ति जो कि सफेद पाजामा

कुर्ता पहने हुए है, उसकी बड़ी-बड़ी आँखें तथा सफेद व लम्बी मूँछें उसके गोल-से चेहरे को और भयानक बना रही थीं। कुछ पल रुककर सूरज ने सकुचाते हुए कहा- बाबा, मुझे जिला शिक्षा अधिकारी से मिलना है। किसी बच्चे का इस प्रकार से जिला शिक्षा अधिकारी के बारे में पूछना, उस वृद्ध को थोड़ा अजीब-सा लगा। उसने आश्चर्यचकित भाव से सूरज से पूछा, तुम साहब से क्यों मिलना चाहते हो? क्या तुम्हारे विद्यालय में कोई ऐसी घटना घटी है जो तुम्हारे अनुसार अनुचित है, जिसकी शिकायत लेकर तुम साहब के पास आए हो?

वृद्ध के इस प्रश्न का उत्तर सूरज ने बड़ी ही शालीनता के साथ दिया। उसने कहा कि नहीं बाबा मैं किसी की शिकायत लेकर नहीं, बल्कि शिक्षा अधिकारी महोदय से अपने द्वारा की हुई नादानी के लिये क्षमा माँगने आया हूँ।

नादानी! कैसी नादानी? इस बार उस वृद्ध के प्रश्न में उत्सुकता के साथ कोमलता भी थी। सूरज ने उसके उपरान्त अब तक की सारी घटना जो जिला शिक्षा अधिकारी के आगमन से लेकर अब तक उसके साथ घटी थीं, वे सारी घटनाएँ उस वृद्ध को बता दी। सूरज के मुख से वे सारी घटनाएँ सुनने के पश्चात् उस वृद्ध व्यक्ति ने कहा, बेटा, मैं पिछले चालीस वर्षों से इस कार्यालय में लिपिक के पद पर कार्य कर रहा हूँ, लेकिन आज तक मेरे पूरे कार्यकाल में ऐसा कोई भी बालक नहीं दिखा जो अपने भविष्य की परवाह न करते हुए अपने अध्यापक के लिये इतना नेक विचार रखता हो। ईश्वर सदैव तुम्हारा भला करें। यह मेरा आशीष है कि तुम एक दिन ध्रुवतारे के समान इस समाज

का पथ प्रदर्शन करोगे। अपना स्नेह व आशीष देने के उपरान्त उस वृद्ध ने सूरज से कहा कि आज तो साहब छुट्टी पर हैं अगर तुम चाहो तो मैं तुम्हें उनके घर तक छोड़ सकता हूँ। सूरज ने तुरन्त झुककर उस वृद्ध व्यक्ति के पैर छू लिए ये तथा कहा कि बाबा मैं आपके इस उपकार के लिये आपका आजीवन आभारी रहूँगा। सूरज को उठाते हुए उस वृद्ध व्यक्ति ने मुस्कुराते हुए कहा, बेटा यह मेरा उपकार नहीं अपितु यह मेरा सौभाग्य होगा कि मैं तुम्हारे इस नेक काम में तुम्हारे कुछ काम आऊँ। इतना कहने के उपरान्त वे दोनों वहाँ से निकल गए। सूरज ने कार्यालय से निकलते ही उस वृद्ध व्यक्ति से पूछा कि बाबा आपका नाम क्या है? उस वृद्ध व्यक्ति ने मुस्कुराते हुए जवाब दिया, बेटा, मुझे दीनदयाल चाचा कह सकते हो। मैं इसी उत्तर प्रदेश के एक अति पिछड़े हुए क्षेत्र चित्रकूट का रहने वाला हूँ। तुम्हें देखकर मुझे ऐसा प्रतीत होता है कि अगर तुम जैसा होनहार बालक हमारे क्षेत्र में भी होता तो आज हमारा क्षेत्र पिछड़ा हुआ न होकर, एक विकसित और प्रगतिशील क्षेत्र होता।

सूरज ने मासूमियत के साथ कहा, बाबा जब मैं बड़ा हो जाऊँगा तब मैं पूरी कोशिश करूँगा कि मैं आपका सपना पूरा कर सकूँ। यह सुनकर दीनदयाल चाचा ने अपना हाथ उसके सिर पर फिराया तथा आशीर्वाद देते हुए कहा कि जरूर बेटा, ईश्वर तुम्हारी हर मनोकामना को पूर्ण करें। इसके उपरान्त दीनदयालजी ने अपना स्कूटर चालू किया तथा सूरज को बैठने का इशारा किया।

कुछ देर चलने के उपरान्त ही वे दोनों जिला शिक्षा अधिकारी के घर के समीप पहुँच चुके थे। दीनदयालजी ने अपना स्कूटर

रोकते हुए सूरज से कहा कि बेटा, मेरा इस प्रकार तुम्हारे साथ साहब के घर पर जाना उचित नहीं है। अत: यहाँ से तुम्हें अकेले ही साहब के घर के अन्दर जाना होगा। इतना कहने के उपरान्त दीनदयालजी सूरज को वहाँ छोड़कर चले गए।

दीनदयालजी के जाने के बाद सूरज सीधा उस घर की तरफ बढ़ गया जिसे दीनदयालजी ने दिखाया था। घर के दरवाजे पर पहुँचने के उपरान्त सूरज ने काफी देर तक घर का दरवाजा खटखटाया, लेकिन अन्दर से किसी ने कोई प्रतिक्रिया नहीं की। सूरज दरवाजा खटखटाते हुए काफी परेशान हो गया, परन्तु किसी ने अन्दर से दरवाजा नहीं खोला।

काफी देर तक कोशिश करने के उपरान्त सूरज ने घर की चारदिवारी फाँदकर अन्दर जाने का मन बनाया, परन्तु उस बेचारे को इस बात का जरा भी इल्म नहीं था कि कुछ पलों के बाद ही उसका सामना एक और मुसीबत से होने वाला है।

जैसे ही सूरज ने चारदीवारी पर चढ़कर दूसरी तरफ कूदने का मन बनाया, उसी समय उसे एहसास हुआ कि उसके दाएँ पैर पर अचानक से भार बढ़ गया है। उसने गर्दन घुमाकर देखा तो नीचे का दृश्य देखकर उसका कलेजा उसके मुँह तक आ गया था। उसका शरीर भय के कारण पीला पड़ने लगा था। उसने देखा कि चारदीवारी के अन्दर एक बड़ा-सा काला कुत्ता उसके दाएँ पैर के पैंट की मोहरी को कसकर पकड़े हुए गुर्रा रहा है। सूरज जीवन में कभी ऐसी दुविधा में नहीं पड़ा था। ऐसी स्थिति में सूरज काफी डर गया था। उस कुत्ते के दाँत ऐसे प्रतीत हो रहे थे जैसे किसी भी क्षण सूरज के पैरों को अपने जबड़े में लेकर

लहुलुहान कर देंगे। सूरज ने अपनी पूरी ताकत के साथ अपने पैरों को झटकने का प्रयत्न किया, जिसमें पहली बार तो वह असफल रहा, लेकिन बार-बार अपने पैरों को झटकने की वजह से उस कुत्ते की पकड़ थोड़ी ढीली हो गई और वह अपना पैर उसके खतरनाक जबड़ों से सही-सलामत बचाने में सफल हो गया। उसने किसी प्रकार से प्रयत्न करके अपने पैर को तो सही सलामत बचा लिया था, लेकिन वह अपनी पैंट को फटने से नहीं बचा पाया था। कुत्ते की मजबूत पकड़ होने की वजह से उसके पैंट का दाएँ पैर का हिस्सा पूरी तरह फट चुका था। उसके दाएँ पैर में पैंट का हिस्सा अब मात्र उसके घुटने तक ही क्षत-विक्षत हालत में रह गया था। अपने विद्यालय की वर्दी की यह हालत देखकर एक पल के लिये सूरज की आँखें भर आई थीं। उसने मन ही मन ईश्वर से प्रार्थना करते हुए कहने लगा कि हे ईश्वर! इस कार्य में मुझे और कितनी मुसीबतों का सामना करना पड़ेगा।

इधर दूसरी तरफ सूरज कुत्ते की पकड़ से तो आजाद हो गया था, लेकिन सूरज के पैरों को छोड़ते ही कुत्ता जोर-जोर से भौंकने लगा था। उसकी आवाज इतनी तीव्र और तीखी थी, जिसकी वजह से आस-पड़ोस के लोग अपने-अपने घरों से बाहर आने पर विवश हो गए थे। सूरज चारदीवारी पर बैठा अन्दर जाने के किसी और विकल्प के बारे में सोच ही रहा था कि तभी उसके पीछे से किसी ने उसे टोकते हुए आवाज दी। सूरज ने आवाज की तरफ जब मुड़कर देखा तब वह और अधिक भय के कारण काँपने लगा। पड़ोस के घर से एक आदमी अपने हाथों में डंडा लिये सूरज की तरफ बढ़ा आ रहा था।

इस आदमी को देखकर सूरज और अधिक भय से काँपने लगा, बिना एक पल भी देर किए सूरज तुरन्त उस चारदीवारी से कूद पड़ा तथा अपने आपको बचाने के लिये दौड़ लगा दी। अब सड़क पर सूरज आगे-आगे तथा वह डंडे वाला आदमी उसके पीछे-पीछे दौड़ रहा था। कुछ दूर दौड़ने के उपरान्त, अचानक से सूरज के मन में यह ख्याल आया कि वह न तो चोर है और न ही किसी को नुकसान पहुँचाने की मंशा से यहाँ आया है, फिर वह बेवजह क्यों चोरों की तरह भाग रहा है। यह ख्याल आते ही सूरज रुक गया तथा पीछे मुड़ गया। सूरज के इस प्रकार रुकते और पीछे मुड़ने से उसके पीछे आ रहा व्यक्ति थोड़ा आशंकित हुआ, उसके मन में यह ख्याल आया कि कहीं यह संदिग्ध लड़का किसी अस्त्र या शस्त्र से उसके ऊपर आक्रमण न कर दे। यह विचार आते ही वह जहाँ था वहीं रुक गया।

कुछ पल रुकने के पश्चात् सूरज पुनः उस जिला शिक्षा अधिकारी के घर की तरफ चलने लगा। सूरज को अपनी तरफ आता देख वह व्यक्ति भी अपने घर की तरफ भागने लगा। जब मन के अन्दर कोई असमंजस और भय का समन्वय होता है, तो सदैव मनुष्य के साथ ऐसी ही परिस्थिति उत्पन्न होती है, जो उस व्यक्ति की थी।

सूरज ने विनम्रता पूर्वक उस भागते हुए व्यक्ति को रुकने का निवेदन किया। सूरज के विनम्र निवेदन में इतनी करुणा का भाव था कि वह व्यक्ति अपने कदम को आगे बढ़ा ही नहीं पाया तथा अपनी जगह पर रुक गया।

सूरज उसके समीप पहुँचकर बोला, चाचाजी, मैं कोई चोर नहीं हूँ, मैं तो यहाँ जिला शिक्षा अधिकारी से मिलने के लिये आया था। ऐसा प्रतीत होता है कि आज का दिन ही मेरे लिये खराब है। सुबह से मेरे साथ सिर्फ अमंगल ही अमंगल हो रहा है। यह बोलने के उपरान्त सूरज ने उस व्यक्ति को अपने साथ घटे विगत कुछ दिनों की घटनाएँ और जिला शिक्षा अधिकारी से मिलने का उद्देश्य दोनों बतला दिए।

वह व्यक्ति जो जिला शिक्षा अधिकारी का पड़ोसी होने के साथ-साथ मित्र भी था, सूरज को सबसे पहले अपने घर पर ले गया। उसने सूरज से कहा कि बेटा, तुम्हारा तरीका भले ही गलत हो लेकिन तुम्हारी नीयत सही है। अतः ईश्वर तुम्हारी अवश्य मदद करेगा। तुम जिनको ढूँढने आए हो, वे इस समय यहाँ पर नहीं हैं। इसी वजह से वे अपने समस्त परिवार के साथ पास के ही मैरिज गार्डन में मिलेंगे।

परिवार की ही शादी होने की वजह से वे लोग सुबह जल्दी ही घर से निकल गए थे। इसी वजह से तुम्हारी काफी कोशिश करने के बावजूद किसी ने गेट नहीं खोला। हम लोग भी उस शादी में शरीक होने के लिये बस घर से निकलने ही वाले थे कि तभी अचानक यह सब हो गया।

उस पड़ोसी की बातें सुनने के पश्चात्, सूरज ने उस व्यक्ति से निवेदन किया कि क्या वह उसे भी अपने साथ उस जगह पर लेकर चल सकते हैं? आज मेरा जिला शिक्षा अधिकारी से मिलना नितान्त आवश्यक है।

उस व्यक्ति ने संकोचवश सूरज की तरफ देखा, उसके कपड़े पूरी तरह से क्षत-विक्षत हालत में थे तथा उसके पैर में भी काफी पीड़ा हो रही थी। उसने असमंजस के साथ सूरज से पूछा, बेटा मैं तुम्हें अपने साथ वहाँ लेकर चल तो सकता हूँ, लेकिन मेरा मन बार-बार यह सोचकर विचलित हो रहा है कि क्या तुम्हारा इस प्रकार से उस शादी समारोह में जाना उचित होगा?

उस व्यक्ति की बातें सुनने के पश्चात्, सूरज ने विनयपूर्वक निवेदन करते हुए उस व्यक्ति से कहा कि चाचाजी, मेरी यह गति मात्र इसी उद्देश्य को पूरा करने के दृढ़संकल्प के कारण हुई है, अतः अगर अब मैं पीछे हट गया तो मेरा सुबह से लेकर अब तक का प्रयास विफल हो जाएगा। अतः मैं आपसे निवेदन करता हूँ कि आप मुझे एक बार सर से मिलवा दीजिए। मैं आपके इस उपकार के लिये जीवन भर आपका आभारी रहूँगा।

इधर दूसरी तरफ सूरज के विद्यालय में छुट्टी हो गई थी, जब उसके भाई और बहन बिना सूरज के घर पहुँचे तो माँ ने उनसे सूरज के बारे में पूछा, जिस पर सूरज के बड़े भाई ने बतलाया कि आज सुबह विद्यालय में सूरज अपनी ही कक्षा की एक छात्रा, जिसका नाम सिमरन है से टकरा गया था। जिसकी वजह से दोनों चोटिल हो गए थे। अतः प्रधानाचार्यजी ने दोनों को मलहम-पट्टी करवाने के लिए अस्पताल भिजवा दिया था। उसके उपरान्त उन दोनों भाई बहन ने सूरज को नहीं देखा था। सूरज के चोटिल होने की खबर सुनकर माँ और अधिक व्याकुल हो गई थीं। उनके मन में सूरज के स्वास्थ्य को लेकर चिन्ता

सताने लगी थी। उन्हें समझ में नहीं आ रहा था कि वे क्या करें। अभी सूरज के पापा को घर आने में काफी समय था। वह इतने समय तक इन्तजार नहीं करना चाहती थीं।

अतः इसी उद्देश्य से उन्होंने अपने दोनों बच्चों को जल्द से जल्द भोजन करवाया तथा अपनी बेटी को अपनी पड़ोस की सहेली के हवाले कर वह अपने बड़े बेटे के साथ प्रधानाचार्य के घर की तरफ निकल पड़ीं। वह जल्द से जल्द प्रधानाचार्य के घर पर पहुँच जाना चाहती थीं। प्रधानाचार्य का निवास विद्यालय के प्रांगण में होने की वजह से विद्यालय के अधिकतर विद्यार्थियों को उनके निवास स्थान के बारे में जानकारी रहती थी। थोड़े ही समय के अन्तराल के पश्चात् माँ और बेटा दोनों प्रधानाचार्य के घर पर पहुँच गए थे।

जब सूरज की माँ ने प्रधानाचार्य को इस बात से अवगत कराया कि सूरज अभी तक विद्यालय से घर नहीं पहुँचा है, तो इस खबर से वे भी काफी चिन्तित हो गए। उन्होंने सूरज की माँ से कहा, कि "बहनजी मैंने आज सुबह सूरज को उसके काफी निवेदन करने के उपरान्त अपने विद्यालय के एक जिम्मेदार कर्मचारी के साथ सर्वप्रथम उपचार करवाने के लिये पास के ही अस्पताल भिजवाया था तथा वहीं से वह कर्मचारी सूरज को लेकर जिला शिक्षा अधिकारी के कार्यालय गया था। लेकिन दोपहर को उस कर्मचारी ने वापस आकर मुझे यह सूचित किया था कि जिला शिक्षा अधिकारी आज अवकाश पर थे, इसी वजह से मेरे कर्मचारी ने सूरज को घर भेज दिया था। बहनजी यह आपके साथ-साथ मेरे लिये भी चिन्ता का विषय है कि अगर सूरज घर नहीं पहुँचा तो गया कहाँ?

प्रधानाचार्य की बातों को सुनने के पश्चात्, सूरज की माँ का और अधिक बुरा हाल होने लगा था। उनकी आँखों से अश्रु की धारा फूट पड़ी थी। प्रधानाचार्य ने सूरज की माँ को ढाढ़स बँधाते हुए कहा कि बहनजी, आप परेशान हो, सूरज एक नेक और होनहार बालक है, मैं स्वयं जाकर उसकी तलाश करता हूँ, जैसे ही मुझे उसके बारे में कोई भी जानकारी मिलती है, मैं आपको सूचित करूँगा। इस वक्त बेहतर यही होगा कि आप अपने घर पर जाइए, क्योंकि सम्भव हो कि सूरज घर पर आ गया हो। और आपको अनुपस्थित देखकर वह परेशान हो जाए। इतना कहने के उपरान्त प्रधानाचार्य ने सूरज की माँ से निवेदन करते हुए कहा कि बहनजी, मैं आपके बड़े बेटे के साथ सूरज को तलाश करने के लिये निकलता हूँ तथा आप मेरे बेटे के साथ अपने घर पर हमारी प्रतीक्षा करें।

इतना कहने के बाद प्रधानाचार्य जी ने सूरज के भाई को लेकर सूरज की खोज में निकल गए तथा दूसरी तरफ सूरज की माँ प्रधानाचार्य के बड़े बेटे के साथ वापस अपने घर की तरफ चल पड़ी। सर्वप्रथम प्रधानाचार्य उस चपरासी के घर की तरफ गए जिसके साथ उन्होंने सूरज को जिला शिक्षा अधिकारी के कार्यालय पर भेजा था। जब प्रधानाचार्य उस चपरासी के घर पर पहुँचे, उस वक्त वह अपने घर पर सन्ध्या की नित्य पूजा में व्यस्त था। उस बेचारे को जैसे ही प्रधानाचार्य के आगमन की सूचना मिली वह भी थोड़ा आशंकित हुआ, क्योंकि इतने वर्षों के कार्यकाल में पहली बार ऐसा हुआ था कि प्रधानाचार्य उसके घर पर आए हों। इसी वजह से अपनी सन्ध्या की पूजा समाप्त करने के उपरान्त व आशंकित मन से प्रधानाचार्य की सेवा में उपस्थित

हुआ। प्रधानाचार्य ने जब उसे इस बात से अवगत करवाया कि सूरज अभी तक अपने घर नहीं पहुँचा है, तो यह खबर सुनकर वह बेचारा चपरासी भी घबरा गया था। मन के अन्दर किसी प्रकार की अनहोनी के विचार से ही प्रधानाचार्य का मन व्याकुल हो रहा था। उन्होंने तुरन्त उस चपरासी को भी अपने साथ लिया और जिला शिक्षा अधिकारी के कार्यालय की तरफ बढ़ गए।

इधर दूसरी तरफ सूरज इन सब बातों से बेखबर जिला शिक्षा अधिकारी से मिलने की धुन में रमा हुआ, उनके पड़ोसी के साथ उस शादी समारोह में पहुँच चुका था। जहाँ पर उसे जिला शिक्षा अधिकारी मिल सकते थे। अपने फटेहाल कपड़े और दिनभर की दुर्दशा की वजह से सूरज उस शादी के समारोह में किसी दूसरे ग्रह से आए हुए परग्रही मानव से कम नहीं लग रहा था। वह तो शुक्रगुजार था पड़ोसी का जिनकी वजह से इस वेशभूषा में भी सूरज को उस भव्य माहौल में सम्मिलित होने का मौका मिल गया था। उस पड़ोसी ने सूरज को एक जगह पर बैठाते हुए कहा कि बेटा, तुम यहीं पर मेरी प्रतीक्षा करो, मैं तुम्हारे शिक्षा अधिकारी को बुलाकर लाता हूँ। इतना कहने के उपरान्त वह पड़ोसी सूरज को एक जगह बिठाकर अपने मित्र को तलाशने चला गया था। उस पड़ोसी के जाने के बाद, सूरज थोड़ा घबराया हुआ वहाँ के माहौल को देख रहा था। तभी पीछे से उसे किसी लड़की ने आवाज दी, ऐ जोकर! तुम यहाँ क्या कर रहे हो? इस वक्त तो तुम्हें मंच पर होना चाहिए था। हम सभी लोग कब से तुम्हारे आने की प्रतीक्षा कर रहे थे। सूरज ने आवाज की तरफ मुड़कर देखा तो उसने पाया कि 12 से 13 वर्ष की एक लड़की जिसका चेहरा लम्बा और पतला-सा था, बाल घने व लम्बे तथा

उसकी छोटी नाक व छोटी-छोटी आँखें उसके खूबसूरत चेहरे को इस प्रकार निखार रहे थे- ऐसा प्रतीत हो रहा था कि आसमान से कोई छोटी-सी परी उतरी हो। उस लड़की ने खूबसूरत-सी सफेद रंग की फ्रॉक पहन रखी थी, जिसकी वजह से उसकी खूबसूरती व मासूम-सा चेहरा और मनोरम-सा प्रतीत हो रहा था।

सूरज आश्चर्य व विस्मय के साथ उस लड़की को टकटकी लगाए देखे जा रहा था। तभी उस लड़की ने और समीप आकर सूरज को झकझोरते हुए कहा, अरे बहरे हो गए हो क्या? मैं तुमसे ही बात कर रही हूँ। यहाँ शादी के समारोह में हम सभी के लिये तो तुम्हें बुलाया गया है कि तुम सभी लोगों का मनोरंजन करोगे और तुम हो कि यहाँ गुमसुम होकर न जाने क्या सोच रहे हो?

सूरज को उस लड़की की बात कुछ भी समझ में नहीं आ रही थी। वह आश्चर्य के साथ उस लड़की को देखे जा रहा था। उस लड़की ने एक बार पुनः सूरज को झकझोरते हुए कहा, अरे बहरे हो गए हो क्या? हम सब बच्चे कितनी देर से तुम्हारी प्रतीक्षा कर रहे हैं, और तुम हो कि यहाँ एकान्त में कद्दू की तरह शक्ल बनाए न जाने कौन-से विचारों में खोए हुए हो?

सूरज ने अपना हाथ उस लड़की के हाथों से छुड़ाते हुए दुःखी और विस्मित मन से कहा कि आप कौन हैं, और मुझसे क्या चाहती हैं, मेरी कुछ समझ में नहीं आ रहा है? देखिए, इस वक्त मैं काफी परेशान हूँ, मैं यहाँ पर माफी माँगने के लिये आया हुआ हूँ, अतः आपसे निवेदन करता हूँ कि आप मुझे अधिक परेशान न करें।

उस लड़की ने हँसते हुए कहा अरे तुम्हें माफी माँगने की कोई आवश्यकता नहीं है, हमें पता है कि तुम्हें आने में विलम्ब हो गया है। लेकिन हम बच्चों को कोई फर्क नहीं पड़ता, बस अब तुम हमें अपना खेल दिखाओ। सूरज ने झिड़कते हुए कहा, खेल, कैसा खेल! मैं यहाँ पर किसी प्रकार का खेल नहीं दिखा सकता। सूरज ने निवेदन करते हुए उस लड़की से कहा कि आप कृपा करके मुझे तंग न करें, मैं वैसे ही काफी परेशान हूँ।

सूरज के ऐसा कहते ही वह लड़की जो पहले उससे मुस्कुरा कर बात कर रही थी, अब थोड़ी कठोर स्वर में उसको चेतावनी देते हुए बोली, मुझे कोई शौक नहीं पड़ा तुम जैसे फटीचर- से जोकर को तंग करने के लिए। वह तो मनीष चाचा ने मुझसे कहा था, कि मैं तुम्हें ढूँढकर मंच तक ले आऊँ।

उस लड़की की बातें सूरज के कुछ भी पल्ले नहीं पड़ रही थीं। और उधर दूसरी ओर जब प्रधानाचार्य अपने कर्मचारी और सूरज के भाई के साथ जिला शिक्षा अधिकरी के कार्यालय पहुँचे तब तक कार्यालय बन्द हो चुका था। वहाँ पर एक चौकीदार के सिवा कोई और कर्मचारी मौजूद नहीं था। यह देखकर प्रधानाचार्य थोड़े मायूस-से हो गए, तथा उन्होंने अपने चपरासी को उस चौकीदार के पास यह जानने के लिये भेजा कि अगर उसके पास सूरज के लिये कोई खबर हो तो वह पता करके आए।

इधर दूसरी तरफ सूरज और उस अनजान लड़की के बीच नोक-झोंक बढ़ती जा रही थी। इससे पहले कि उनकी नोक-झोंक और विकराल रूप ले लेती, उससे पहले ही वह पड़ोसी जिसके साथ सूरज वहाँ पर आया था, उन दोनों के मध्य वहाँ पर आ गया

था। उस पड़ोसी को देखते ही एक पल के लिये सूरज की जान में जान आ गई थी। उस पड़ोसी ने उस लड़की की तरफ देखा और कहा, तुम यहाँ क्या कर रही हो? वह अनजान लड़की जिसका नाम आरना था, उसने शिकायत भरे लहजे में कहा 'कि अंकल' मैं तो इस जोकर को मंच पर बुलाने के लिये आई थी, लेकिन यह खडूस मेरे साथ चलने को तैयार ही नहीं हो रहा है।

आरना की ये सारी बातें सुनने के पश्चात् वह पड़ोसी जोर-जोर से हँसने लगा तथा उसने कहा, कि बेटा, यह जोकर नहीं है। आपका जोकर तो कब का मंच पर पहुँच चुका है, आप जाइए और आनन्दपूर्वक अपने जोकर के मस्तीभरे नाटक का आनन्द लीजिए। इसी बीच जिला शिक्षा अधिकारी भी वहाँ आ गए थे। सूरज उनको पहचानता था, इसीलिए उनके आते ही, सूरज उनके चरण स्पर्श के लिये आगे बढ़ा।

सूरज जिला शिक्षा अधिकारी को अपने सामने देखकर थोड़ा, भयभीत हो गया था, परन्तु जैसे ही जिला शिक्षा अधिकारी ने उसे अपने चरणों से उठाकर अपने गले से लगाया, उसका भय धीरे-धीरे जाता रहा। मुस्कुराकर जिला शिक्षा अधिकारी ने उस लड़की की तरफ देखा और कहा- बेटा, यह कोई जोकर नहीं अपितु आज इस शादी समारोह के विशिष्ट अतिथि हैं। उसके उपरान्त उन्होंने सूरज की तरफ देखते हुए कहा कि बेटा, मुझे इस चाचा ने तुम्हारे बारे में सब कुछ बता दिया है, मुझे इस बात का खेद है कि तुम्हें मेरी वजह से इतना कष्ट उठाना पड़ा।

जिला शिक्षा अधिकारी के इतना कहते ही सूरज ने अपनी जेब से माफीनामा निकाला और उनके हाथों में पकड़ाते हुए

कहा, कि सर मुझे माफ कर दीजिए क्योंकि मेरी वजह से मेरे एक गुरु की नौकरी खतरे में पड़ गई है, आप मुझे जो भी सजा देंगे मुझे स्वीकार होगी। लेकिन मेरी आपसे विनती है कि आप एक बार पुनः हमारे गणित के अध्यापक को नौकरी पर बहाल करने की कृपा करें।

जिला शिक्षा अधिकारी ने मुस्कुराते हुए अपना हाथ सूरज के सिर पर फेरते हुए कहा- बेटा, मुझे तुम्हारे बगल में खड़े इस चाचाजी ने सब कुछ बता दिया है, अतः मैं इस माफीनामे और तुम्हारे इस प्रकार इतनी बाधाओं को पार करने के उपरान्त मुझ तक पहुँचने की वजह से ही यह सिद्ध होता है कि तुम्हारे इरादे कितने नेक हैं। बेटा, अगर कोई भी कार्य नेक इरादे और दृढ़ निश्चय के साथ किया जाए तो अन्ततोगत्वा उसका फल सदा सुखदायी ही होता है। अतः इसी वजह से बिना किसी जाँच के मैं तुम्हारे अध्यापक को जल्द ही बहाल करवाऊँगा।

जिला शिक्षा अधिकारी के मुख से यह वचन सुनकर सूरज काफी खुश हुआ क्योंकि उसने अपना उद्देश्य जो पूरा कर लिया था। उसकी आँखों से खुशी के आँसू बह निकले थे। उसने खुशी के साथ जिला शिक्षा अधिकारी से कहा, कि सर, मेरे को आप जो भी सजा देंगे मुझे वह स्वीकार होगी। सूरज ने यह बात काफी मासूमियत के साथ कही थी।

उसकी इस मासूमियतभरे कथन पर जिला शिक्षा अधिकारी ने मुस्कुराते हुए उससे कहा, कि बेटा, आपने यह जो भी कार्य किया है उसके उपरान्त जिस बहादुरी के साथ आपने अपनी गलतियों का एहसास किया, वह काबीले तारीफ है। इस दुनिया

में ऐसे बहादुर और नेक दिल इन्सान बिरले ही मिलते हैं, अतः आप जैसे बच्चों को सजा नहीं अपितु पुरस्कृत किया जाना चाहिए।

जिला शिक्षा अधिकारी द्वारा यह कथन सुनने के उपरान्त सूरज खुशी से चहकते हुए, उनसे कहने लगा। इसका मतलब सर मैं आगे भी अपनी पढ़ाई विद्यालय में सुचारु रख सकता हूँ। सूरज की बातों को सुनने के पश्चात् जिला शिक्षा अधिकारी ने मुस्कुराते हुए कहा, जरूर बेटा, देश को आप जैसे दृढ़ निश्चयी सच्चे और होनहार बच्चों की आवश्यकता है।

अभी जिला शिक्षा अधिकारी और सूरज के मध्य बातों का सिलसिला चल ही रहा था कि तभी सूरज के सामने से दीन दयाल चाचाजी, तथा उनके साथ-साथ प्रधानाचार्य और स्वयं उसका भाई आते हुए दिखाई दिये। सूरज के साथ-साथ स्वयं जिला शिक्षा अधिकारी भी यह दृश्य देखकर आश्चर्यचकित हो गए थे। दीनदयाल चाचा और प्रधानाचार्य महोदय ने सर्वप्रथम जिला शिक्षा अधिकारी को प्रणाम किया तथा उसके उपरान्त प्रधानाचार्य महोदय ने जिला शिक्षा अधिकारी को सम्बोधित करते हुए विनम्र शब्दों में कहा, कि सर यह बालक यहाँ इस प्रकार पहुँच जाएगा, इस बात का अन्दाजा हम लोगों को नहीं था। कृपया इसे इसकी नादानी समझकर क्षमा कर दीजिए। घर पर इसके न पहुँचने की वजह से इसके घरवाले काफी परेशान हैं, इसी वजह से हम सब लोग इस बालक को ढूँढ़ते हुए यहाँ तक पहुँचे हैं। जिला शिक्षा अधिकारी ने सूरज से कहा कि बेटा, यह तो गलत बात है। आपको हमारे पास आपने घरवालों को

सूचित करने के उपरान्त ही आना चाहिए था। बिना अपने घर वालों या फिर अपने से बड़ों की आज्ञा लिये हुए आप कोई भी कार्य करोगे, तो वह पाप के समान ही होता है। अतः आगे से इस बात का अवश्य ध्यान रखना कि अगर भविष्य में कोई भी कार्य करना या फिर कहीं जाना हो तो सदैव अपने से बड़ों की आज्ञा लेना परम् आवश्यक होता है। जिला शिक्षा अधिकारी के इतना कहने के उपरान्त सूरज ने मासूमियत के साथ अपना शीश हाँ में हिला दिया।

उसके उपरान्त जिला शिक्षा अधिकारी ने सर्वप्रथम सूरज और वहाँ पर उपस्थित प्रधानाचार्य, लिपिक तथा सूरज के भाई और चपरासी को जलपान करवाया तथा उसके उपरान्त उन्हें विदा करने से पूर्व वे प्रधानाचार्य को एक तरफ एकान्त में ले जाकर उनसे कहने लगे, कि "इस बालक के अन्दर अद्‌भुत प्रतिभा है, ऐसे नेक बालक और दृढ़ निश्चयी बालक बहुत कम ही होते हैं, जो अपने हितों की परवाह न करते हुए भी दूसरों के हितों के लिये हँसते-हँसते किसी भी प्रकार का कष्ट उठाने को सहर्ष तैयार रहते हैं। इस बालक के अन्दर मैंने अपने से पहले दूसरों के लिये सेवा भाव देखा है, अतः अब यह हमारी नैतिक जिम्मेदारी बनती है कि हम लोग ऐसे बालक सेवा धर्म का पालन करते हुए सदैव इस देश और समाज के लिये एक प्रेरणा का श्रोत बने। इसको घर छोड़ते वक्त आप इसके माँ-बाप से मेरी तरफ से क्षमा माँग लेना, कि मेरी वजह से उन लोगों को इस प्रकार से कष्ट उठाना पड़ा तथा अगले हफ्ते तक सूरज का दाखिला आप भारत स्काउट एंड गाइड में भी करवा दीजिएगा, ताकि उसके अन्दर के सावा भाव की भावना को एक नई दिशा

मिल सके। इसके साथ-साथ मैं गणित के अध्यापक को पुनः बहाल करने का पत्र दो दिन पश्चात् आपके विद्यालय भिजवा दूँगा। शिक्षा अधिकारी को प्रधानाचार्य ने धन्यवाद दिया तथा उसके उपरान्त वे सूरज व उसके भाई को लेकर उनके घर की तरफ निकल पड़े।

उन सभी लोगों के जाने के उपरान्त आरना जो काफी समय से खामोशी से यह सब देख रही थी, दौड़ते हुए जिला शिक्षा अधिकारी के पास गई, जो वहीं पास में अपने मित्र के साथ बैठे जलपान कर रहे थे। वह जाकर सीधे उनकी गोद में बैठते हुए कहने लगी, पापा वह लड़का कौन था, जिसके कपड़े फटे हुए थे तथा आप उसकी इतनी तारीफ क्यों कर रहे थे। वह तो काफी गन्दा-सा फटेहाल कपड़ों में यहाँ आया था तथा मुझसे सीधे मुहँ बात भी नहीं कर रहा था। आरना की बातों को सुनने के पश्चात् जिला शिक्षा अधिकारी ने मुस्कुराते हुए उससे कहा, कि, "नहीं बेटी, हमें ऐसे ही किसी से भी लड़ाई नहीं शुरू कर देनी चाहिए तथा कभी भी हमें किसी भी व्यक्ति को उसके हालात या कपड़ों से नहीं तौलना चाहिए।" वह जो लड़का यहाँ पर आया था, उसके कपड़े भले ही फटे हुए तथा यहाँ के माहौल के अनुरूप न हों, लेकिन वह यहाँ पर अपने भविष्य को बचाने के लिये आया था। हमें जीवन में ऐसे लोगों का सदैव सम्मान करना चाहिए जो अपने सुखों की परवाह न करते हुए भी सदैव दूसरों के हितों के बारे में सोचते हैं। अपने पापा की बातें ध्यानपूर्वक सुनने के पश्चात् वहाँ से तो चली गई, पर अब उसके दिमाग में भी सूरज के प्रति सम्मान का भाव जन्म ले चुका था। उसे सोचकर काफी दुःख हुआ था कि उसने

जाने-अनजाने में सूरज जैसे नेक लड़के के साथ बदतमीजी की थी। उसने मन ही मन यह विचार किया कि अगर कभी भविष्य में उसकी मुलाकात सूरज से होगी तो वह उससे माफी अवश्य माँगेगी। यह विचार करने के उपरान्त अब वह अपने को काफी हल्का महसूस करने लगी थी तथा वह खुशी-खुशी उस मंच की ओर बढ़ चली जहाँ पर बाकी बच्चे जोकर के हास्य नाटक का आनन्द ले रहे थे।

उधर दूसरी तरफ सूरज के पिताजी भी अपने काम से लौट चुके थे तथा जब उन्हें इस बात का ज्ञात हुआ कि सूरज अभी तक घर पर नहीं पहुँचा है, तब वे भी सूरज के लिये काफी व्याकुल होने लगे थे, वे तो उसी क्षण सूरज की तलाश में निकलना चाहते थे परन्तु जैसे ही उन्हें ज्ञात हुआ कि उसकी तलाश में विद्यालय के प्रधानाचार्य उसके भाई को लेकर निकल चुके हैं, तब उन्होंने घर पर रुककर प्रधानाचार्य के आने की प्रतीक्षा करना ज्यादा उचित समझा।

समय जैसे-जैसे बीतता जा रहा था, माँ-बाप की धड़कनें भी उसी रफ्तार से बढ़ती जा रही थीं। मन के अन्दर किसी प्रकार की अनहोनी का डर उनकी व्याकुलता को और अधिक बढ़ा रहा था। सूरज की माँ और पिता का मन इस कदर व्याकुल हो गया था कि घर पर रात के भोजन का भी उन्हें होश न रहा। बार-बार दोनों की निगाहें घर के मुख्य दरवाजे पर ही टिक जाती थीं।

जैसे-जैसे अँधेरा बढ़ता जा रहा था, वैसे-वैसे ही दोनों की बेचैनी भी बढ़ती जा रही थी। अब सूरज के माँ और पिता घर

से निकलकर घर के बाहर आकर प्रधानाचार्यजी का इन्तजार करने लगे थे, तभी कुछ देर के उपरान्त प्रधानाचार्यजी का स्कूटर उनके घर के सामने आकर रुका। स्कूटर के पीछे सूरज और उसके भाई को बैठा देख अन्ततः उनके माँ-बाप की जान में जान लौट आई थी। सूरज जैसे ही स्कूटर से नीचे उतरा, उसके फटेहाल कपड़े व चोटिल पैर देखकर काफी घबरा गए। माँ ने दौड़कर सूरज को अपनी बाँहों में भर लिया तथा उसका माथा चूमते हुए पूछने लगीं, "कहाँ चला गया था मेरे लाल और यह क्या हालत बनाकर लौटा है?" सूरज इससे पूर्व माँ को कुछ कहता, उसके पिता भी कठोर शब्दों में पूछ पड़े, "सूरज तुम्हें ऐसी हालत में घर से बाहर जाने की क्या आवश्यकता है, तुम्हें जरा-सा भी अहसास है कि तुम्हारे इस प्रकार बिना किसी को बताए चले जाने की वजह से हम सब लोग कितना व्याकुल हो गए थे। तुम्हें अपनी जिम्मेदारी का अहसास तो होना चाहिए था।" सूरज के पिता का गुस्सा इससे पूर्व और अधिक बढ़ता, प्रधानाचार्य महोदय ने बीच-बचाव करते हुए उनसे कहा, कि "भाई साहब आपका क्रोध करना उचित है, लेकिन जो कार्य आपके बेटे ने आज किया है, उसकी प्रशंसा जितनी की जाए कम है। मैं यह नहीं कह रहा कि इसने आज इस प्रकार से आप सभी लोगों को बिना बताए जो कदम उठाया, वह उचित है। लेकिन इसका इरादा नेक था, अतः मेरा आपसे निवेदन है कि आप इस वक्त इस पर क्रोध न करें।

प्रधानाचार्यजी की बातों को सुनने के बाद सूरज के पिताजी का क्रोध थोड़ा शान्त हुआ। उन्होंने हाथ जोड़कर प्रधानाचार्यजी से निवेदन करते हुए कहा, कि सर आप कृपा करके अन्दर

आइए तथा हमें विस्तारपूर्वक यह समझाने का कष्ट करें कि आज सारा दिन सूरज कहाँ था, और इसने ऐसा कौन-सा कार्य किया जिसके फलस्वरूप आप इसकी इतनी अधिक प्रशंसा कर रहे हैं, सूरज के पिता के निवेदन का मान रखते हुए, प्रधानाचार्यजी ने उनके घर के अन्दर प्रवेश किया तथा सूरज की माँ बच्चों को लेकर अन्दर के कमरे में चली गई। अन्दर बैठक में प्रधानाचार्य और सूरज के पिताजी बैठ गए थे। बच्चों को कमरे में छोड़ने के उपरान्त वह घर पर आए मेहमान के लिये जलपान की व्यवस्था करने में व्यस्त हो गई थी। और बैठक में प्रधानाचार्यजी सूरज के पिता को आज सुबह से लेकर जिला शिक्षा अधिकारी के घर तक की सारी घटना विस्तारपूर्वक बताना आरम्भ कर दिया। प्रधानाचार्य के मुख से सारी घटना सुनने के पश्चात् सूरज के पिता भी सूरज के इस कार्य पर भावुक हो गए थे। उन्होंने प्रधानाचार्यजी से कहा, कि सर मुझे इस बात का सदैव गर्व रहेगा कि मैं एक ऐसे नेकदिल और होनहार बालक का पिता हूँ, जो अपनी खुशी की परवाह न करते हुए दूसरों के हितों के बारे में सोचता है। अभी प्रधानाचार्य और सूरज के पिता के मध्य बातचीत चल ही रही थी कि तभी सूरज की माँ भी प्रधानाचार्यजी के लिये चाय और नाश्ता लेकर बैठक में आ गई थीं। सूरज के पिता ने उनको भी बैठने का इशारा किया।

चाय पीने के दौरान प्रधानाचार्य ने उन लोगों से कहा कि भाई साहब, आप दोनों ने जो संस्कार के बीज अपने बच्चों के अन्दर प्रत्यारोपित किये हैं, वह काबिले तारीफ है। मैंने अपने जीवन में हजारों बच्चों और उनके माता-पिता को देखा है, जिनके पास अपने बच्चों के लिये सदैव समय का अभाव ही रहता है। एक

अमेरिकी फैमली एसोसिएशन ने अपनी शोध की पत्रिका में इस बात का वर्णन किया है, कि "माँ-बाप एक हफ्ते में बच्चों के साथ काम की बातचीत पर तकरीबन 43 मिनट का ही वक्त दे पाते हैं, बाकी समय उन्हें अपने साथियों और टी.वी. से जो नैतिक मूल्य मिलते हैं उन्हें मनचाहे ढंग से इकट्ठा करने के लिये छोड़ देते हैं। मेरी मुलाकात अक्सर ऐसे अभिभावकों से भी होती है जो अपने बच्चों को यह कहकर प्रोत्साहित करते हैं कि बेटा जो तुम्हें अच्छा लगे, तुम वही काम करो। लेकिन वे इस प्रोत्साहन में यह भूल जाते हैं कि अगर बच्चे ने इस बात का गलत अर्थ ले लिया और उन्हें बाहर लोगों से झगड़ा करने और चोरी करने में आनन्द आने लगा तो माँ-बाप के इस प्रोत्साहन का कोई औचित्य नहीं रह जाता। सूरज के माँ-बाप ध्यानपूर्वक प्रधानाचार्यजी की बातों को सुन रहे थे। प्रधानाचार्यजी ने आगे कहा, कि भाई साहब, ये बच्चे देश का भविष्य हैं, लेकिन मुझे यह कहते हुए काफी अफसोस होता है कि बच्चों को अनुकूल माहौल न मिल पाने की वजह से आज देश का भविष्य भी अँधेरे में पड़ता जा रहा है। आप लोगों को पता है बच्चे वही सीखते हैं जिस माहौल में वे जीते हैं। एक महान लेखक शिव खेड़ाजी का कथन है कि-

अगर बच्चा आलोचना के माहौल में रहता है तो वह निन्दा करना सीखता है। अगर बच्चा प्रशंसा के माहौल में रहता है तो वह जीवन में अपने साथियों की तारीफ करना सीखता है।

अगर बच्चा लड़ने के माहौल में रहता है तो वह जीवन में लड़ना-झगड़ना सीखता है। अगर बच्चा सहनशीलता के माहौल में रहता है तो जीवन में वह धैर्यवान बनता है।

अगर बच्चा बेहूदे और खिल्ली उड़ाने वाले माहौल में बड़ा होता है तो वह जीवन भर संकोची स्वभाव का बना रहता है।

अगर बच्चा प्रोत्साहन वाले माहौल में रहता है तो सदैव आत्मविश्वास से परिपूर्ण होता है।

अगर बच्चा शर्मिन्दगी के माहौल में रहता है तो वह खुद को दोषी मानना सीखता है।

अगर बच्चा समर्थन करने वाले माहौल में रहता है तो वह खुद को पसन्द करना सीखता है।

अगर बच्चा न्यायसंगत माहौल में रहता है तो वह इन्साफ करना सीखता है।

अगर बच्चा सहमति और दोस्ती के माहौल में रहता है तो वह दुनिया में प्यार ढूँढ लेना सीखता है।

अगर बच्चा सुरक्षा के माहौल में रहता है तो वह भरोसा करना सीखता है।

प्रधानाचार्य की ये बातें ध्यान से सुनने के पश्चात्, सूरज के पिता ने उनसे विनम्रतापूर्वक कहा, सर आज आपका सान्निध्य पाकर हम लोग धन्य हो गए। आपके द्वारा सुझाए हुए प्रत्येक शब्द हमारे लिये उस जीवनदायिनी अमृत के समान हैं, जिसका कोई भी मोल नहीं चुकाया जा सकता है। प्रधानाचार्यजी ने मुस्कुराते हुए कहा, भाई साहब सूरज का भविष्य काफी उज्ज्वल है। जिला शिक्षा अधिकारी स्वयं इसकी तारीफ करते हुए कह रहे थे कि ऐसे होनहार बच्चों को हमें सदैव प्रोत्साहित करना चाहिए, ताकि भविष्य में ये बच्चे बड़े होकर एक उज्ज्वल

समाज का निर्माण कर सकें। उन्होंने कहा है, कि विद्यालय की तरफ से मैं सूरज का नाम जिला स्तरीय स्काउट एण्ड गाइड के लिये जिला कार्यालय में प्रेषित करूँगा।

स्काउट एण्ड गाइड का नाम सुनते ही सूरज के पिता सकुचाते हुए प्रधानाचार्य से कहने लगे कि महोदय, इस वक्त घर की आर्थिक स्थिति थोड़ी नाजुक है, अगर सूरज स्काउट एण्ड गाइड का हिस्सा बनेगा तो वह अतिरिक्त खर्चा वहन करना हमारे लिये थोड़ा मुश्किल हो जाएगा।

प्रधानाचार्य, सूरज के पिता की तरफ मुस्कुराते हुए कहा कि भाई साहब, आप खर्चों की चिन्ता न करें, उसकी सारी जिम्मेदारी विद्यालय की होगी। यह सूरज के लिये एक बहुत बड़ा शुभ अवसर है कि उसे इस योग्य समझकर जिला शिक्षा अधिकारी ने स्वयं उसको स्काउट एण्ड गाइड के लिये चुना है। स्काउट एण्ड गाइड में सूरज को सेवाभाव का प्रशिक्षण दिया जाएगा, वह जरूरतमन्दों की सेवा के दौरान अपने अन्दर के व्यक्ति को और अच्छी तरह से निखार पाएगा। इसके प्रशिक्षण स्वरूप जिले के प्रत्येक विद्यालय से ऐसे होनहार बच्चों का चयन किया जाता है जिनके अन्दर दूसरे व्यक्तियों के लिये सेवाभाव भरा होता है। ऐसे बच्चों को प्रत्येक रविवार को जिला स्काउट एण्ड गाइड के कार्यालय में दूसरों की मदद करने का प्रशिक्षण दिया जाता है। तथा कभी-कभी इन बच्चों को छोटे-छोटे ग्रुप में विभाजित कर ऐसे स्थानों पर भेजा जाता है, जहाँ पर ये बच्चे जरूरतमन्दों की मदद करते हैं।

प्रधानाचार्यजी का प्रस्ताव सुनने के पश्चात्, सूरज के पिता ने प्रधानाचार्यजी का अभिवादन करते हुए कहा, सर आप उसके गुरु हैं, वन्दनीय हैं, आप उसके भविष्य के बारे में जो भी फैसला करेंगे वह उत्तम ही होगा। मुझे खुशी है कि हमारा बेटा आप जैसे गुरु के सान्निध्य में शिक्षा ग्रहण कर रहा है। प्रधानाचार्यजी ने भी उनके अभिवादन का स्वागत अभिवादन से दिया तथा विनम्रतापूर्वक निवेदन करते हुए कहा, कि भाई साहब, अब मैं आप लोगों की आज्ञा चाहूँगा क्योंकि रात्रि काफी हो गई है और कल मुझे प्रातःकाल ही विद्यालय भी जाना है। जाने से पूर्व एक निवेदन और चाहूँगा कि सूरज के पाँव में चोट होने की वजह से उसे अभी दो-तीन दिन तक घर पर ही रखिएगा। जब उसका घाव थोड़ा ठीक हो जाए तब ही आप लोग उसे विद्यालय भेजिएगा। इतना कहने के उपरान्त प्रधानाचार्यजी ने वहाँ से विदा ली तथा अपने घर की तरफ निकल पड़े।

प्रधानाचार्यजी के जाने के पश्चात्, सूरज के माँ-बाप सूरज के पास आए, जो कि अपने कमरे में बैठा अपने भाई-बहन के साथ पढ़ाई कर रहा था। माँ-बाप ने अपने सभी बच्चों को गले से लगा लिया। आज वे दोनों एक विजेता की भाँति अपनी परवरिश पर गर्व महसूस कर रहे थे।

रात्रि के भोजन के उपरान्त सूरज के पिताजी उसे बुलाने के लिये उसके कमरे में गए। उन्होंने देखा कि अपने कमरे में सूरज एक खिड़की के पास खड़ा होकर आसमान में चमचमाते हुए तारों को टकटकी लगाए निहार रहा था। पिताजी ने पीछे से आवाज दी, "आसमान में क्या देख रहे हो बेटा, इस वक्त तो आराम करना चाहिए?"

पिता की आवाज सुनकर सूरज पीछे मुड़ा तथा धीरे कदमों से चलकर अपने बिस्तर पर आकर बैठ गया। उसके पिता वहीं उसके पास बिस्तर पर आकर बैठ गए तथा सूरज अपना सिर उनकी गोद में रखकर लेट गया। पिताजी ने अपना हाथ सूरज के सिर पर फेरते हुए पूछा, ज्यादा दर्द तो नहीं हो रहा बेटा, सूरज ने अपना सिर न में हिला दिया। कुछ पल मौन रहने के पश्चात् सूरज ने अपने पिता से कहा कि आज मुझे काफी शान्ति का अनुभव हो रहा है, पहले जो मेरे मन के अन्दर बेचैनी का माहौल था, अब वह न जाने कहाँ खो गया है!

सूरज की बातों को सुनने के उपरान्त उसके पिता ने उससे कहा, कि बेटा, हम जब भी अपने जीवन में समस्त बाधाओं को पार कर अपने लक्ष्य को प्राप्त करते हैं, तब हमें अपने अन्दर असीम शान्ति का अनुभव होता है। जो इस वक्त तुम अपने अन्दर महसूस कर रहे हो, वह वही शान्ति है, लेकिन इस बात का सदैव ध्यान रखना कि यह उपलब्धि, तुम्हारे लक्ष्य को प्राप्त करने का एकमात्र पड़ाव ही होना चाहिए। जिसको तुम्हें भविष्य में प्राप्त करना है। सूरज ने आश्चर्य से पूछा, "पिताजी, मेरे जीवन का क्या लक्ष्य होना चाहिए?" मैंने अभी तक उसके बारे में कुछ भी नहीं सोचा है। बेटा, लक्ष्य का हमारे जीवन में काफी महत्त्व है, बिना लक्ष्य के मनुष्य का जीवन निरर्थक व दिशाहीन होता है। उसके पिता ने सूरज को प्यार से समझाते हुए कहा। सूरज ने पिता से कहा, कि "पिताजी कृपा करके लक्ष्य के महत्त्व के बारे में थोड़ा विस्तारपूर्वक समझाइए।

सूरज के पिता ने मुस्कराते हुए कहा, कि बेटा, लक्ष्य का तात्पर्य है कि सुयोग्य तरीके से निर्धारित समय में अपनी चुनी

हुई मंजिल को प्राप्त करना। सूरज आश्चर्य के साथ अपने पिता की बातों को सुन रहा था। लेकिन उसके चेहरे के भाव ऐसे प्रतीत हो रहे थे, जैसे कि वह पिता की बातों को पूर्ण रूप से समझने में असमर्थ है। सूरज के पिता ने उसके चेहरे के भाव से समझ लिया कि सूरज इस वक्त किस दुविधा में है।

उन्होंने मुस्कुराते हुए सूरज से पूछा, "बेटा, आपको कौन-सा खेल पसंद है?" पिता के प्रश्न पर सूरज ने अपना पसन्दीदा खेल क्रिकेट बताया। तब उसके पिता ने कहा कि बेटा यह मान लो कि आपकी क्रिकेट की टीम खेलने के पूरे उत्साह के साथ तैयार है, तभी अचानक आप लोगों को बॉलिंग का न्योता दिया जाता है, लेकिन सामने वाले खिलाड़ी, जिसको बॉल फेंकी जानी है, उसके पीछे का विकेट हटा लिया जाता है तथा 6 और 4 के लिये कोई भी बाउंडरी सीमा तय नहीं की जाती है। तब आपके खेल का क्या होगा? सूरज ने पिता के इस प्रश्न का उत्तर दिया कि पिताजी ऐसी परिस्थिति में वहाँ कुछ भी नहीं बचेगा। हम लोग न तो सामने वाले खिलाड़ी को आउट कर पाएँगे न ही सामने वाला खिलाड़ी ज्यादा रन ही बना पाएगा। ऐसी स्थिति में हमारा उत्साह धीरे-धीरे ठंडा हो जाएगा। तब सूरज के पिता ने कहा कि बेटा यह लक्ष्य हमें दिशा का अहसास कराती है। क्या तुम ऐसी ट्रेन या बस में बैठना चाहोगे, जिसके बारे में यह न जानते हो कि वह कहाँ जा रही है। हरगिज नहीं, सूरज ने जवाब दिया। तब उसके पिता ने मुस्कुराते हुए कहा, कि बेटा, कोई भी व्यक्ति ऐसी बस या ट्रेन में तो नहीं बैठेगा, फिर भी न जाने क्यों अधिकतर लोग अपनी जिन्दगी के सफर में बिना लक्ष्य के चलने को तैयार हो जाते हैं।

पिता की बातें सुनने के उपरान्त सूरज ने कहा कि पिताजी मैं अपना लक्ष्य कैसे निर्धारित करुँ। तब उसके पिता ने मुस्कुराते हुए कहा, बेटा, तुम अपना लक्ष्य उस चीज को बनाओ, जिसको करने और पाने में तुम्हें सूकून मिले। किसी भी लक्ष्य को निर्धारित करने से पूर्व आपको कुछ बातों का ध्यान सदैव रखना चाहिए। जैसे कि आपका लक्ष्य आप और समाज के हित के लिये हो। महान सन्त कबीर जी कहते हैं कि-

जब तू आया जग में, लोग हँसे तू रोए।
ऐसी करनी न करो, पीछे हँसे सब कोए।।

अर्थात्- जब तू, मनुष्य माता के गर्भ से जन्म लेकर इस संसार में आया था, तब तू रोता था और सब व्यक्ति प्रसन्नचित्त होकर हँसते थे। अब जीवन में ऐसी करनी न करना कि मरने के पश्चात् भी तुम्हारे आचरण पर लोग हँसें।

कबीरजी के इस दोहे से हमें यही सीख मिलती है कि हमारे जीवन का उद्देश्य सदैव समाज और लोगों के हितों के बारे में सोचने पर बीतना चाहिए।

अपने पिता की बातें सुनने के उपरान्त सूरज ने कहा कि पिताजी, मैंने अपनी पुस्तक में मदर टेरेसाजी के बारे में पढ़ा है, उन्होंने अपना सर्वस्व जीवन मानव समाज की सेवा के लिये समर्पित कर दिया था। मदर टेरेसाजी को पढ़ने के उपरान्त मैं भी उनके समान ही मानव सेवा करना चाहता हूँ। क्या यह मेरा लक्ष्य हो सकता है?

सूरज के पिता ने कहा, क्यों नहीं, मानव सेवा या समाज सेवा से बढ़कर तो कोई सेवा ही नहीं होती। लेकिन जो रास्ता

तुम चुन रहे हो, यह रास्ता सरल नहीं है। तुम्हें जीवन में कई प्रकार की परेशानियों का सामना करना पड़ सकता है। अतः तुम्हें सर्वप्रथम अपने आपको शारिरिक और मानसिक रूप से इस कार्य के लिये तैयार करना होगा।

कुछ देर और रुककर अपने पुत्र को समझाने के बाद सूरज के पिता ने सूरज से कहा, कि बेटा, अब तुम सोने की कोशिश करो और दो से तीन दिन घर पर ही आराम करने के पश्चात्, अपने नवीन लक्ष्य की तरफ अग्रसर होना। उसके बाद उसके पिता ने सूरज के माथे पर स्नेह भरा चुम्बन दिया तथा सूरज के कमरे से बाहर निकल गए।

अगली सुबह दवा और दर्द की वजह से सूरज की नींद थोड़ी देर से खुली। शायद घर में किसी ने भी उसे उठाने की चेष्टा नहीं की थी। जब तक वह सोकर उठा तब तक उसके भाई और बहन विद्यालय व पिताजी अपने कार्यालय जा चुके थे। सुबह के पूजा-पाठ से निवृत्त होकर, सूरज की माँ उस वक्त सूरज के लिये हल्दी का लेप बना रही थीं। लेप बन जाने के उपरान्त वह सूरज के पास आईं तथा उसके चोंटिल पैरों पर हल्दी का लेप लगाने लगीं। माँ की इस ममता एवं प्रेम को देखकर, सूरज माँ से पूछ बैठा, माँ तुम थकती नहीं? माँ ने लेप लगाते हुए सूरज की तरफ देखा और मुस्कुराते हुए पूछने लगी, तू ऐसा क्यों पूछ रहा है। सूरज ने कहा, कि माँ आप दिनभर हम सभी लोगों के लिये कितना कुछ करती हैं, इसीलिए पूछ रहा था। माँ ने मुस्कुराते हुए कहा, कि बेटा, अपनों के लिये किया हुआ कार्य आत्म-सन्तुष्टि देता है, थकावट नहीं। अगर तुम

किसी की सेवा इस उम्मीद से करो कि बदले में तुम्हें कोई पारिताषित मिलेगा, तब वह सेवा नहीं अपितु वह मात्र कार्य रह जाता है जिसमें हर कोई थकावट महसूस करता है। माँ की यह छोटी-सी शिक्षा सूरज के भविष्य की वह मूल्यवान सीख बनने वाली थी, जिस नियम का पालन करने के उपरान्त वह लोगों के दिलों पर राज करने वाला था।

एक हफ्ता घर पर आराम करने के पश्चात्, अब सूरज का घाव धीरे-धीरे ठीक हो चुका था। उसके पिताजी ने उसके लिये विद्यालय की नई वर्दी भी सिलवा दी थी। नए जोश और नए कपड़ों के साथ सूरज विद्यालय जाने के लिये पूर्ण रूप से तैयार हो चुका था। एक हफ्ते के बाद जब वह विद्यालय जाने के लिये घर से निकला, तब उस समय उसका मन खुशी तथा संशय के मध्य फँसा हुआ था। मन के अन्दर बार-बार यही विचार उत्पन्न हो रहे थे कि विद्यालय के सहपाठी और अध्यापक अब उसके साथ कैसा व्यवहार करेंगे। क्या उसकी पूर्व गलतियों को सुधार लेने के पश्चात् भी पूर्व के समान उसके साथ कठोर व्यवहार किया जाएगा या फिर उसके इस कार्य के लिये उसे सम्मानित किया जाएगा। ऐसे ही आशा और निराशा के मध्य उसका मन गोता लगा रहा था तथा उसके पग धीरे-धीरे अपनी मंजिल की तरफ बढ़ रहे थे।

कुछ पल के उपरान्त सूरज अपने विद्यालय पहुँच चुका था। एक हफ्तें के बाद अपने विद्यालय पहुँचने के उपरान्त उसे काफी खुशी अनुभव हो रही थी। कक्षा में पहुँचकर उसने जैसे ही अपना बस्ता अपनी नियत जगह पर रखा, उसे पीछे से किसी

लड़की ने आवाज दी, सूरज तुम कैसे हो? काफी दिनों के बाद आज विद्यालय आए हो। सूरज ने आवाज की तरफ पीछे मुड़ कर देख तो पाया कि सिमरन उसके पीछे खड़ी मुस्कुरा रही थी। उसकी ठुड्डी पर घाव अभी तक पूर्ण रूप से ठीक नहीं हो पाया था। शायद इसी वजह से उसकी ठुड्डी पर अभी भी पट्टी लगी हुई थी। सूरज ने सिमरन को देखते ही उससे सर्वप्रथम माफी माँगते हुए कहा कि सिमरन मेरी वजह से तुम्हें यह चोट लगी, इसके लिये मैं दिल से शर्मिन्दा हूँ। हो सके तो मुझे माफ कर देना। सूरज के इस प्रकार माफी माँगने पर सिमरन ने कहा, कि तुम्हें माफी माँगने की कोई आवश्यकता नहीं है। मेरा घाव अब ठीक हो चुका है। वैसे भी उस दिन गलती थोड़ी मेरी भी थी। मैं भी थोड़ी लापरवाही के साथ कक्षा में प्रवेश कर रही थी। सिमरन ने सूरज को बताया कि गणित के अध्यापक वापस आ चुकें हैं तथा प्रधानाचार्यजी ने पूरे विद्यालय के सामने तुम्हारी काफी तारीफ की है। सूरज को सिमरन के द्वारा कही गई ये सारी बातें काफी अच्छी लग रही थीं। शायद यह मनुष्य का स्वभाव ही है कि अपनी तारीफ उसे सदैव विश्व की सबसे उत्तम वस्तुओं से अधिक प्रिय है। सिमरन और सूरज वार्तालाप करते हुए धीरे-धीरे प्रार्थना स्थल की तरफ जा रहे थे कि तभी रास्ते में उन्हें प्रधानाचार्य महोदय मिल गए।

दोनों ने एक साथ प्रधानाचार्य का अभिवादन किया, जिसका जवाब प्रधानाचार्य ने भी मुस्कुराते हुए दिया। उन्होंने सर्वप्रथम दोनों से उनकी चोट के बारे में पूछा तथा उसके उपरान्त वे भी सीधे प्रार्थना स्थल की तरफ बढ़ गये। उनके पीछे-पीछे सूरज और सिमरन भी प्रार्थना स्थल के लिये बढ़ चले थे। प्रार्थना स्थल

पर सूरज को उसकी कक्षा की ओर भी सहपाठी मिल गए थे। जो सहपाठी पहले या तो सूरज से बात नहीं करते थे या फिर उसका उपहास उड़ाते थे। उन सभी का व्यवहार अब सूरज के प्रति सौम्य हो गया था। वे सभी सहपाठी सूरज को देखते ही उसको घेरकर खड़े हो गए थे तथा उसकी चोट के बारे में पूछने लगे थे। थोड़ी ही देर के बाद विद्यालय की प्रार्थाना आरम्भ हुई तथा सभी विद्यार्थी सुबह की प्रार्थना में लीन हो गए थे। प्रार्थना खत्म होने के उपरान्त प्रधानाचार्यजी मंच पर आए और उन्होंने विद्यालय के सारे विद्यार्थियों के सामने सूरज के द्वारा किये हुये कार्य की प्रशंसा की तथा उसको मंच पर बुलाकर विद्यालय के विद्यार्थियों के सामने सम्मानित भी किया। सूरज यह सम्मान पाकर काफी खुश हुआ था। प्रधानाचार्य महोदय ने बच्चों को बताया कि सूरज के इस अच्छे और नेक कार्य को देखते हुए जिला शिक्षा अधिकारी ने उसका चयन भारत के स्काउट एण्ड गाइड के लिये किया है। जिसके अन्तर्गत जिला के समस्त विद्यालय के कुछ होनहार विद्यार्थियों का समूह स्काउट एण्ड गाइड का प्रशिक्षण लेगा तथा जो भी विद्यार्थी इसमें उत्कृष्ट कार्य करेंगे, उन्हें राष्ट्रपति पुरस्कार से सम्मानित किया जाएगा। प्रधानाचार्य महोदय ने बतलाया कि सूरज के अलावा विद्यालय की तरफ से दस ऐसे विद्यार्थियों का चयन किया जाएगा जिनके अन्दर देशसेवा तथा दूसरों की भलाई का जज्बा हो।

प्रधानाचार्य के इस घोषणा के उपरान्त विद्यालय के समस्त विद्यार्थियों ने तालियों के साथ प्रधानाचार्य की इस घोषणा का सम्मान किया। प्रार्थना समाप्त होने के उपरान्त जब समस्त विद्यार्थी अपनी-अपनी कक्षा में जा रहे थे, उस वक्त अधिकतर

के मुख पर सिर्फ स्काउट एण्ड गाइड में चयन की चर्चा थी। विद्यालय का हर बच्चा अपने-अपने स्तर से अपने आपको योग्य साबित करने के बारे में सोच रहा था। कक्षा में पहुँचते ही कुछ विद्यार्थियों ने जहाँ एक तरफ सूरज को स्काउट एण्ड गाइड में चयन होने के लिये बधाई दी वहीं उसकी कक्षा में विद्यार्थियों का एक समूह ऐसा भी था, जो इस बात से नाराज भी था कि चयन-प्रक्रिया बिना ही सूरज को स्काउट एण्ड गाइड में चुन लिया गया था। उस नाराज समूह में बाकी बच्चे तो दबी आवाज में सूरज का विरोध कर रहे थे, लेकिन एक लड़का जिसका नाम आदित्य था वह खुलकर प्रधानाचार्य व सूरज का विरोधी हो गया था। आदित्य स्वभाव से हठी व शरीर से काफी हृष्ट-पुष्ट बालक था। उसके पिताजी उस जिले के एक अच्छे पहलवान थे तथा उसका अपना एक निजी अखाड़ा भी था। जिसमें जिले के काफी खिलाड़ी अभ्यास करने जाया करते थे। आदित्य अपने पिता के नाम व रुतबे की वजह से विद्यालय के अन्दर कमजोर विद्यार्थियों को सताकर अपनी नाक ऊँची करने में लगा रहता था। विद्यालय के अध्यापक तथा विद्यार्थी सदैव उसकी तारीफों के पुल बाँधा करते थे, जिसकी वजह से आदित्य अपने आपको सदैव खास समझता था। पहली बार उसके सामने विद्यालय परिसर में जब सूरज की तारीफ हुई तो वह अन्दर ही अन्दर काफी क्रोधित हो उठा। जैसे ही प्रधानाचार्य ने विद्यालय के समस्त विद्यार्थियों के सामने यह घोषणा किया कि सूरज को स्काउट एण्ड गाइड के लिये बिना किसी चयन-प्रक्रिया के चुन लिया गया है। तो यह बात उसके अहम् को बर्दाश्त नहीं हुई। जब कक्षा के सारे विद्यार्थी सूरज के चयन पर प्रसन्नता जाहिर

कर रहे थे तभी आदित्य सूरज के सामने आकर खड़ा हो गया और सूरज से कटाक्ष करते हुए कहने लगा, कि भीख में मिला हुआ चयन तेरे जैसे कायर को ही शोभा देता है। आदित्य के कठोर शब्द सूरज के साथ-साथ सिमरन को भी काफी बुरे लगे। सूरज ने तो आदित्य के इन कठोर शब्दों का ज्यादा विरोध नहीं किया था। लेकिन न जाने क्यों सिमरन का क्रोध आदित्य के ऊपर कुछ ज्यादा ही बढ़ गया था। उसने लगभग चीखते हुए कठोर शब्दों में आदित्य का विरोध करते हुए कहा, कि आदित्य तुम्हारी समस्या क्या है, जब हम सभी सूरज का परिहास उड़ाते थे, उस वक्त भी तुम हम सभी को इसकी कुछ न कुछ बुराइयाँ बताकर उकसाते थे, और हम लोग तुम्हारी बातों में आकर इसका उपहास उड़ाने का कोई भी मौका नहीं चूकते थे। और आज जब सूरज ने हम सभी की सोच को गलत साबित कर अपना भविष्य खतरे में डालकर सिर्फ हम सभी के लिये तथा विद्यालय के भविष्य के लिये गणित के अध्यापक की नौकरी बचाई है तो भी तुम इसका परिहास उड़ाने की चेष्टा कर रहे हो। तुम्हें तो शर्म आनी चाहिए। आदित्य का इस प्रकार सूरज पर भड़कना तथा धमकाना कोई नई बात नहीं थी। लेकिन आज पहली बार कक्षा की एक लड़की सूरज के लिये आदित्य से लड़ रही थी। सूरज यह देखकर आश्चर्यचकित भी था तथा खुश भी हो रहा था। पहली बार कक्षा में उसने अपना पक्ष लेते किसी को देखा था।

सिमरन के इस प्रकार डाँटने की वजह से आदित्य और अधिक क्रोधित हो गया था, उसे जरा-सा भी इस बात का इल्म नहीं था कि कक्षा का कोई भी विद्यार्थी उसका इस प्रकार

मजाक उड़ाएगा। उसका चेहरा अपमान और क्रोध से तमतमा उठा था। इससे पहले कि बात ओर बढ़ती, कक्षा में हिन्दी विषय के अध्यापक का आगमन हो गया। जिसकी वजह से सारे विद्यार्थी अपनी-अपनी जगह पर जाकर बैठ गए। सूरज भी कोने में अपनी जगह पर जाकर बैठ गया। सूरज को सम्बोधित करते हुए अध्यापकजी ने कहा कि बेटा तुम अकेले कोने में क्यों बैठे हो? तुम्हारे जैसे नेक और होनहार बालक को तो कक्षा में सबसे आगे बैठना चाहिए। इतना कहने के उपरान्त उन्होंने सूरज को आगे अव्वल बच्चों के मध्य में बैठने के लिये बुलाया। कक्षा में सबसे आगे आदित्य अपने कुछ दोस्तों के साथ तथा सिमरन और कुछ होनहार विद्यार्थी ही बैठते थे। आदित्य और उसके दोस्तों ने सूरज को जगह देने से मना कर दिया। आदित्य के मना करने की वजह से सूरज को आगे किसी भी विद्यार्थी ने जगह देने की इच्छा नहीं की। यह दृश्य देखकर अध्यापक महोदय काफी क्रोधित हुए लेकिन वे क्रोध के सिवा और कुछ कर भी नहीं सकते थे। उन्होंने आगे के सभी विद्यार्थियों से यह कहा कि वे सूरज को आगे बैठाने के लिये जगह बनाएँ, परन्तु हर विद्यार्थी कोई न कोई बहाना करके वे सूरज को मना कर देते थे। इसकी वजह आदित्य और उसके दोस्तों का भय था या ईर्ष्या यह कोई नहीं जानता था। तभी सिमरन अपनी जगह से उठते हुए बोली, गुरुजी अगर आप आज्ञा दें तो मैं सूरज के साथ कोने में बैठना चाहती हूँ।

अध्यापकजी ने नम्रता के साथ कहा कि बेटी, तुम इस कक्षा की सबसे होनहार छात्रा हो, इसके बावजूद तुम अग्रिम श्रेणी में न बैठकर कोने में बैठना चाहती हो। सिमरन ने आग्रह करते हुए

कहा कि गुरुजी, आपने ही सिखाया है कि विद्या अच्छे कपड़ों और आगे बैठने से नहीं आती अपितु स्वस्थ मन दिमाग तथा स्वस्थ माहौल में बढ़ती है और गुरुजी, सूरज जैसे विद्यार्थी के साथ बैठने से मुझे काफी कुछ सीखने को मिलेगा। कक्षा के अध्यापक ने सिमरन का समर्थन करते हुए उसे सूरज के साथ बैठने की इजाजत दे दी। गुरुजी से इजाजत मिलने के बाद सिमरन ने अपना बस्ता अग्रिम श्रेणी से उठाया तथा सूरज के पास जाकर बैठ गई। सूरज बस शान्त भाव से यह सब देखता रहा।

सिमरन को सूरज के पास बैठने के उपरान्त कक्षा के अध्यापक ने कहा कि स्काउट एण्ड गाइड के चयन की प्रक्रिया कल से शुरू हो जाएगी। जिसमें कक्षा 8, 9 तथा कक्षा 11 के विद्यार्थी ही भाग ले सकेंगे। प्रत्येक कक्षा से तीन-तीन विद्यार्थियों का चयन किया जाएगा। चयन किए हुए विद्यार्थी हफ्ते में दो दिन शनिवार तथा रविवार को स्काउट एण्ड गाइड के जिला कार्यालय में जाकर दो महीने का प्रशिक्षण प्राप्त करेंगे। वहाँ पर प्रशिक्षण में उत्तीर्ण करने वाले विद्यार्थियों को आगे एक महीने के लिये स्काउट एण्ड गाइड के राष्ट्रीय कैम्प के लिये पंचमढ़ी भेजा जाएगा, जहाँ पर उत्कृष्ट विद्यार्थियों को माननीय राष्ट्रपति महोदय के द्वारा पुरस्कार से सम्मानित किया जाएगा। उन्होंने आगे बतलाया कि जो भी विद्यार्थी इस स्काउट एण्ड गाइड की चयन-प्रक्रिया में शामिल होना चाहते हैं, वे अपना नाम दोपहर के भोजन अवकाश से पूर्व ही उनके पास दर्ज करवा सकते हैं। चयन का मापदण्ड विद्यार्थियों के शारिरिक तथा मानसिक योग्यता के तौर पर किया जाएगा। यह घोषणा करने के उपरान्त वे कक्षा को अपना विषय पढ़ाने में व्यस्त हो गए।

जब तक कक्षा में हिन्दी के अध्यापक महोदय थे, उस समय तक तो समस्त कक्षा में शान्ति का आलम था, लेकिन उनके कक्षा से जाते ही स्काउट एण्ड गाइड में चयन-प्रक्रिया को लेकर विद्यार्थियों में काफी हलचल शुरू हो गई थी। आदित्य और उसके साथी सूरज के पास आकर उसका मजाक उड़ाकर कहने लगे कि जब स्काउट एण्ड गाइड में चयन-प्रक्रिया शारीरिक और मानसिक आधार पर की जा रही है, तो तेरे जैसे दब्बू लड़के को विद्यालय के प्रधानाचार्य ने किस आधार पर चुन लिया। उन बच्चों के द्वारा किया हुआ कटाक्ष सूरज के लिये अत्यन्त पीड़ादायक सिद्ध हो रहा था। वह चुपचाप बस उन सभी बच्चों के उपहास का कारक बन रहा था। लेकिन सिमरन को यह सब अच्छा नहीं लगा। शायद इसी वजह से उसने आदित्य को चुनौती देते हुए कहा कि अगर सूरज जैसे लड़के का चयन प्रधानाचार्य की अनुकम्पा से हुआ है तो तुम्हारे पास अभी समय है अपने हुनर को दिखाने का और तुम अपने हुनर के दम पर ही इसमें चयनित होकर दिखाओ तथा राष्ट्रीय पुरस्कार जीतकर प्रधानाचार्य महोदय तथा उनके चयन को गलत साबित करके दिखाओ।

सिमरन की इस चुनौती को आदित्य ने स्वीकार करते हुए कहा कि उसे सिमरन की यह चुनौती मंजूर है तथा क्रोध में पैर पटकते हुए वहाँ से चला गया।

आदित्य और उसके दोस्तों के जाने के बाद सूरज ने थोड़ी राहत की साँस ली। वह हमेशा की भाँति गुमसुम-सा बैठा रहा। सिमरन जो वहीं पास में बैठी थी, उसने सूरज से पूछा, क्या हुआ सूरज, तुम किस सोच में डूबे जा रहे हो? सूरज ने सिमरन के

इस प्रश्न का उत्तर एक लम्बी-सी साँस लेते हुए दिया। उसने कहा कि कुछ खास नहीं बस यही सोच रहा हूँ कि पहले मैं अकेला ही इन लोगों के उपहास का कारण बनता था, और अब मेरी वजह से ये लोग तुमसे भी नाराज होते जा रहे हैं। सूरज की बातों का जवाब सिमरन ने मुस्कुराते हुए दिया, उसने कहा, कि "ऐसी कोई बात नहीं है सूरज, ये लोग अभी तुम्हारे बारे में जानते नहीं हैं।" शायद इसी वजह से तुम्हारा परिहास उड़ाते हैं। जिस दिन इन सभी को तुम्हारे मन की अच्छाइयों के बारे में ज्ञात हो जाएगा, उसी दिन से ये सभी भी मेरी भाँति तुम्हारा सम्मान करने लगेंगे। मुझे इस बात की सदैव ग्लानि रहेगी, कि जाने-अनजाने में मैंने भी तुम्हारा सदैव उपहास उड़ाया था।

सूरज ने सिमरन से कहा, "लेकिन मैंने तो तुम्हारे लिये कभी कोई अच्छा काम नहीं किया और न ही कभी तुम्हारी मदद ही की। फिर भी तुम मेरा साथ दे रही हो। मुझे तो इस बात का खेद है कि मेरी वजह से तुम्हें चोटिल होना पड़ गया था। सिमरन अपना सिर नीचे करके, सूरज की बातों को सुन रही थी। कुछ पल मौन रहने के पश्चात् सिमरन ने नम आँखों से सूरज की तरफ देखा तथा रुंधे हुए गले से कहने लगी कि "उस दिन जब तुम्हारी वजह से मुझे चोट लगी थी, तब तुम्हारे कक्षा से जाने के बाद आदित्य और उसके साथी मेरे पास आकर तुम्हारे बारे में प्रधानाचार्य को एक शिकायती पत्र लिखने का दबाव मेरे ऊपर बनाने लगे थे। उस समय चोट की दर्द की वजह से मैं भी तुम्हारे ऊपर काफी क्रोधित थी। शायद इसी वजह से मैंने तुम्हारे खिलाफ एक झूठा प्रार्थना-पत्र उस दिन लिख लिया था। हम सभी ने यह मन बना लिया था कि दोपहर के भोजन अवकाश

के दौरान हम यह प्रार्थना पत्र प्रधानाचार्यजी को देकर, तुम्हें विद्यालय से निष्कासित करवा देगें। लेकिन तभी विद्यालय के एक कर्मचारी ने मुझे अस्पताल चलने को कहा तथा मेरे घावों की मलहम-पट्टी करवाकर मुझे मेरे घर पर छोड़ दिया। तुम्हारे खिलाफ लिखा हुआ वह प्रार्थना-पत्र मेरे विद्यालय की वर्दी की जेब में ही रह गया था। मेरी जेब से वह शिकायती पत्र मम्मी ने पापा को दे दिया था।

शाम को जब पापा ने मुझसे मेरे चोट और शिकायत पत्र के बारे में पूछा, तब मैंने उनसे यह झूठ बोल दिया कि तुमने मुझे जानबूझकर धक्का मारा तथा तुम्हारे बारे में और कई दूसरी शिकायतें भी मैंने अपने माँ-बाप से कर दी थी।

अगले दिन मेरे पापा मुझे और उस पत्र को लेकर सीधे प्रधानाचार्य से मिलने हमारे विद्यालय आ गए थे। मैं और मेरे पिताजी दोनों यह विचार करके ही आये थे कि हम तुम्हें कठोर से कठोर दंड प्रधानाचार्य के द्वारा दिलवाएँगे। लेकिन जैसे ही हम प्रधानाचार्यजी से मिले तब उन्होंने मेरे पिताजी को तुम्हारी सारी सच्चाई बता दी। उन्होंने पिताजी से कहा कि तुम अपने आने वाले भविष्य को अधर में डालकर गणित के अध्यापक के लिये नौकरी के लिये दिल से प्रयासरत थे। उन्होंने हमें यह भी बतलाया कि जिला शिक्षा अधिकारी से मिलने के दौरान तुमने अपनी चोट की परवाह तक नहीं की। जैसे ही मेरे पिताजी को यह पता चला, उनका सिर मेरी वजह से झुक गया था। मैंने जीवन में पहली बार अपने पिता को शर्मिन्दा होते हुए देखा था। उनको जैसे ही यह पता चला कि मैंने तुम्हारे खिलाफ झूठा शिकायती प्रार्थना-पत्र बनाया था। तब उन्होंने मुझे क्रोध से

समझाते हुए कहा कि मेरे एक झूठे शिकायती पत्र की वजह से जाने-अनजाने में वे एक नेक दिल और होनहार बच्चे का भविष्य खराब करने का कारक बनने वाले थे। उस दिन जब मुझे तुम्हारे बारे में पिताजी ने तथा प्रधानाचार्यजी ने बतलाया, तो मेरा मन भी आत्मग्लानि से भर गया था। मैं अपने आप में ही सोचकर शर्मिन्दा हो रही थी। कक्षा के कुछ बच्चों के बहकावे में आकर मैंने भी सदैव तुम्हारा परिहास ही किया है। मैं तुम्हें दुनिया का सबसे भोंदू और बेकार लड़का समझती थी, लेकिन मैं यह भूल गई थी कि जिस प्रकार कमल का फूल कीचड़ में दुनिया को अपनी चमक से आकर्षित करने वाला हीरा कोयले की खान में छिपा होता है, ठीक उसी प्रकार इस गुमशुम से रहने वाले भोंदू के अन्दर कितने उच्च और अच्छे विचार पनप रहे हैं।

सिमरन की ये सब बातें सुनकर सूरज ने मुस्कुराते हुए कहा कि आज इन विषम परिस्थितियों में मेरा साथ देने के लिये मैं तुम्हारा सदैव आभारी रहूँगा। सिमरन ने तब सूरज से कहा कि भोंदू, मैं अपने आपको खुशनसीब मानती हूँ कि तुम्हारे जैसा नेक और अच्छा लड़का अब मेरा दोस्त है। इसके उपरान्त दोनों मुस्कुरा दिए। सिमरन ने सूरज से पूछा कि अगर मैं तुम्हें भोंदू कहकर बुलाऊँ तो तुम्हें बुरा तो नहीं लगेगा। जिस पर सूरज ने मुस्कुराते हुए कहा कि पहले से ही कक्षा के कई विद्यार्थी इस नाम से मुझे बुलाते हैं। इसलिए अब मुझे इस नाम से कोई फर्क नहीं पड़ता। कुछ पल मौन रहने के पश्चात् सूरज ने सिमरन से पूछा- तुम अपना नाम स्काउट एण्ड गाइड के चयन के लिये नहीं दोंगी क्या? जिस पर सिमरन ने कहा कि क्यों नहीं दूँगी। हम मित्र अवश्य हैं लेकिन इसका तात्पर्य यह नहीं कि मैं अपनी

योग्यता को परखना नहीं चाहती। राष्ट्रीय पुरस्कार मैं भी जीतना चाहती हूँ। इसके बाद सिमरन ने भी अपना नाम स्काउट एण्ड गाइड के चयन के लिये लिखवा दिया।

अगले दिन विद्यालय में शारीरिक और मानसिक योग्यता में श्रेष्ठता की तर्ज पर विद्यालय से 9 विद्यार्थियों का नाम जिला शिक्षा अधिकारी के कार्यालय में भेज दिया गया। सूरज की कक्षा से आदित्य तथा सिमरन दोनों का चयन भी स्काउट एण्ड गाइड के अग्रिम प्रशिक्षण के लिये किया गया था।

चयनित सभी विद्यार्थियों को प्रधानाचार्य ने अपने कक्ष में बुलाकर उन्हें बधाई दी उनके उज्ज्वल भविष्य के लिये सभी विद्यार्थियों को ढेर सारी शुभकामनाएँ दीं। प्रधानाचार्य ने बच्चों को सम्बोधित करते हुए कहा, कि "बच्चों आप सभी शारीरिक तथा बौधिक रूप से अपनी-अपनी कक्षा में श्रेष्ठ होने की वजह से स्काउट एण्ड गाइड के कैम्प के लिये चुने गए हैं। लेकिन यह बात सदैव याद रखना कि सिर्फ आपकी श्रेष्ठता ही आपको अपनी मंजिल के लिये एक अच्छी सोच, आपसी सहयोग तथा उत्तम विचार की भी आवश्यकता होगी। आप सब इस विद्यालय से चुने गए हैं अपनी योग्यता व श्रेष्ठता के दम पर, लेकिन आपका सामना, आप लोगों के ही समान श्रेष्ठ विद्यार्थियों से होगा। और जिला स्तर पर अपनी योग्यता साबित करने के पश्चात् आपका सामना सर्वश्रेष्ठ विद्यार्थियों से पंचमढ़ी में होगा तथा उन सर्वश्रेष्ठ विद्यार्थियों में भी जो विद्यार्थी सर्वोत्तम योग्य होंगे, अन्त में वही हमारे देश के माननीय राष्ट्रपतिजी के द्वारा पुरस्कृत किए जायेंगे। आप सभी इस विद्यालय के विद्यार्थी हैं,

अत: मैं इस विद्यालय का मुखिया होने की वजह से यह उम्मीद करता हूँ कि आप इस विद्यालय की गरिमा का ध्यान रखेंगे तथा राष्ट्रीय पुरस्कार जीतकर इस विद्यालय का गौरव बढ़ाएँगे। उपस्थित सभी बच्चों ने अपनी तालियों के साथ प्रधानाचार्य के इस आवाहन का समर्थन किया।

प्रधानाचार्यजी ने आगे विद्यार्थियों से कहा कि बच्चों! यह राष्ट्रीय कैम्प तीन चरणों में पूरा किया जायेंगा। जिसके अन्तर्गत प्रथम चरण में आप सभी को दस दिन के लिये जिला स्तरीय स्काउट एण्ड गाइड के कैम्प में भाग लेना होगा, जिसके अन्तर्गत आपको स्काउट एण्ड गाइड के नियम और महत्त्व की जानकारी दी जाएगी। दस दिन के बाद स्काउट एण्ड गाइड की तरफ से कोई भी कार्य जो कि समाजहित एवं देशहित में होगा करवाया जाएगा तथा जो भी विद्यार्थी उस दिए हुए कार्य में अपनी दक्षता सिद्ध करेंगे उन्हें मौका मिलेगा स्काउट एण्ड गाइड के राष्ट्रीय कैम्प में शामिल होने का जो कि पंचमढ़ी में पन्द्रह दिन तक चलेगा। उस राष्ट्रीय कैम्प में जो भी विद्यार्थी उच्च स्थान प्राप्त करेंगे उन विद्यार्थियों को राष्ट्रीय पुरस्कार से सम्मानित किया जाएगा।

कुछ पल रुकने के पश्चात् उन्होंने सभी बच्चों को समझाते हुए कहा कि बच्चों जीवन में जीत तथा हार का सामना सभी को करना पड़ता है। लेकिन एक बात आप सदैव ध्यान में रखना कि सफलता इत्तफाक की देन नहीं है। यह हमारे नजरिए का नतीजा होती है। यह भी सत्य है कि अपना नजरिया हम स्वयं चुनते हैं। किसी महान व्यक्ति ने कहा है, कि "अगर आप

सचमुच सफल होना चाहते हैं तो उन कामों को करने की आदत डालिए, जिन्हें असफल लोग नहीं करना चाहते।"

अपने संबोधन के अन्त में उन्होंने सभी विद्यार्थियों को बतलाया कि स्काउट एण्ड गाइड की वर्दी आप सभी को कैम्प से ही खरीदनी होगी, वहाँ पर आपके रहने और भोजन की व्यवस्था कैम्प की तरफ से की जाएगी। आप सभी को आज से चार दिन के बाद ही कैम्प में पहुँचना होगा। बाकी की जानकारियाँ आप सभी लोगों को कैम्प में ही दे दी जाएगी। इसके उपरान्त प्रधानाचार्य महोदय ने सभी बच्चों को अपने कक्षा से जाने की अनुमति दे दी। जब सभी बच्चे अपने-अपने कक्षा में जाने लगे तभी प्रधानाचार्य ने सूरज को रुकने के लिये कहा। कुछ ही पलों के उपरान्त सूरज को छोड़कर कक्षा के बाकी बच्चे अपनी-अपनी कक्षा की तरफ लौट गए थे। अब प्रधानाचार्य कक्ष में सिर्फ सूरज अकेला खड़ा था। प्रधानाचार्यजी ने सूरज की तरफ मुस्कुराते हुए देखकर कहा, "क्या बात है बेटा, तुम उदास क्यों दिख रहे हो?" तुमको तो प्रसन्न होना चाहिए कि तुम इस महत्त्वपूर्ण कैम्प का हिस्सा बनने जा रहे हो। मैंने अपने सम्बोधन के दौरान कई बार तुम्हारी तरफ देखा था। जहाँ एक तरफ बाकी विद्यार्थी नई ऊर्जा तथा जोश के साथ इस कैम्प में जाने को लालायित हैं, वहीं तुम कुछ सन्तुष्ट नहीं दिख रहे हो।

प्रधानाचार्य की बातों को सुनने के पश्चात् सूरज ने धीरे से कहा- गुरुजी, मैं सदैव अपनी कक्षा में किसी न किसी बहाने उपहास का कारण बनता हूँ, कक्षा के बच्चे सदैव भोंदू कहकर मेरा मजाक उड़ाते हैं। मैं आपसे इस बात की शिकायत नहीं कर

रहा हूँ, लेकिन मेरे मन में यह अवश्य है कि जहाँ, एक तरफ आपने शारीरिक तथा मानसिक योग्यता के आधार पर बाकी बच्चों का चुनाव किया है, वहीं मैं न तो कक्षा में शारीरिक रूप से और न ही मानसिक रूप से श्रेष्ठ हूँ। जिसकी वजह से कक्षा के कुछ बच्चे अब मेरे साथ-साथ इस चयन की वजह से आपका भी परिहास मेरी वजह से उड़ा रहे हैं जो कि मेरे लिये यह काफी असहनीय होता जा रहा है। अतः गुरुजी, आपसे मैं यह निवेदन करना चाहता हूँ कि अगर मेरा यह चुनाव मेरी योग्यता की वजह से नहीं बल्कि आपकी अनुकम्पा की वजह से हुआ है, तो आप कृपा करके मेरी जगह पर किसी योग्य विद्यार्थी को इस कैम्प में जाने की अनुमति प्रदान करें।

सूरज की बातें सुनने के उपरान्त, प्रधानाचार्यजी ने कहा, कि बेटा! किसने कहा, कि तुम उस कैम्प में किसी विशेष वजह से जा रहे हो? तुमने इस कैम्प के लिये अपनी योग्यता उसी क्षण सिद्ध कर दी थी, जब तुम अपनी पीड़ा की परवाह न करते हुए बिना किसी लोभ और लालच के सारी बाधाओं को पार करते हुए जिला शिक्षा अधिकारी महोदय से मिले थे। बेटा क्या आप जानते हैं, सन् 1908 में सर बेडेन पावेल ने स्काउट एण्ड गाइड की नींव रखी तब उनका उद्देश्य सिर्फ निःस्वार्थ सेवा और भाव था। जब सन् 1909 में भारत स्काउट एण्ड गाइड की नींव रखी गई उसी समय से यह संस्था बिना किसी स्वार्थ के जरूरतमन्दों की सेवा कर रही है। इस कैम्प का मुख्य उद्देश्य भी यही है, कि विद्यार्थियों के अन्दर सेवा भावना के दीप को प्रज्वलित करना।

मैं इस विद्यालय का प्रधानाध्यापक हूँ, मेरा मुख्य उद्देश्य तथा नैतिक जिम्मेदारी सदैव यही है, कि इस विद्यालय से बच्चे उच्च

शिक्षा के साथ-साथ उच्च विचार तथा उत्तम आदर्श का पाठ भी पढ़कर समाज में जाएँ। अपने गुणों और यश से अपना तथा अपने देश को गौरवान्वित करें। बेटा, एक बात सदैव याद रखना कि किसी भी परीक्षा का मापदंड निर्धारित किया जा सकता है, लेकिन ऐसा कोई बिरला ही विद्यालय होगा जहाँ पर विद्यार्थियों के गुणों के बारे में जानकारी ठीक समय पर हो गई। तुम अपने गुणों के आधार पर इस कैम्प के लिये चुने गए हो, यह मेरा एवं स्वयं जिला शिक्षा अधिकारी का पूर्ण विश्वास है कि तुम इस कैम्प में अवश्य विजयी रहोगे, और हम सभी का मान बढ़ाओगे।

सूरज ने प्रधानाचार्यजी के चरण छूते हुये कहा कि गुरुजी मैं आपकी उम्मीदों पर पूरा खरा उतरने की कोशिश करूँगा तथा उसके बाद उसने अपनी कक्षा में जाने की अनुमति माँगी। प्रधानाचार्य ने उसी समय उसे एक बस्ता देते हुए कहा कि बेटा, इसमें कैम्प में उपयोग होने वाला सामान तथा स्काउट एण्ड गाइड की वर्दी है, जिसे स्वयं जिला शिक्षा अधिकारी महोदय ने तुम्हारे लिये भिजवाई है। सूरज ने प्रधानाचार्यजी के हाथों से वह बस्ता लिया तथा खुशी मन से कक्षा की तरफ चल दिया। प्रधानाचार्यजी से वार्तालाप करने के उपरान्त अब सूरज काफी खुश था। इधर जैसे ही सूरज कक्षा में पहुँचा उसके हाथों में एक नया बस्ता देखकर कक्षा के अधिकतर विद्यार्थी उसे घेरकर खड़े हो गए। सभी बच्चे जिज्ञासा के साथ सूरज से उस नए बस्ते के बारे में पूछने लगे। सूरज ने जब विद्यार्थियों को यह बतलाया कि स्वयं जिला शिक्षा अधिकारी ने उसके लिये यह बस्ता भिजवाया है, तो यह खबर सुनकर जहाँ एक तरफ सिमरन और कुछ विद्यार्थी काफी खुश हुए वहीं दूसरी तरफ आदित्य और

उसके दोस्तों को यह सुनकर काफी बुरा लगा था। आदित्य ने उसी क्षण मन ही मन यह निर्णय कर लिया था कि वह सूरज को अब किसी न किसी तरह इस कैम्प से बाहर निलवाकर ही दम लेगा। शाम को विद्यालय के अवकाश के बाद, सूरज जब वह बस्ता लेकर अपने घर गया। उस समय उसके माँ-बाप यह सोचकर काफी खुश हुए कि सूरज अपने जीवन में प्रथम बार कुछ हासिल करने के लिये जा रहा है।

वहीं दूसरी तरफ आदित्य ने जब शाम को अपने पिता को अपने स्काउट एण्ड गाइड के कैम्प के बारे में बताया तो वे काफी खुश हुए। उन्होंने आदित्य को आशीर्वाद देते हुए कहा कि बेटा, हम लोग खिलाड़ी हैं, कोई भी प्रतियोगिता हमें सदैव यही सिखाती है कि असली सफलता किसी कार्य को अच्छी तरह करने तथा अपने लक्ष्य को हासिल करने के अहसास से मापी जाती है। उन्होंने अपने बेटे को समझाते हुए कहा कि बेटा, एक बात सदैव याद रखना कि सफलता इस बात से नहीं मापी जाती कि हमने जिन्दगी में कौन-सा ओहदा हासिल किया है, बल्कि इस बात से मापी जाती है कि हमने वह मुकाम कितनी रुकावटों को दूर करके हासिल किया है। आदित्य के पिता ने अपने बेटे को गले से लगाते हुए कहा कि बेटा, मेरा आशीर्वाद सदैव तुम्हारे साथ रहेगा और इस उम्मीद से वहाँ भेजूँगा कि जब तू वापस आए तो राष्ट्रीय पुरस्कार के साथ ही आए। अभी आदित्य और उसके पिताजी बात कर ही रहे थे कि तभी उनके पास उनके अखाड़े के दो पहलवानों ने उन्हें मिठाई खिलाते हुए कहा कि गुरुजी आपके आशीर्वाद से हमारे बेटों का चयन

स्काउट एण्ड गाइड के कैम्प के लिये हुआ है। वे अपने-अपने विद्यालय से इस होने वाले कैम्प में हिस्सा लेंगे।

उनकी मिठाई लेते हुए, आदित्य के पिता ने कहा, कि यह कितना शुभ अवसर है जब इस राष्ट्रीय कैम्प में हमारे अखाड़े का नाम रोशन करने के लिये हमारे तीन बच्चे चुने गए हैं, वे भले ही अलग-अलग विद्यालय से चुने गए हों। वे भले ही अलग-अलग विद्यालय से क्यों न हों, पर सभी का नाता किसी न किसी प्रकार से इस अखाड़े से अवश्य है। जब उन दोनों पहलवानों को यह ज्ञात हुआ कि स्वयं उनके गुरुजी का पुत्र भी इस कैम्प का हिस्सा भी बनने जा रहा है, तो वे काफी खुश हुए। आदित्य के पिता ने उन पहलवानों के बच्चों को उसी क्षण अपने पास बुलाने के लिये कहा। जिसके बाद दोनों पहलवान खुशी-खुशी अपने बच्चों को घर से अखाड़े के लिये लेने चले गए।

उनके जाने के बाद आदित्य ने आश्चर्य से अपने पिता की तरफ देखते हुए कहा, कि "पिताजी आप उन बच्चों से क्यो मिलना चाहते हैं? तब उसके पिता ने मुस्कुराते हुए कहा कि, बेटा, मैं उन दोनों को तुमसे मिलवाना चाहता हूँ। मुझसे क्यों पिताजी? आदित्य ने विस्मित भाव से अपने पिता से पूछा। आदित्य के पिता ने मुस्कुराते हुए बड़े प्यार से आदित्य को समझाते हुए कहा कि बेटा, जीवन की किसी भी प्रतियोगिता में अगर तुम्हें विजयी होना है, तो एक बात सदैव याद रखना कि उस प्रतियोगिता में तुम्हारे साथ प्रत्यक्ष अथवा अप्रत्यक्ष रूप से ऐसे साथी अवश्य होने चाहिए जो सदैव हर परिस्थिति में तुम्हारे साथ कन्धे से कन्धा मिलाकर चलने को सहर्ष तैयार हों। वे बच्चे हमारे अखाड़े के पहलवानों के हैं, जिनके दिलों में मेरे

प्रति अपार श्रद्धा है तो सोचो कि जब उनके बच्चे तुमसे मिलेंगे तब वे भी तुम्हारे प्रति श्रद्धा का भाव ही रखेंगे। ऐसे विश्वसनीय साथी अगर तुम्हारे साथ होंगे, तो उस कैम्प में तुम्हारे लिये अपने लक्ष्य को प्राप्त करना काफी सुगम हो जाएगा। आदित्य को उसके पिता की सीख अब समझ में आ गई थी।

कुछ समय के उपरान्त दोनों पहलवान भी अपने बच्चों को लेकर अखाड़े में आदित्य और उसके पिताजी के पास पहुँच गए थे। दोनों बच्चों ने पहुँचते ही आदित्य के पिताजी के चरणों को स्पर्श कर उनका आशीर्वाद प्राप्त किया। उन बच्चों को देखकर आदित्य के पिता ने मुस्कुराते हुए कहा, कि बच्चों! मुझे इस बात का गर्व है कि तुम लोग भी मेरे बेटे आदित्य के समान ही कैम्प का हिस्सा बनने जा रहे हो। मैं इसी बात की बधाई देने के लिये तुम बच्चों से मिलना चाहता था। उसके उपरान्त आदित्य के पापा ने उन बच्चों से आदित्य का परिचय कराते हुए कहा, कि बच्चों यह मेरा बेटा आदित्य है, मैं चाहता हूँ कि इस कैम्प में जाने से पूर्व ही तुम लोग एक-दूसरे को जान लो, अच्छे से समझ लो, ताकि तुम लोगों की एकता की ताकत तुम्हें सदैव हर बाधा को पार करने में सहायक हो। अब आप लोग सिर्फ अपने विद्यालय के लिये नहीं अपितु हम सभी के लिये इस कैम्प का हिस्सा बनने जा रहे हो। अतः अपने माँ-बाप के लिये एवं इस अखाड़े के लिये आप सभी को विजयी होकर लौटना ही आप सभी का एकमात्र उद्देश्य होना चाहिए। इतना कहने के उपरान्त आदित्य के पिताजी आदित्य तथा उन दोनों बच्चों को वहीं पर छोड़कर स्वयं तथा दोनों पहलवानों को लेकर कमरे से बाहर निकल गए।

थोड़े ही देर में आदित्य और उन बच्चों में काफी घनिष्ठता हो गई थी। आदित्य इन दो नए मित्रों से मिलकर काफी खुश था, अब उसे यह यकीन हो चुका था कि वह सिमरन को दी हुई चुनौती को अवश्य पार कर लेगा।

वहीं दूसरी तरफ सिमरन के माँ-बाप भी उसके स्काउट एण्ड गाइड के कैम्प में चयन की वजह से काफी खुश एवं गर्व महसूस कर रहे थे। सिमरन के पिताजी ने अपनी बेटी को आशीर्वाद देते हुए कहा, कि, " बेटा! एक बात सदैव याद रखना कि हमारा जीवन एक बूमरैंग की तरह होता है क्योंकि हमारे विचार काम या व्यवहार आज नहीं तो कल उसी रूप में तेजी से वापस लौटते हैं जैसा हमने दूसरों के साथ किया होता है। जिस प्रकार तुमने बिना सोचे-समझे सिर्फ अपनी ईर्ष्या की वजह से अपनी कक्षा के उस नेक बच्चे के भविष्य को अँधेरे में डालने का निर्णय ले लिया था और परिणामस्वरूप मुझे तुम्हारे प्रधानाचार्य के सामने शर्मिन्दा होना पड़ा था। बेटा! मैं आशा करता हूँ कि तुम अब भविष्य में ऐसी परिस्थिति नहीं आने दोगी। तुम जिस प्रतियोगिता में जा रही हो, वहाँ पर तुम्हारा सामना कई ऐसे प्रतियोगियों से होगा जिनका व्यवहार तुम्हारे प्रति विनम्र न हो। जिसकी वजह से सम्भव है कि तुम्हारे मन में उनके प्रति भी क्रोध एवं ईर्ष्या का भाव उत्पन्न हो, लेकिन यह बात सदैव याद रखना कि ईर्ष्या करने वाले मनुष्य जीवन में कभी भी आगे नहीं बढ़ पाते तथा दूसरों को नहीं बढ़ने देते। जलन की भावना कमजोरी एवं स्वाभिमान का लक्षण है। अतः बेटा! तुम इस प्रतियोगिता में अपना प्रदर्शन सर्वोत्तम करने की कोशिश करना, पर मन में बिना किसी के प्रति द्वेष के।

चार दिन की प्रतीक्षा के उपरान्त वह शुभ दिन आ ही गया जिस दिन का इन्तजार सूरज के साथ-साथ जिले के समस्त बच्चों जो कि इस कैम्प का हिस्सा बनने के लिये काफी उत्सुकता से कर रहे थे। नियमित समय पर जब सूरज अपने पिता के साथ स्काउट एण्ड गाइड के निर्धारित कैम्प स्थल पर पहुँचा, तो वहाँ का दृश्य देखकर हर्ष से काफी प्रफुल्लित हो गया था। वहाँ का दृश्य काफी रोमांचभरा था, चारों तरफ जगमगाती रोशनियाँ तथा मैदान में लगे भिन्न-भिन्न रंगों की कनातें ऐसा प्रतीत हो रहा था, जैसे यह एक अलग ही दुनिया हो। चारों तरफ बच्चों की भीड़ तथा उनकी खिलखिलाहटों की वजह से वहाँ का सारा माहौल गुंजायमान था।

कैम्प के अन्दर सूरज के पिता ने सूरज के दाखिला करवाने के उपरान्त सूरज को कैम्प अधिकारियों के हवाले कर घर आ गए थे। अब सूरज को अपने आगे का सफर स्वयं ही तय करना था। कैम्प प्रबन्धन ने बच्चों को छोटे-छोटे टुकड़ों में रहने की व्यवस्था की थी। मैदान के दायीं ओर के कनात जो कि चार रंगों में बँटे थे, जिसमें नीले, लाल, हरे एवं सफेद रंग थे। इन्हीं अलग-अलग कनातों में लड़को के रहने की व्यवस्था की गई थी। ठीक इन्हीं रंगो के कुछ कनात मैदान की बायीं तरफ भी लगे हुए थे, जिनकी दूरी कम-से-कम पाँच सौ मीटर की होगी। उन कनातों में लड़कियों के रहने की व्यवस्था की गई थी। लड़के एवं लड़कियों के मध्य के बचे हुए हिस्सों में कई ओर कनात भी लगे थे। जिसमें बैंगनी रंग का सबसे बड़ा एक कनात स्काउट एण्ड गाइड के प्रबन्धन के सदस्यों का था, उससे थोड़ी ही दूरी पर काले रंग के पाँच कनात लगे थे, जो कि पाकशाला,

अस्थायी अस्पताल प्रबन्धन समिति के कार्यालय तथा कैम्प में इस्तेमाल होने वाले जरूरी रखे गए थे। इन कैम्पों के बायीं तरफ ही गुलाबी रंगों में सजा हुआ एक खूबसूरत-सा खुला कनात जिसके अन्दर करीब चार सौ से पाँच सौ बच्चों के बैठने की व्यवस्था के साथ-साथ एक भव्य मंच भी बना हुआ था। अपनी खूबसूरत एवं भव्य मंच तथा रंग-बिरंगी कुर्सियों की वजह से काफी मनोरम एवं भव्य लग रहा था। यह समस्त दृश्य देखकर ऐसा प्रतीत होता था जैसे कि यह कोई और ही दुनिया हो।

उस कैम्प में विद्यार्थियों के लिये कुछ नियम बनाए गए थे। जिसका पालन समस्त विद्यार्थियों को करना अनिवार्य था। जिसके अन्तर्गत कोई भी लड़का या लड़की कैम्प के अवकाश के दौरान एक दूसरे के कैम्प की तरफ नहीं जा सकते थे। इसके अलावा कैम्प की हर गतिविधि में सभी विद्यार्थियों का सम्मिलित होना अनिवार्य था। सुबह सभी विद्यार्थियों को उठकर नियमित व्यायाम करना भी आवश्यक था। कैम्प के प्रशिक्षण को चार हिस्सों में बाँटा गया था। जिसके अन्तर्गत प्रातःकालीन व्यायाम उसके उपरान्त नाश्ते के लिये अल्प अवकाश तदुपरान्त स्काउट एण्ड गाइड के इतिहास एवं महत्त्व की कक्षा उसके उपरान्त बच्चों के शारीरिक व्यायाम की कक्षा फिर दोपहर के भोजन के लिये अवकाश उसके दो घण्टे बाद बच्चों को छोटे-छोटे गुटों में बाँटकर खेलकूद एवं सेवा कार्यों में लगाया जाता था।

कैम्प के दौरान बच्चों के अन्दर आपसी भाईचारा एवं प्रेम बढ़ाने के लिये कैम्प को चार खण्डों में बाँटा गया था, जिसके

अन्तर्गत उन खण्डों के आधार पर ही कनातों को चार रंगों में लगाया गया था। जैसे-

नीला रंग ...... महात्मा गाँधी खण्ड

हरा रंग ...... मदर टेरेसा खण्ड

लाल रंग ...... भगत सिंह खण्ड

सफेद रंग ...... टीपू खण्ड

अगर कोई भी विद्यार्थी दिए हुए निर्धारित खण्ड से किसी दूसरे खण्ड में जाना चाहता था तो उसे दो दिन के अन्दर ही अपना खण्ड बदलने की अनुमति थी। उसके उपरान्त वह खण्ड नहीं बदल सकता था। इन सभी नियमों को जान लेने के उपरान्त सूरज ने अपना नाम हरे रंग यानी कि मदर टेरेसा खण्ड में करवा दिया था। सारी औपचारिकताएँ पूरी करने के पश्चात् सूरज को अन्य आए विद्यार्थियों के साथ के बड़े-से कक्ष में ले जाया गया। वह कक्ष काफी विशाल था, चारों तरफ भिन्न-भिन्न विद्यालयों से आए विद्यार्थियों का हुजूम ऐसा प्रतीत हो रहा था, जैसे वह एक नई और विभिन्न दुनिया में पहुँच गया है। सभी बच्चे अपने-अपने मित्रों के साथ हँसी-मजाक तथा कैम्प की भव्यता के बारे में चर्चा करने में व्यस्त थे। सूरज भी उस भीड़ में अपने विद्यालय के बच्चों को ढूँढने में व्यस्त हो गया। उस भीड़ में अधिकतर बच्चों के सिर ही दिख रहे थे। शायद इसी वजह से वह अपने मित्रों को नहीं ढूँढ़ पा रहा था। इस उम्मीद से कि उसके विद्यालय के बच्चे अभी कैम्प में पहुँचे ही न हों, वह एक कोने में बैठकर इन्तजार करने लगा।

थोड़ी देर के उपरान्त सूरज की पीठ पर पीछे से किसी के थपथपाने का अहसास हुआ। जब उसने पीछे मुड़कर देखा तो, वह आरना को वहाँ पर देखकर चौंक गया। उसने विस्मित नेत्रों से देखते हुए हकलाते हुए स्वर में पूछा- तुम यहाँ पर कैसे? आरना ने हँसते हुए यह राष्ट्रीय स्तर का कैम्प है, तो मुझ जैसी बुद्धिमान् लड़की को तो यहाँ होना ही चाहिए। सूरज ने भी धीरे से आरना की बातों को सुनकर हाँ में अपना सिर हिला दिया। वह बेचारा मन ही मन ईश्वर से यही प्रार्थना कर रहा था कि जिस प्रकार इस लड़की ने बखेड़ा खड़ा कर दिया था, कहीं ऐसा न हो कि पुनः यह लड़की ठीक उसी प्रकार से यहाँ पर अन्य बच्चों के सामने एक बार पुनः कोई बखेड़ा खड़ा कर दे। अभी वह मन नहीं मन इस विषम परिस्थिति के बारे में सोच ही रहा था कि तभी आरना ने मुस्कुराते हुए सूरज से कहा कि सूरज मैं अपने उस दिन के व्यवहार के लिये तुमसे माफी माँगना चाहती हूँ। शादी के माहौल में न जाने कैसे उस दिन मुझे यह गलतफहमी हो गई थी कि तुम ही जोकर हो, शायद इसी वजह से मेरा बर्ताव तुम्हारे प्रति ऐसा कठोर एवं निष्ठुर हो गया था। लेकिन जैसे ही मुझे पापा ने तुम्हारे बारे में बतलाया मैं उसी समय से काफी शर्मिन्दा महसूस कर रही थी। मुझे तो यह आशा भी नहीं थी कि हम पुनः इस प्रकार इतनी जल्दी मिलेंगे।

आरना की बातों को सुनने के पश्चात् अब सूरज को थोड़ा चैन आ चुका था। अब उसे यह यकीन हो चला था कि यह लड़की दिमागी रूप से स्वस्थ है एवं यहाँ इस भीड़-भाड़ वाले माहौल में उसकी इज्जत को कोई खतरा नहीं है। सूरज ने अपनी निगाहें नीची किए हुए ही कहा, "देखिए, मैं आपका परिचय तो

नहीं जानता, लेकिन उस दिन के व्यवहार के लिये मैं भी आपसे क्षमा माँगना चाहता हूँ, उस दिन मैं काफी परेशान था तथा मेरे शरीर और कपड़ों की दशा ऐसी थी कि उस परिस्थिति में आप तो क्या कोई भी आसानी से मुझे जोकर ही समझता। लेकिन उस दिन बिना परिस्थितियों को ठीक से समझे मैं नाहक ही आपसे कठोर शब्दों में उलझ पड़ा, जिसके लिये मुझे खेद है।

आरना ने अपना दाहिना हाथ मित्रता के लिये सूरज की तरफ बढ़ाते हुए कहा कि मेरा नाम आरना है तथा प्यार से मेरे दोस्त मुझे फायर ब्रिगेड कहते हैं। क्या हम अब एक अच्छे दोस्त बन सकते? तुम्हारे जाने के पश्चात् पापा ने तुम्हारे बारे में काफी कुछ बताया था। अतः इसी वजह से मैं तुमसे दोस्ती करना चाहती हूँ। आरना के दोस्ती के प्रस्ताव को स्वीकार करते हुए सूरज ने भी आरना से हाथ मिलाया तथा अपना परिचय देते हुए कहा कि "मेरा नाम सूरज है तथा प्यार एवं गुस्से से भी मेरे दोस्त मुझे भोंदू कहकर बुलाते हैं। भोंदू ! यह कैसा नाम है? आरना ने हँसते हुए पूछा। सूरज ने भी लापरवाही से इसका जवाब देते हुए कहा कि इसका उत्तर तो आज तक मुझे भी समझ में नहीं आया, उसके बाद दोनों खिलखिलाकर हँसने लगे। हँसते हुए सूरज ने पूछा- अच्छा तुम्हें फायर ब्रिगेड क्यों बुलाते हैं। कुछ पल रुककर आरना ने कहा, क्योंकि सब कहते हैं, मेरा गुस्सा हमेशा मेरी नाक पर टिका होता है। हाँ, इसका अहसास भला मुझसे बेहतर कौन समझ सकता है, सूरज ने अपने मन ही मन में बुदबुदाते हुए कहा। आरना के इस प्रकार के व्यवहार की वजह से धीरे-धीरे सूरज का संकोच खत्म हो रहा था, लेकिन फिर भी रह-रहकर उसकी निगाहें कक्ष के

दरवाजे की तरफ टिक जाती थीं। अपने विद्यालय के विद्यार्थियों के इन्तजार में....।

आरना वहीं सूरज के पास बैठ गई तथा उससे पूछने लगी कि तुमने कौन-सा खण्ड चुना है? सूरज ने धीरे से कहा, "मदर टेरेसा खण्ड।" कुछ शान्त रहने के पश्चात् आरना ने पुनः सूरज से पूछा तुम अभी इतने खामोश हो या फिर हमेशा से ही मिस्टर सन्नटा जैसे हो। इस प्रश्न के पूछने के साथ ही आरना जोर-जोर से हँसने लगी। आरना के इस प्रकार के मजाक से सूरज थोड़ा झेंप-सा गया था। वह मन ही मन ईश्वर से प्रार्थना करने लगा कि हे प्रभु! ये किस बला को तुमने मेरे पास भेज दिया, यह अगर गुस्से में हो तो भी खतरनाक और गुस्से में न हो तो भी सामने वाले की इज्जत का कबाड़ा करने से परहेज नहीं करती।

सूरज अभी यह सब अपने मन ही मन में विचार कर ही रहा था कि तभी उसे कक्ष के दरवाजे से एक छोटे कद का लड़का जिसने अपनी पीठ पर, सिर पर दाएँ और बाएँ हाथ में सिर्फ बस्ते ही बस्ते उठा रखे थे, हताश और परेशान-सी उसकी निगाहें उस भीड़ में न जाने किसको ढूँढ़ती हुई आ रही थीं। अपने शरीर से ज्यादा वजन को उठाने की वजह से उसकी चाल ऐसी प्रतीत हो रही थी जैसे कि कोई शोरूम का प्रेमी मधुशाला से लड़खड़ाता हुआ अपने घर की तरफ बढ़ रहा हो। उसके इस हताश व परेशान भाव ने पूरे माहौल को अपनी तरफ नाहक ही आकर्षित कर रहे थे। उस कक्ष में मौजूद लगभग सभी बच्चों की निगाहें उस विचित्र-से माहौल में फँसे लड़के की तरफ ही देख रही थी। सिर्फ आरना के साथ-साथ वहाँ कुछ ही ऐसे बच्चे होंगे जो अपनी बातों या हँसी-मजाक में इतना अधिक

खोए होंगे, जिसकी वजह से वे उस बेचारे लड़के के हालात को नहीं देख पाए हों। कमरे में घुसते ही एक पल के लिये वह लड़का लड़खड़ाते हुए कदमों के साथ कक्ष के दरवाजे के पास रुका फिर कोने में बैठे सूरज तथा आरना की तरफ ही बढ़ गया।

अपनी तरफ बढ़ता देख सूरज विस्मित आँखों से उसे देखने लगा तथा मन ही मन यह विचार करने लगा कि क्या वे दोनों एक-दूसरे को जानते हैं। सूरज अभी अपने अन्तर्मन से यह प्रश्न पूछ ही रहा था कि तभी उसने देखा कि आरना भी उस लड़के को देखकर जोर-जोर से हँसने लगी थी। आरना की हँसी को देखकर सूरज को यह समझते देर न लगी कि यह बेचारा भी इस फायर ब्रिगेड का ही सताया हुआ है। उसने अपने मन ही मन में बुदबुदाया कि यह फायर ब्रिगेड आखिर किस प्रकार की बला है?

सूरज और आरना के पास आते ही उस लड़के ने अपने थैलों को जमीन पर क्रोध से पटकते हुए आरना से कहा कि "दुष्ट! तूने मुझे एक बार फिर बेवकूफ बना दिया।" मैं वहाँ पर अपने और तेरे सामान को लेकर तेरी प्रतीक्षा कर रहा था और तुम हो कि किसी राजकुमारी की भाँति अपने राज्य में बेचारे प्रजा का हाल जानने में व्यस्त है। सूरज को उस लड़के की कोई भी बात समझ में नहीं आ रही थी, वह तो बस टकटकी लगाए कभी उस खीझे हुए लड़के को देखता तो कभी उस लड़के के क्रोध के बावजूद उस पर हँसते हुए आरना को देख रहा था। आरना ने उस लड़के से हँसते-हँसते ही कहा, देखो समीर हमने शर्त ईमानदारी के साथ लगायी थी और यह भी तय किया था कि जो

भी शर्त हारेगा वह एक दिन के लिये जीतने वाले का नौकर होगा। तो मेरे प्यारे भाई, नियम के अनुसार मैं कल तुमसे शर्त जीती थी और आज तुम्हें मेरी नौकरी करनी होगी। जब भी हमें ऐसे किसी भी जगह जाना होता है, तब तुम हर बार किसी न किसी बहाने, कोई न कोई शर्त लगाकर, मुझे बेवकूफ बनाकर शर्त जीत जाती हो तथा उसका खमियाजा सदैव मुझे भुगतना पड़ता है। समीर ने झल्लाते हुए आरना से कहा। समीर की झल्लाहट और क्रोध का आरना पर कुछ भी फर्क नहीं पड़ रहा था। वह तो पहले की भाँति ही एक विजेता की तरह मुस्कुरा रही थी। परन्तु इस परिस्थिति में सूरज अपने आपको काफी असहज महसूस कर रहा था। उसे कुछ भी ऐसा नहीं सूझ रहा था कि इस परिस्थिति में उसे क्या करना चाहिए। वह तो बस टकटकी लगाए कभी आरना को तो कभी उसके द्वारा सताए उस लड़के को देख ही सकता था। आरना ने अपनी हँसी को रोकते हुए कहा- अच्छा ठीक है भाई, अगली बार अगर तुम शर्त जीते तो मैं पूरा हफ्ता तुम्हारी नौकर रहूँगी, तुम मेरी नौकर ! रहने दे, उसमें भी मेरा ही घाटा होगा। समीर ने अपना मुँह बिचकाते हुए कहा। अब तक समीर का क्रोध थोड़ा शान्त हो गया था तथा उसने आरना की तरफ देखते हुए पूछा, "ये जनाब कौन हैं, इनसे पहले तो हम नहीं मिले?"

समीर के इस प्रश्न का उत्तर आरना ने दोनों को एक दूसरे का परिचय कराते हुए दिया था। आरना ने कहा कि "समीर ये सूरज हैं इनसे भले ही तुम पहले नहीं मिले हो, परन्तु हम पहले भी मिल चुके हैं।" समीर ने आश्चर्य व्यक्त करते हुए कि कहाँ पर और कब क्योंकि ये जनाब तो हमारे विद्यालय के भी नहीं

हैं और न ही हमारे मोहल्ले के। तुमने सही कहा ये महाश्य न तो हमारे विद्यालय के हैं और न ही हमारे मोहल्ले के हैं। परन्तु यह वही महान शक्स हैं जिनकी तारीफ सदैव पिताजी करते रहते हैं तथा इन्हीं जनाब से चाचा की शादी में एक छोटी-सी गलतफहमी के कारण काफी बड़ी नोक-झोंक होने से बची थी। अच्छा तो ये हैं जनाब सूरज, जिनके नाम पर पिताजी कई बार मुझे काफी कुछ सुना चुके हैं। समीर ने हँसते हुए अपने दोनों हाथ जोड़कर, सूरज के सामने अपना सिर झुकाते हुए कहा। सूरज बस खामोश-सा, आश्चर्य का भाव लिये तथा चेहरे पर मुस्कान की नाकाम-सी कोशिश के साथ दोनों को निहार रहा था। तब आरना ने सूरज की तरफ मुस्कुराते हुए देखकर कहा, सूरज यह मेरा बड़ा भाई 'समीर' है। हम दोनों भाई-बहन सदैव ऐसे ही मस्ती करते रहते हैं। आरना के परिचय कराने के पश्चात् समीर ने सूरज की तरफ दोस्ती का हाथ बढ़ाते हुए कहा कि सूरज तुम इसकी बातों का बुरा न मानना, यह दिमाग से थोड़ी ढीली है। सूरज ने भी अपना हाथ मिला लिया था तथा बहुत ही कम समय में ही वह आरना और समीर से काफी घुल-मिल गया था।

थोड़ी देर आपस में यूँ ही बातचात करने के दौरान आरना ने समीर से पूछा, भाई हमें इस कैम्प में कौन-सा खण्ड मिला है, जिस पर समीर ने कहा, कि "तेरे वहाँ से जाने के बाद मैंने अपना नाम मदर टेरेसा खण्ड तथा तेरा नाम भगत सिंह खण्ड में लिखवा दिया है। आरना ने झुँझलाहट के साथ समीर से बोला कि "भाई यह आपने क्या किया, मुझे भी आप लोगों के साथ मदर टेरेसा खण्ड में ही रहना है। याद नहीं कि हमें पिताजी ने

क्या समझाते हुए इस कैम्प में भेजा था। समीर ने प्रश्नवाचक भाव से आरना से पूछा। समीर के इस प्रकार के प्रश्न पर आरना ने समीर को घूरकर देखा और कहने लगी कि भाई, पिताजी ने कहा था कि एकता में बहुत शक्ति होती है, अगर हम एक हैं तो बड़ी से बड़ी मुश्किलें हम आसानी से हल कर सकते हैं। समीर ने फिर हँसते हुए आरना से कहा कि बहन मेरी तो सबसे बड़ी मुश्किल तुम ही हो। आज कैम्प के पहले दिन ही तुमने मुझे रेलवे स्टेशन का कुली बना दिया, तो अगर मैं तेरे खण्ड में रहा तो रोज न जाने मुझे तेरी वजह से और क्या-क्या बनना पड़ेगा। आरना ने समीर से अनुरोध करते हुए कहा, कि "मैं वादा करती हूँ कि मैं अब तुम लोगों के खण्ड में रही तो तुम्हारी ताकत ही बनूँगी।" तुम लोग ! मतलब और कौन है मेरे साथ इस खण्ड में? आरना ने सूरज की तरफ इशारा करते हुए कहा, ये जनाब भी आपके ही खण्ड में हैं। सूरज चुपचाप से बस उन दोनों भाई, बहनों की बातें सुन रहा था। जब समीर को यह ज्ञात हुआ कि सूरज भी उसी खण्ड में है, तब वह काफी खुश हुआ, उसने सूरज की तरफ दोस्ती का हाथ बढ़ाते हुए कहा कि भाई सूरज अगर तुम्हारे जैसा नेक और सच्चा लड़का मेरे साथ हो तो यह कैम्प तो क्या हम हर जगह विजयी हो सकते हैं। सूरज ने शुक्रिया कहा तथा अपने हाथ से समीर के हाथों को थाम लिया।

आरना ने एक बार फिर समीर से अनुरोध करते हुए कहा कि भाई मुझे अभी अपनी टीम में शामिल कर लो, मैं आप दोनों के बहुत काम आऊँगी तथा यह वादा करती हूँ कि मैं इस कैम्प के दौरान अपना सारा काम खुद ही करूँगी। समीर ने आरना के अनुरोध को सुनने के बाद कुछ पल मौन रहने का नाटक किया

फिर हँसते हुए बोला जैसी आपकी इच्छा मिस फायर ब्रिगेड। उसने आरना के हाथों में कैम्प का फार्म देते हुए कहा कि जाकर स्वागत कक्ष से अपना खण्ड बदलवा लो, तब तक मैं और सूरज तुम्हारी यहीं प्रतीक्षा करते हैं। आरना ने वह फार्म समीर के हाथों से लिया और अपना खण्ड बदलवाने के लिये स्वागत कक्ष की तरफ चली गई।

आरना के जाने के बाद समीर ने सूरज से पूछा कि सूरज तुम इस कैम्प में अकेले आए हो क्या? तुम्हारे विद्यालय से और कोई नहीं आया है क्या? सूरज ने समीर के प्रश्न का उत्तर मुस्कुराते हुए दिया, और कहा कि- "मेरे विद्यालय से भी 9 विद्यार्थियों का चयन हुआ है। लेकिन लगता है वे सभी अभी तक पहुँचे नहीं हैं, मैं यहाँ पर अपने मित्रों की ही प्रतीक्षा कर रहा था, कि तभी मुझे यहाँ पर तुम दोनों भाई-बहन मिल गए।

समीर ने सूरज की पीठ पर हाथ रखते हुए हँसते हुए कहा, कि 'हाँ भाई!' मैं तो ऊपर वाले का शुक्रिया अदा करना चाहूँगा कि उसने हमें इस कठिन प्रतियोगिता में तुमसे मिलवा दिया, अन्यथा न जाने हम दोनों भाई बहन का क्या होता। तुमसे मिलने के पश्चात् हमेशा हम दोनों को तुम्हारे जैसा बनने के लिये कहते हैं। सूरज ने समीर को उसकी बातों के बीच में ही टोकते हुए पूछा, माफ करना दोस्त मैं आपके पिताजी को जानता भी नहीं, फिर वे मेरे बारे में इतना सब कुछ कैसे जान गए। यह प्रश्न मैं काफी समय से अपने मन व दिमाग से कर रहा हूँ। परन्तु किसी विशेष निष्कर्श पर नहीं पहुँच पाया हूँ। सूरज के इस प्रश्न पर समीर ने आश्चर्य से सूरज की तरफ देखा और कहने लगा, अरे

यह आप क्या कह रहे हैं आप पापा से मिल चुके हैं। सूरज ने पूछा, कब? तब समीर ने हँसते हुए कहा, मेरे भाई, उस दिन हमारे चाचाजी की शादी में आप उस विचित्र हालत में हमारे पापा से ही तो मिलने पहुँचे थे, भाई बड़ी कमजोर याददाश्त है तुम्हारी।

समीर की बातें सुनने के उपरान्त सूरज ने चौंककर कहा, उस दिन तो मैं, जिला शिक्षा अधिकारीजी से मिलने गया था। जी जनाब वही, हम दोनों महान आत्माओं के पिता हैं। यह जानने के पश्चात् कि आरना और समीर दोनों जिला शिक्षा अधिकारी के बच्चें हैं, वह अपने आपको थोड़ा असहज महसूस करने लगा था। समीर ने सूरज को झकझोरते हुए पूछा, क्या हुआ तुम किस सोच में डूब गए? सूरज ने हड़बड़ाकर कहा- आप दोनों सर के बच्चे हैं, मुझे माफ कर दीजिए, मुझे ज्ञात नहीं था और अनजाने में मुझसे कोई गलती हो गई हो तो कृपा करके मुझे क्षमा कर दें।

समीर ने हँसते हुए सूरज से कहा कि मेरे भाई तुम्हें इस प्रकार क्षमा माँगने की कोई आवश्यकता नहीं है। हमारे पिताजी जिला शिक्षा अधिकारी हैं, हम दोनों नहीं। हम भी तुम्हारी तरह ही अपने उज्ज्वल भविष्य को तराशने में प्रयासरत हैं। सूरज यकीन मानो जिस दिन से पापा तुमसे मिले हैं, उस दिन से वे हमेशा तुम्हारी तारीफ करते रहते हैं। तुम जैसे अच्छे दोस्त को पाकर मैं और आरना दोनों अपने आपको काफी खुशकिस्मत मानते हैं। समीर की ये बातें सुनकर सूरज थोड़ा भावुक हो गया और उसने समीर को गले से लगाते हुए कहा, तुमने मुझे अपनी

मित्रता के काबिल समझा मेरे लिये इससे बड़ी बात और क्या हो सकती है।

सूरज और समीर अभी बातें कर ही रहे थे कि तभी सूरज की नजर कक्ष के दरवाजे पर पड़ी। दरवाजे से सिमरन तथा उसके विद्यालय के बाकी बच्चे कमरे के अन्दर दाखिल हो रहे थे। सिमरन तथा बाकी बच्चों को देखते ही सूरज का चेहरा हर्ष से और अधिक प्रफुल्लित हो गया था। सूरज ने समीर से दरवाजे की तरफ इशारा करते हुए कहा कि मित्र मेरे विद्यालय के भी बच्चे आ गए हैं, तुम मेरी एक पल के लिये यहाँ प्रतीक्षा करो, मैं उनसे मिलकर तुरन्त वापस आ जाऊँगा। समीर ने हँसते हुए कहा, जाओ भाई उनसे मिल लो मैं तुम्हारी यहीं प्रतीक्षा करता हूँ।

उसके उपरान्त सूरज अपना सामान समीर के हवाले छोड़ कर दरवाजे की तरफ बढ़ गया। दरवाजे के पास ही सिमरन और उसके विद्यालय के बच्चे अपना-अपना सामान रखकर आगे के दिशा-निर्देश की प्रतीक्षा करने लगे थे। उस कक्ष में बच्चों की भीड़ बढ़ती जा रही थी। अब वह कक्ष बच्चों की भीड़ की वजह से काफी भर गया था। शायद इसी वजह से सिमरन और उसके विद्यालय के बाकी बच्चे सूरज को नहीं देख पाए थे। अपना सामान नीचे रखने के उपरान्त जहाँ एक तरफ विद्यालय के बाकी बच्चे आपस में हँसी-मजाक और मस्ती करने में व्यस्त हो गए वहीं दूसरी ओर सिमरन की निगाहें दरवाजे से बाहर की तरफ सूरज और आदित्य को ढूँढ़ने में व्यस्त थीं। सूरज और आदित्य के अलावा वह अपने विद्यालय के बाकी बच्चों से ज्यादा परिचित भी नहीं थी।

सूरज ने सिमरन को पीछे से आवाज दी, सिमरन जब पीछे मुड़ी तो सूरज को वहाँ पर देखकर काफी खुश हुई सिमरन खुश होते हुए सूरज से पूछा, कि "तुम कब आए" मैं कब से तुम्हारे और आदित्य के आने की प्रतीक्षा कर रही थी, पता है तुम दोनों के चक्कर में मैंने अभी तक अपना खण्ड नहीं चुना है। ऐसा क्यों? सूरज ने सिमरन को टोकते हुए पूछ। सिमरन ने कहा, मेरे भोंदू दोस्त इस कैम्प में हम ज्यादातर बच्चों को नहीं जानते, इसलिए इस प्रतियोगिता को जीतने के लिये यह अत्यन्त आवश्यक है कि हम उस टीम का हिस्सा बनें जिसमें तुम्हें जानने वाले एवं करीबी मित्र हों। क्योंकि जनाब एकता में ताकत होती है, सिमरन ने मुस्कुराते हुए कहा। सूरज ने आश्चर्यचकित भाव से सिमरन से कहा कि लेकिन मैंने तो कभी ऐसा सोचा ही नहीं, शायद इसी वजह से, बिना तुम लोगों की सलाह लिये तुम दोनों के यहाँ आने से पूर्व ही मैंने अपना नाम मदर टेरेसा खण्ड में करवा लिया था। मुझे पता था भोंदूराम तुम ऐसा ही कुछ करोगे, सिमरन ने हँसते हुए सूरज की पीठ थपथपाते हुए कहा। लेकिन तुम चिन्ता मत करो मैं ऐसी ही परिस्थिति से निपटने के लिये पहले से ही तैयार थी। शायद इसी वजह से तो मैंने अपने खण्ड का चुनाव नहीं किया था। तुम सदैव इतना आगे का कैसे सोच लेती हो, सूरज ने आश्चर्य भाव से पूछा। सिमरन ने कहा, सूरज जब भी तुम अपनों से पहले दूसरों के बारे में सोचोगे तो यह गुण तुम्हारे अन्दर भी आ जाएगा।

उसके उपरान्त सिमरन ने सूरज से कहा, कि सूरज तुम्हारा सामान कहाँ है, और तुम यहाँ पर कब पहुँचे? मैं तो यहाँ पर काफी पहले ही आ गया था। अपना सामान वहाँ पर कोने में

रखकर तुम लोगों की वहीं पर प्रतीक्षा कर रहा था। सूरज ने कोने में रखे अपने सामान की ओर इशारा करते हुए कहा। सिमरन ने सूरज से कहा, कि चलो ठीक है मैं भी अपना सामान वहीं पर रख देती हूँ तथा अपना खण्ड चुन लेती हूँ। उसके बाद सिमरन ने अपना सामान जैसे ही उठाना चाहा उससे पहले ही सूरज ने झुककर सिमरन का सामान उठा लिया। सिमरन ने सूरज को टोकते हुए कहा, कि अरे यह क्या कर रहे हो? तब सूरज ने मासूमियत से कहा, कि अपने से पहले दूसरे के बारे में सोचने की कोशिश कर रहा हूँ। सूरज के यह बोलते ही दोनों खिलखिलाकर हँस पड़े।

सूरज सिमरन और उसके सामान के साथ वहीं पर आ गया था। जहाँ पर उसने समीर और अपने सामान को छोड़ा था। समीर और सिमरन का परिचय कराते हुए सूरज ने समीर से कहा कि समीर यह सिमरन है, यह हमारी कक्षा की सबसे होशियार और पढ़ाकू लड़की है तथा मेरी सबसे अच्छी दोस्त भी। उसके उपरान्त उसने सिमरन से समीर का परिचय कराते हुए कहा, कि "सिमरन ये समीर हैं, हमारे जिला शिक्षा अधिकारी सर के बेटे, ये और इनकी छोटी बहन आरना भी हमारी भाँति इस कैम्प का हिस्सा बनने के लिये आए हैं। मेरी मुलाकात इनसे यहीं पर हुई है तथा इतने कम समय में हम लोग काफी अच्छे मित्र भी बन गए हैं। सूरज के परिचय के उपरान्त सिमरन ने समीर से हाथ मिलाते हुए सिमरन से कहा, कि समीर आपसे मिलकर मुझे काफी अच्छा लगा। आपके जैसे अच्छे मित्रों के टीम में होने की वजह से यह कैम्प और प्रतियोगिता काफी यादगार एवं अच्छी होने वाली है। समीर ने भी सिमरन की बातों का समर्थन करते

हुए उसकी हाँ, में हाँ मिलाया। सिमरन ने इधर-उधर देखने के पश्चात् समीर से पूछा- आपकी बहन आरना अभी तक नहीं पहुँची क्या? वह दिखाई नहीं दे रही है। समीर ने हँसते हुए सिमरन से कहा, कि वह अपना खण्ड बदलवाने के लिये गई है। मतलब, मैं समझी नहीं? सिमरन ने आश्चर्य व्यक्त करते हुए कहा, तब समीर ने बतलाया, कि जैसे ही उसे पता चला कि मैं और सूरज एक ही खण्ड में हैं तथा वह किसी अन्य खण्ड में तो वह भी अपना नाम हमारे खण्ड में करवाने के लिये वापस स्वागत कक्ष तक गई है। चलो अच्छा है इससे हमारे खण्ड को काफी मजबूती मिलेगी, सिमरन ने कहा। उसके उपरान्त सिमरन अपना सामान वहीं उन लोगों के पास रखते हुए बोली- सूरज तुम दोनों अपने साथ-साथ मेरे सामान का भी ख्याल रखना, मैं भी अपना खण्ड चुनकर तुरन्त आती हूँ। इतना कहते हुए सिमरन कमरे से बाहर स्वागत कक्ष की तरफ दौड़ चली। सूरज और समीर वहीं रूककर आरना और सिमरन का इन्तजार करने लगे।

थोड़े समय के अन्तराल के पश्चात् आरना, सिमरन अपना-अपना खण्ड चुनकर उन दोनों के पास पहुँच चुके थे। सूरज ने सिमरन व आरना का भी परिचय करवा दिया था। चारों आपस में एक-दूसरे से मिलकर काफी खुश थे। धीरे-धीरे आरना व समीर के दोस्त भी उनके पास पहुँचने लगे थे। धीरे-धीरे 4 से बढ़ते-बढ़ते उनका समूह 40 से 45 बच्चों का हो गया था। समूह के सभी बच्चे एक-दूसरे को पहचानने लगे थे। सिमरन की निगाहें अभी भी रह-रहकर आदित्य की राह देख रही थी। भले ही कक्षा में सूरज की वजह से आदित्य और सिमरन के बीच लड़ाई हो गई थी परन्तु उसे यह उम्मीद थी कि जिस दिन

आदित्य को सूरज की अच्छाइयों के बारे में पता चलेगा वह भी सूरज का उतना ही अच्छा मित्र बन जाएगा जितना कि सिमरन और ये बच्चे आज सूरज के मित्र बन रहे हैं।

थोड़ी देर के उपरान्त आदित्य भी अपने मित्रों के साथ उस कक्ष में पहुँच चुका था। कक्ष में पहुँचते ही वह अपना सामान अपने विद्यालय के बाकी बच्चों के साथ दरवाजे के पास ही रखकर अपने साथ आए दोस्तों के साथ बातचीत में व्यस्त हो गया। उसने एक बार भी अपने विद्यालय के सहपाठियों से सिमरन और सूरज के बारे में जानने की चेष्टा भी नहीं की थी। यह विधि का न जाने कैसा विधान है कि कभी-कभी हम जब कुछ अच्छा सोचकर या कुछ अच्छा करने का विचार अपने मन में बनाते हैं तो बदले में हमें सामने वाले से अपमान या फिर ऐसा कड़वा अनुभव मिलता है, जो नासूर बनकर हमें सदैव दर्द देता रहता है। कुछ ऐसा ही उस दिन होने वाला था, सिमरन और सूरज के साथ।

सिमरन ने आदित्य की पीठ पर पीछे से चहकते हुए हाथ थपथपाया। मुस्कुराकर एक नए जोश के साथ उसका स्वागत इस कैम्प में करने के लिये अपना दोस्ती का हाथ उसकी तरफ बढ़ाते हुए कहा, "आदित्य तुम्हें यहाँ देखकर मुझे काफी खुशी हुई, तुम्हारे आने से अब हमारे अधूरे समूह को काफी मजबूती मिलेगी। हम सभी लोग काफी समय से तुम्हारी ही प्रतीक्षा कर रहे थे।" आदित्य ने सिमरन के इस प्रकार के स्वागत पर तंज कसते हुए कहा- कि "तुमने मेरा इन्तजार किया इसके लिये मैं दिल से तुम्हारा आभार मानता हूँ। चलो देर से ही सही तुम्हें यह

अहसास तो हुआ कि इस कैम्प में तुम बिना मेरे सहयोग के कुछ भी हासिल नहीं कर सकती।

ऐसी बात नहीं है आदित्य, तुम गलत समझ रहे हो, मैं तो यहाँ पर एक दोस्त होने का फर्ज निभाने आई थी, मुझे लगा था तुम्हारे दिल का मैल धुल गया होगा। अगर मुझे पता होता कि तुम अपने दिल में अभी तक सूरज और मेरे प्रति विष पाले हुए हो तो यकीन मानो मैं तुमसे मिलने कभी नहीं आती। सिमरन की मुस्कुराहट अब धीरे-धीरे आदित्य के प्रति खीझ में बदलने लगी थी।

आदित्य ने हँसते हुए सिमरन से कहा, कि मैंने कौन-सा तुम्हें यहाँ पर न्योता दिया हुआ है, तुम्हें पता है कि बिना मेरी सहायता के तुम इस कैम्प में दो पल भी नहीं टिक सकती। तुम और भोंदू यहाँ पर सिर्फ दूसरे बच्चों के लिये हँसी का पात्र बनकर रह जाओगे, शायद इस सच्चाई का ज्ञात तुम्हें इस कैम्प में आते ही हो गया होगा। तभी तो मुझसे मदद की भीख माँगने के लिये गिड़गिड़ाने चली आई। सिमरन को आदित्य की बातें बिल्कुल बर्दाश्त नहीं हो रही थीं। वह चाहती तो आदित्य को उसकी जबान में ही समझा सकती थी पर ऐसा करने से उसका मन उसे बार-बार रोक रहा था, क्योंकि वह उस माहौल में समस्त जिला से आए विद्यार्थियों के सामने अपने विद्यालय का नाम कतई खराब नहीं करना चाहती थी।

आदित्य और सिमरन के मध्य यह छोटी-सी नोक-झोंक पहले की तरह अधिक विकराल रूप लेती उससे पहले ही सिमरन ने आदित्य से कहा कि- आदित्य, मैं और सूरज न तो

पहले तुमसे कमजोर थे और न हैं। यहाँ पर इसका अन्दाजा तुम्हें जल्दी ही हो जाएगा। इतनी-सी बात कहने के उपरान्त आदित्य के पास से पुनः सूरज और बाकी दोस्तों की तरफ बढ़ चली। सिमरन के द्वारा कहे गए यह आखिरी वाक्य आदित्य को और अधिक विचलित कर गया। उसका गुस्सा और अधिक बढ़ गया। शायद इसी वजह से वह भी सिमरन को सुनाने के लिये उसके पीछे-पीछे चलते हुए उस जगह पहुँच गया, जहाँ पर सूरज समीर और आरना अपने बाकी दोस्तों के साथ बैठे बातें कर रहे थे।

आदित्य को सिमरन के पीछे-पीछे आते देखकर सूरज ने मुस्कुराते हुए आदित्य की तरफ अपना दोस्ती का हाथ बढ़ा दिया। सूरज का अपनी तरफ दोस्ती का हाथ बढ़ता देखकर आदित्य का क्रोध और अधिक भड़क गया था। उसने सूरज पर तंज कसते हुए सिमरन से कहा, कि सिमरन इस भोंदू से कहो कि मैं दोस्ती का हाथ अपने बराबर वालों से मिलाता हूँ। सिफारिश से होने वाले चयन और भीख में मिले सामान वालों से मैं अपना हाथ मिलाकर अपने हाथ का और अपना अपमान नहीं करना चाहता। आदित्य के द्वारा बोले गए ये कटाक्ष सिमरन के साथ-साथ वहाँ पर उपस्थित आरना, समीर तथा उसके अन्य दोस्तों को भी काफी बुरे लगे।

सिमरन का गुस्सा अब आदित्य के प्रति बढ़ने लगा था। उसने कठोर व तीखे शब्दों में आदित्य का विरोध करते हुए कहा कि- आदित्य, तुम्हारे अन्दर सूरज के प्रति जो भी ईर्ष्या और द्वेष की भावना है, इससे सिर्फ और सिर्फ तुम्हारा ही नुकसान होगा, सूरज का नहीं, और रही बात सूरज की तो एक बात सदैव याद

रखना कि मुझे सदैव यह गर्व रहेगा कि ये भोंदू-सा दिखने वाला नेकदिल लड़का मेरा मित्र है। हम दोनों को तुम्हारे जैसे हठी और ढ़ीठ मित्र की आवश्यकता नहीं है, जो अपने दिल में दूसरों के प्रति द्वेष रखता हो।

सिमरन की ये कड़वी बातें आदित्य के सीने को नुकीले तीर की भाँति भेदती जा रही थीं तथा सिमरन की इन कड़वी बातों से आदित्य का क्रोध और अधिक बढ़ता जा रहा था। सूरज एक मौन दर्शक की भाँति बस आदित्य और सिमरन की बातें सुन रहा था। उसे ऐसा कुछ भी नहीं सूझ रहा था कि ऐसी स्थिति में उसे क्या करना चाहिए।

इधर दूसरी तरफ आदित्य और सिमरन की नोक-झोंक तीव्र रूप ले रही थी, वहाँ कक्ष में उपस्थित अधिकतर विद्यार्थियों का ध्यान उन दोनों के ऊपर ही टिक गया था। बात ज्यादा बढ़ती देख आरना और समीर भी सिमरन के साथ हो लिये।

आरना ने आदित्य की तरफ देखते हुए कहा कि- "ओ मिस्टर अभिमानी, हमने तुम्हें कुमकुम, हल्दी और चावल देकर यहाँ पर आमन्त्रित नहीं किया है कि तुम आओ और हमारे सामने ही हमारे मित्रों का तिरस्कार करो। मुझे नहीं पता कि तुम्हारी सूरज और सिमरन से क्या समस्या है लेकिन मैं यह जरूर कहना चाहूँगी कि बेटा, अब तुम यहाँ से निकल लो वरना ....।

वरना क्या? आदित्य ने आरना से पूछा। वरना ऐसा जबरदस्त घूँसा पड़ेगा कि तुम शायद उसके प्रहार से अपने दाँतों के समूह में से एक-दो दाँत मुफ्त में ही शहीद करवा दोगे। समीर ने अपने

हाथ का मुक्का उसकी तरफ दिखाते हुए कहा। झगड़े की आवाज सुनकर आदित्य के दोस्त भी करीब आ पहुँचे थे। उनमें से एक ने कहा कि अपना हाथ और मुक्का अपने पास रखो, कहीं ऐसा न हो कि यह हाथ कहीं रखने और लिखने-पढ़ने के लायक भी न रहे। जिस पर आरना ने उस लड़के का उपहास उड़ाते हुए कहा कि- ओ मिस्टर बॉडीगार्ड अपने दोस्त को यहाँ से लेकर जाओ यार, क्यों फालतू में इनके साथ-साथ तुम भी अपने दाँतों को शहीद करवाना चाहते हो। आरना के इस उपहास से वहाँ पर उपस्थित बच्चे आदित्य और उसके दोस्तों के ऊपर हँसने लगे। इससे पहले कि वहाँ पर झगड़े की स्थिति और अधिक बढ़ती कैम्प प्रबन्धन के सदस्य भी वहाँ आ गए।

उन सदस्यों ने वहाँ पर विद्यार्थियों की इकट्ठी भीड़ को अलग करते हुए पहले तो सभी बच्चों को शान्त होने का निर्देश दिया। उसके उपरान्त उन सदस्यों में से एक व्यक्ति जिसने स्काउट एण्ड गाइड की ही वर्दी पहन रखी थी, शरीर से लम्बा चौड़ा, चेहरा जिस पर लाल-लाल बड़ी-बड़ी आँखें तथा लम्बी मूँछें उसके सावले रंग को और अधिक खूँखार बना रही थी। वह बच्चों को सम्बोधित करते हुए कहने लगा- "बच्चों! मेरा नाम ज्ञान शंकर चौबे है। इस कैम्प में आप सभी के रहने, भोजन तथा प्रशिक्षण के बन्दोबस्त की पूरी जिम्मेदारी मुझ पर तथा मेरे साथियों पर है। यहाँ पर हम, आप सभी का पूरा ख्याल रखने के लिये प्रतिबद्ध हैं। लेकिन इस कैम्प के कुछ नियम हैं जिनका पालन करना आप सभी विद्यार्थियों के लिये अनिवार्य है, जो कोई भी विद्यार्थी इन नियमों का उल्लंघन करता हुआ पाया गया, उसे उसी क्षण इस कैम्प के प्रशिक्षण से असफल घोषित कर

दिया जाएगा तथा उसे अगले दिन ही इस कैम्प से उसके घर भेज दिया जाएगा। इस वक्त मैं अपने और कैम्प के अन्य सदस्यों की तरफ से आप सभी बच्चों का स्वागत करने के लिये उपस्थित हुआ हूँ। लेकिन यहाँ पर मेरे आने से पूर्व कुछ बच्चों के बीच में जो मतभेद की स्थिति उत्पन्न हुई थी, उस परिस्थिति को देखते हुए मैं आप सभी से एक बात साफ तौर पर कहना चाहता हूँ कि इस कैम्प के दौरान आप सभी के मध्य ऐसी स्थिति दोबारा से न उत्पन्न हो पाए।

स्काउट एण्ड गाइड शान्तप्रिय संस्था है। यहाँ पर हम आपस में लोगों को सेवाभाव व मिल जुलकर रहना सिखाते हैं। अतः मैं चाहूँगा कि आप सभी जब तक यहाँ हैं तब तक स्काउट एण्ड गाइड की मर्यादा का पालन करें। मदर टेरेसा, महात्मा गाँधी तथा स्वामी विवेकानन्द जैसी महान आत्माओं ने हमें जो भी सीख दी है, हमें उस सीख के माध्यम से इस समाज में एक भाईचारा और आपसी प्यार का माहौल स्थापित करने का प्रयत्न करना चाहिए। यही हमारे जीवन का मूल लक्ष्य होना चाहिए। अब मैं आप सभी के समक्ष यहाँ पर प्रशिक्षण के दौरान आप सभी के लिये जो नियम निर्धारित किए गए हैं, उन नियमों से अवगत करवाने जा रहा हूँ। मैं आपको यह भी सूचित कर देना अति आवश्यक समझता हूँ कि अगर कोई भी विद्यार्थी इन नियमों का उल्लंघन करता हुआ पाया गया तो उसे अविलम्ब ही असफल घोषित किया जा सकता है। आप सभी लोगों के लिये बनाए गए नियम निम्नलिखित होंगे:-

(क) कोई भी विद्यार्थी कैम्प के दौरान लड़ाई नहीं करेगा,

न ही अपने साथी को अपमानित करने के लिये उसका उपहास उड़ाएगा।

(ख) यह प्रशिक्षण आप सभी के मध्य एक समन्वय स्थापित करने की एक कोशिश है, अतः मैं आप सभी को यह सूचित कर देना चाहता हूँ कि अगर किसी भी खण्ड के एक भी विद्यार्थी से कोई गलती होती है तो उसकी सजा समूचे खण्ड को भोगना होगा।

(ग) बालक एवं बालिकाएँ प्रशिक्षण के बाद एक-दूसरे के रहने वाले क्षेत्र में नहीं आ सकते।

(घ) आप सभी के खण्डों में एक-एक प्रशिक्षक सदैव मौजूद रहेंगे। आपातकाल में कोई भी समस्या होने पर आप सभी उनसे सम्पर्क कर सकते हैं।

इन नियमों को बच्चों को भली-भाँति समझाने के पश्चात् ज्ञानशंकर चौबेजी ने बच्चों से कहा कि- बच्चों! अब आप सभी अपना-अपना सामान लेकर अपने-अपने खण्ड के कनातों के पास चले जाइए तथा अपने रहने के स्थान को सुनिश्चित करने के उपरान्त आप सभी एक घंटे के बाद भोजन के लिये पधारें। आज आप सभी विश्राम करेंगे तथा कल सुबह से आप सभी का प्रशिक्षण शुरू कर दिया जाएगा। आप सभी के खण्ड प्रतिनिधि, आप सभी को आपके खण्ड की कनातों के पास ही मिलेंगे। आगे से आपके रहने, भोजन और प्रशिक्षण की समुचित व्यवस्था यही प्रतिनिधि करेंगे। बच्चों को निर्देश देने के उपरान्त चौबेजी वहाँ से चले गए तथा उनके जाते ही कक्ष के सभी बच्चे अपना

अपना सामान उठाकर अपने-अपने खण्ड के स्वागत कनात की तरफ चल दिए।

थोड़े ही समय के उपरान्त वह कक्ष पूरी तरह से बच्चों की भीड़ से खाली हो गया तथा अब बच्चे अलग-अलग गुटों में बँट कर खुले मैदान में लगे अपने-अपने खण्ड के सामने लगे स्वागत कनातों के सामने इकट्ठा होने लगे थे। थोड़े ही समय के बाद ही बच्चों की सारी औपचारिकताएँ पूरी हो गई थीं। समस्त औपचारिकताएँ पूरी होने के पश्चात् लड़के अपने-अपने खण्ड के कनातों के सामने तथा लड़कियाँ अपने-अपने खण्ड की कनातों की तरफ बढ़ती चली गईं। सूरज समीर तथा उनके मित्र अपना-अपना सामान लेकर हरे कनातों की तरफ खड़े होकर अपने-अपने सोने की जगह के आवंटन की प्रतीक्षा कर ही रहे थे कि तभी एक मोटी आवाज ने सभी बच्चों का ध्यान अपनी तरफ आकर्षित किया। हरे खण्ड के सभी लड़कों ने जब अपने बायीं तरफ देखा तो पाया कि एक लँगड़ा व्यक्ति अपनी बैसाखियों के सहारे स्काउट एण्ड गाइड की वर्दी पहने मुस्कुराते हुए उन सभी की तरफ बढ़ा चला आ रहा है। लम्बा शरीर, सपाट चेहरा, लम्बी नाक, बाल सलीके से कटे हुए लेकिन बैसाखी की वजह से कमर झुकी हुई थी। अब वह व्यक्ति उन सभी बच्चों के करीब पहुँच चुका था।

बच्चों के पास आने के उपरान्त उस व्यक्ति ने मुस्कुराते हुए सर्वप्रथम सभी बच्चों का अपने खण्ड में स्वागत किया तथा अपना संक्षिप्त परिचय देते हुए कहा, "बच्चों! मेरा नाम कैप्टन शोभित सिंह है, मुझे आप सभी बच्चों की देख-रेख के लिये

इस हरे खण्ड में नियुक्त किया गया है।" कैप्टन शोभित ने अपने बायें हाथ से एक कनात की तरफ इशारा करते हुए कहा कि- बच्चों! मैं हर वक्त इसी कनात में रहूँगा, अगर प्रशिक्षण के दौरान या उसके बाद आप में से किसी को भी कोई तकलीफ हो तो आप मुझे किसी भी समय सूचित कर सकते हैं। अब मैं आप बच्चों का ज्यादा समय न लेकर आप सभी को अपनी तरफ से ढेर सारी शुभकामनाएँ देता हूँ, ताकि आप जिस लक्ष्य को प्राप्त करने यहाँ आए हैं, उसे प्राप्त कर सकें। अपना संक्षिप्त भाषण व परिचय देने के उपरान्त कैप्टन शोभित ने सभी बच्चों को अपने सामान के साथ उनके कैम्प में जाने की अनुमति दे दी।

कनात के अन्दर का दृश्य काफी खूबसूरत और शरीर के अन्दर रोमांच पैदा कर देने वाला था। एक कनात में दायीं तरफ तथा बायीं तरफ दस-दस दोमंजिला पलंगों की व्यवस्था की गई थी, जिसके फलस्वरूप एक कनात में बीस बच्चे ही रह सकते थे। बच्चों के शौच तथा नहाने धोने के लिये कनातों में अलग व्यवस्था की गई थी, जो कि उनके रहने के कनात के समीप ही लगे हुए थे। सामान रखने के लिये पलंगों के साथ-साथ छोटी-छोटी अलमारियों की व्यवस्था भी की गई थी। सूरज ने समीर व उसके दोस्तों के साथ एक ही कनात में अपने रहने की व्यवस्था कर ली थी।

इधर दूसरी तरफ आदित्य अपने अपमान को भुला नहीं पा रहा था। दोपहर को भोजन के दौरान भी जब आदित्य के दोस्तों ने उससे भोजन कक्ष की तरफ चलने को कहा, तो वह अपने दोस्तों से यह कहकर टाल गया कि उसे भूख नहीं है। उसके

दिल के अन्दर सूरज, सिमरन तथा उस अनजान लड़के और लड़की के प्रति प्रतिशोध की ज्वाला धधक उठी थी। वह किसी भी कीमत में उन सभी से अपने अपमान का बदला लेना चाहता था। वहीं दूसरी तरफ सूरज आदित्य के अन्दर धधकती प्रतिशोध की ज्वाला से बेखबर इस नए माहौल में अपने आपको ढालने की कोशिश कर रहा था।

कैम्प का प्रथम दिन - कैम्प में आए सभी विद्यार्थियों के लिये रखा गया था। इसलिए शाम को सभी विद्यार्थियों के लिये स्काउट एण्ड गाइड की तरफ से एक कार्यक्रम आयोजित किया गया था। जिसके फलस्वरूप सभी बच्चे को गुलाबी रंग के खुले कनात में एकत्रित होने को कहा गया था। कार्यक्रम में बच्चों के मनोरंजन के लिये जादू, नृत्य तथा हास्य नाटक की व्यवस्था की गई थी। जब सभी बच्चे शाम को भोजन के उपरान्त कार्यक्रम स्थल पर पहुँचे, उस समय वहाँ की साज-सजावट को देखकर सभी बच्चे काफी प्रसन्न एवं उल्लास से प्रफुल्लित हो उठे थे। दिन की अपेक्षा रात्रि के समय वहाँ का दृश्य किसी स्वर्ग से कम प्रतीत नहीं होता था। चारों तरफ कृत्रिम रोशनियों की जगमगाहट उस जगह को और अधिक भव्य एवं मनोरम बना रही थी। सभी बच्चों के एकत्र हो जाने के उपरान्त वहाँ की भीड़ उस जगह की शोभा को अत्यधिक खूबसूरत और मनोहारी बनाती जा रही थी। चारों तरफ प्रसन्नता का आलम पसरा था।

सभी बच्चों के एकत्र हो जाने के उपरान्त मंच पर ज्ञानशंकर चौबेजी का आगमन हुआ। उन्होंने मंच से सर्वप्रथम सभी बच्चों का स्वागत किया। तदुपरान्त उन्होंने कल से शुरू होने वाले

प्रशिक्षिण की शुभकामनाएँ दीं, उसके उपरान्त मंच से बच्चों का ज्यादा समय न लेते हुए कार्यक्रम का शुभारम्भ करवा दिया। कार्यक्रम के दौरान सभी बच्चे अपने-अपने खण्ड के हिसाब से बैठाए गए थे। जहाँ एक तरफ सूरज, समीर, सिमरन तथा आरना अपने कुछ मित्रों के साथ मदर टेरेसा खण्ड में बैठ कर कार्यक्रम का आनन्द ले रहे थे, वहीं दूसरी तरफ आदित्य भी भगत सिंह खण्ड में अपने दोस्तों के साथ यह विचार कर रहा था कि आखिर किस प्रकार वह सूरज तथा सिमरन से अपने अपमान का बदला ले सकता है। आदित्य के साथ आए दो अन्य पहलवानों के बच्चों ने कहा- आदित्य भाई, आप परेशान न हों, आपका अपमान हमारा भी अपमान है। अतः उन दोनों को सबक सिखाने के लिये आप जो भी योजना बनाएँगे, हम उस योजना में आपके साथ हैं। अपने दोनों साथियों का समर्थन मिलने के उपरान्त आदित्य को काफी सन्तुष्टि मिली थी।

आदित्य ने अपने मित्रों से कहा, कि यहाँ के नियमानुसार तो हम सिमरन एवं उस लड़की का अहित नहीं कर सकते परन्तु अगर हमने किसी प्रकार से सूरज और उसका साथ देने वाले लड़के को सबक सिखा दिया तो उसके फलस्वरूप सिमरन को भी एक सबक मिल जाएगा कि मुझसे उलझने का आखिर क्या परिणाम हो सकता है। लेकिन हम सूरज और उस लड़के को सबक कैसे सिखाएँगे। यहाँ पर हम लोग लड़ाई या झगड़ा नहीं कर सकते हैं, क्योंकि ऐसा करने पर हम लोगों को कैम्प से बाहर भी निकाला जा सकता है। आदित्य के एक मित्र ने आश्चर्य एवं चिन्ता व्यक्त करते हुए आदित्य से यह प्रश्न पूछा था। उस मित्र के प्रश्न पर आदित्य ने कुटिल मुस्कान के साथ

उससे कहा कि जरूरी नहीं कि सदैव अपमान का बदला बल से ही लिया जाए, कभी-कभी बल की अपेक्षा हमारी बुद्धि यह कार्य ज्यादा घातक और सरलता के साथ कर देती है। आदित्य की इस मुस्कुराहट पर उसके साथी ने उसकी तरफ आश्चर्य व्यक्त करते हुए देखा तथा प्रश्नवाचक निगाहों से आदित्य को घूरते हुए कहने लगा- "दोस्त! लगता है कि तुम्हारे दिमाग में कोई योजना चल रही है।"

अपने मित्र के प्रश्न पर आदित्य ने उसके कानों में धीरे से कहा कि भाई योजना तो है लेकिन यह योजना बिना तुम लोगों के पूरी नहीं हो पाएगी। आदित्य की बातों को सुनकर उसके दोनों दोस्तों ने एक साथ कहा- "आदित्य, हम हर परिस्थिति में तुम्हारे साथ हैं। तुम जो भी कहोगे हम दोनों वह तुम्हारे लिये अवश्य करेंगे।" उन दोनों लड़को के मिले साथ ने आदित्य के अन्दर एक अलग प्रकार के जोश को भर दिया।

जहाँ एक तरफ सूरज, आदित्य और उसके दोस्तों के खतरनाक मनसूबों से बेखबर उस कार्यक्रम का आनन्द ले रहा था, वहीं दूसरी तरफ आदित्य और उसके दोस्त सूरज के लिये एक नई मुसीबत खड़ी करने का विचार कर चुके थे।

आदित्य ने अपने दोस्तों से कहा कि इस प्रशिक्षण के दौरान अगर हम किसी तरीके से सूरज को चोर साबित कर दें तो सम्भव है कि इस इल्जाम के फलस्वरूप सूरज को इस कैम्प के साथ-साथ हमारे विद्यालय से भी निष्कासित किया जा सकता है। सिमरन की नजर में भी सूरज का महत्त्व गिर जाएगा। आदित्य ने मुस्कुराते हुए कहा, "इस योजना की मदद से हमारे

एक ही दाँव में बाजी हमारी हो जाएगी। आदित्य की यह योजना उसके दोनों मित्रों को काफी पसन्द आई थी। लेकिन यह काम हम करेंगे कैसे? आदित्य के एक मित्र ने आश्चर्य व्यक्त करते हुए पूछा। उस प्रश्न पर आदित्य ने मुस्कुराते हुए कहा कि दोस्त बस तुम यह पता लगाओ कि सूरज किस कनात में रह रहा है, उसके बाद ही हम अपनी योजना को आगे बढ़ा पाएँगे। सूरज के रहने का पता चलने के उपरान्त ही हम यह योजना कार्यान्वित कर पाने में सफल हो पाएँगे। आदित्य ने अपने एक साथी को सूरज की कनात का पता लगाने की जिम्मेदारी सौंप दी। उसके उपरान्त तीनों कुटिल मुस्कान के साथ कार्यक्रम का आनन्द लेने में व्यस्त हो गए। कार्यक्रम की समाप्ति के उपरान्त सभी बच्चे वापस अपने-अपने कनातों में चले गए थे।

सुबह के समय जब सभी बच्चे व्यायाम के लिये एकत्रित हो रहे थे, उसी समय आदित्य ने अपने मित्रों से कहा कि दोस्तों! हमें अपनी योजना पर आज से ही कार्य प्रारम्भ कर देना चाहिए। सूरज मुझे और हमारे विद्यालय के अन्य विद्यार्थियों को पहचानता है, किन्तु तुम दोनों हमारे विद्यालय के न होने की वजह से वह तुम दोनों से अनभिज्ञ है। हमारी योजना की सफलता के लिये यह जरूरी है कि सर्वप्रथम तुम दोनों उससे मित्रता कर लो, जिसके फलस्वरूप आसानी से सूरज की कनात तक हम लोग पहुँच सकते हैं और अपने कार्य को पूर्ण कर सकते हैं। आदित्य के दोनों मित्र इसके लिये राजी हो गए।

सुबह के व्यायाम के लिये कैम्प के सारे बच्चे खुले मैदान में पहुँच चुके थे तथा अपने-अपने खण्ड के अनुसार स्काउट

एण्ड गाइड की वर्दी पहने पंक्तियों में चरणबद्ध तरीके से खड़े हो गए थे। कैम्प के अन्य कर्मचारी बच्चों को व्यायाम करवाने की तैयारी में लगे हुए थे। चारों तरफ बच्चों की खिलखिलाहट एवं खुशी का आलम पसरा था।

बच्चों की भीड़ को एक साथ व्यायाम करने की वजह से वहाँ का दृश्य काफी मनोरम हो गया था। व्यायाम के दौरान ही आदित्य और उसके दोस्तों ने सूरज के खण्ड का पता लगाना तथा आदित्य के दोस्तों को सूरज से मित्रता करना शेष रह गया था।

आदित्य के दोनों मित्रों ने आदित्य की योजनानुसार सुबह नाश्ते के दौरान सूरज से जान-पहचान बढ़ानी शुरू कर दी थी। इधर दूसरी तरफ आदित्य ने सिमरन और सूरज से अपने किए की माफी माँगते हुए पुनः मित्रता कर ली थी। आदित्य से मित्रता की वजह सूरज और सिमरन दोनों काफी खुश हुए थे लेकिन रातों-रात आदित्य का अचानक से बदला व्यवहार आरना और समीर को थोड़ा परेशान कर रहा था।

कैम्प में सभी बच्चे काफी खुश व प्रसन्न थे, कैम्प के सभी बच्चे कैम्प के सभी कार्यों में बढ़-चढ़कर हिस्सा ले रहे थे। सूरज भी अन्य बच्चों की भाँति कैम्प के हर प्रशिक्षण में तन-मन से जुट गया था। समीर सदैव सूरज को प्रशिक्षण के दौरान सहयोग कर रहा था। सब कुछ सही चल रहा था, तभी एक दिन दोपहर को भोजन अवकाश के दौरान आदित्य के दोनों मित्र सूरज की कनात में आकर, सूरज को अपने साथ अपनी कनात की तरफ ले चलने के लिये हठ करने लगे।

समीर को उन लोगों का सूरज से हठ करना थोड़ा अजीब-सा लगा, लेकिन उन लोगों के बार-बार निवेदन तथा हठ के आगे वह भी कुछ बोल नहीं पाया। तभी अचानक समीर की निगाह उन दोनों में से एक पर पड़ी, वह सूरज के समीप बैठकर चोर निगाहों से न जाने क्या ढूँढ़ रहा था। उसका यूँ बार-बार चारों तरफ देखना- कभी सूरज के साथ उसके बिस्तर पर बैठना तो कभी उठकर खड़े हो जाना, समीर न चाहते हुए भी उसकी तरफ अपना ध्यान केन्द्रित कर रहा था। उन लोगों की बार- बार हठ की वजह से सूरज उनके साथ चलने को तैयार हो गया।

सूरज जब अपने बिस्तर से उठकर कपड़े पहनने लगा तभी उन दोनों में से एक लड़के ने, उस कनात में उपस्थित अन्य बच्चों की निगाहों से बचते हुए अपनी जेब से एक पर्स निकाला तथा उस पर्स को धीरे से सूरज के बिस्तर के नीचे रखने लगा। वह सबकी नजर से तो बच सकता था लेकिन समीर की नजर से बचना उसके लिये थोड़ा कठिन हो गया था।

सूरज तथा उन दोनों लड़को के जाने के उपरान्त समीर ने बिना कोई समय गँवाए, सूरज के बिस्तर के नीचे वहीं पर अपना हाथ डाला जहाँ पर वह लड़का कुछ रख रहा था। समीर को वहाँ पर उस लड़के का पर्स देखकर काफी आश्चर्य हुआ। उसकी समझ में यह नहीं आ रहा था कि आखिर क्यों वह लड़का अपना ही पर्स हम सभी की निगाहों से बचाता हुआ सूरज के बिस्तर के नीचे छुपा रहा था। उस लड़के का ऐसा करने के पीछे आखिर क्या मकसद हो सकता है? समीर ने जब वह पर्स खोलकर देखा तो वह यह देखकर और अधिक आश्चर्य

चकित हो गया कि उस लड़के के द्वारा रखे पर्स में काफी पैसे पड़े थे। समीर अभी इन्हीं पहेलियों में उलझा हुआ था कि तभी कनात के और बच्चे भी समीर के समीप आ गए थे।

समीर ने जब यह घटना अपने कनात के अन्य दोस्तों को बताई तब सभी बच्चों ने एकमत से यही निर्णय लिया कि उन्हें इस घटना के बारे में अपने कैम्प इन्चार्ज को अवश्य बतलाना चाहिए। सभी बच्चों से विचार करने के उपरान्त समीर तथा उसके कुछ साथी उस लड़के के पर्स को ले जाकर अपने कैम्प इन्चार्ज के सुपुर्द कर दिया।

कैप्टन शोभित सिंह ने जब बच्चों से उस पर्स के बारे में जानकारी लेनी चाही तब समीर ने उससे मात्र इतना कहा कि श्रीमान यह पर्स किसी दूसरे खण्ड के विद्यार्थी का है, जो कि हमारे ही खण्ड के एक विद्यार्थी सूरज का मित्र है। वह आज सूरज से मिलने के लिये हमारे कनात में आया था और न जाने क्यों जेब से यह पर्स निकालकर सूरज के बिस्तर के नीचे रखकर चला गया। उस लड़के के द्वारा की हुई यह हरकत हमें सन्देहास्पद लगी, अतः इसी उद्देश्य से हम लोग यह पर्स सीधे आपके पास लेकर आ गए। कैप्टन शोभित सिंह ने उस पर्स को अपने पास रखते हुए बच्चों को उनकी ईमानदारी के लिये शाबाशी दी तथा उन सभी बच्चों को यह निर्देश देते हुए वापस भेज दिया कि यह पर्स वह स्वयं उस लड़के तक लौटा देंगे।

इधर दूसरी तरफ आदित्य तथा उसके साथी सूरज को अपने कनात में बुलाकर उसका आदर-सत्कार कर रहे थे। सूरज को भी आदित्य का यह बदला रूप काफी अच्छा लग रहा था।

उसके दिल में अब यह सन्तुष्टि हो गई थी कि अब आगे उसके जीवन में कोई परेशानी या दुःख नहीं आएगा। लेकिन वह बेचारा तो आदित्य तथा उसके दोस्तों के खतरनाक मनसूबों से अनभिज्ञ था। थोड़ी देर के उपरान्त उन लोगों के पास रुकने के बाद सूरज ने आदित्य और वहाँ के बाकी बच्चों से आज्ञा लेते हुए कहा कि मित्र अब मुझे वापस अपने कनात में चलना चाहिए। मुझे यहाँ पर आप सभी लोगों के साथ काफी समय हो गया है, समीर तथा कनात के बाकी मित्र मेरी राह देख रहे होंगे। सूरज की बातें सुनने के उपरान्त आदित्य और उसके दोस्तों ने सूरज को खुशी-खुशी वापस भेज दिया।

जहाँ एक तरफ सूरज आदित्य के इस बदले व्यवहार से काफी प्रसन्न था वहीं दूसरी तरफ आदित्य तथा उसके मित्र भी इस बात पर खुश थे कि अब वह समय ज्यादा दूर नहीं जब वे सबके सामने सूरज को जलील कर इस कैम्प व विद्यालय से बाहर करवा देंगे। सूरज के जाने के पश्चात् आदित्य ने अपने एक साथी से धीरे से पूछा कि उसने अपना कार्य किया या नहीं? आदित्य के इस प्रश्न पर उसके मित्र ने मुस्कुराते हुए कहा कि मित्र मैंने अपना पर्स सूरज के बिस्तर के नीचे छिपा दिया है, अब हम लोग आसानी से अपनी योजना के अगले चरण को कार्यान्वित कर सकते हैं। आदित्य ने मुस्कुराते हुए अपने साथी से कहा कि दोस्त थोड़ा सब्र रखो, हम अपनी योजना के अगले चरण को आज शाम को कार्यान्वित करेंगे। हमें यह कार्य थोड़ा समय देकर सावधानीपूर्वक करना चाहिए। आदित्य की बातें सुनने के उपरान्त आदित्य तथा उसके साथी हँसते हुए अपनी

कनात से बाहर निकल गए। अब अपनी योजना के दूसरे चरण के लिये शाम का इन्तजार करने लगे।

कैप्टन शोभित सिंह उस पर्स को देखकर यह विचार करने लगे थे कि आखिर क्यों एक लड़का पैसों से भरा हुआ पर्स किसी दूसरे खण्ड के विद्यार्थी के बिस्तर के नीचे छिपा रहा था? जब काफी विचार करने के उपरान्त भी वे किसी निष्कर्ष पर नहीं पहुँचे तब उन्होंने विचार किया कि शाम के भोजन के उपरान्त वे स्वयं उस लड़के को बुलाकर इस बात का पता लगाएँगे। उन्होंने वह पर्स अपनी अलमारी में सहेजकर रख दिया तथा स्वयं वे कैम्प के अन्य कामों में व्यस्त हो गए।

सूरज इन सब बातों से बेखबर जब अपने कनात में पहुँचा तो उस समय समीर तथा उसके दोस्त बेसबरी के साथ कनात में सूरज की ही प्रतीक्षा कर रहे थे। सूरज को देखते ही समीर उसके समीप आ गया तथा सूरज से आश्चर्य से पूछने लगा कि मित्र तुमने उन लड़कों से पैसे तो नहीं माँगे थे? क्योंकि तुम्हारे को बुलाने आए एक लड़के ने चोरी से अपना पर्स छिपाकर तुम्हारे बिस्तर के नीचे रख दिया था। मुझे उन लड़कों की हरकत सन्देहास्पद लगी अतः इसीलिये हमने तुम्हारे जाने के उपरान्त वह पर्स शोभित सर के सुपुर्द कर दिया। सूरज विषस्मय के साथ समीर की तरफ देखता रहा। उसे कुछ भी समझ में नहीं आ रहा था कि इस परिस्थिति में क्या जवाब दे। उसने बस समीर से कहा कि मित्र मैंने कभी भी किसी से पैसे नहीं माँगे। मेरे पास इस कैम्प में अपने खर्च के लिये पर्याप्त पैसे हैं, हो सकता हो कि वह लड़का गलती से अपना पर्स मेरे बिस्तर के नीचे रख

गया हो। वैसे भी तुमने उसका पर्स शोभित सर को देकर अच्छा ही किया, अब स्वयं सर ही उसका पर्स उसे लौटा देंगे। तुम परेशान न हो, सूरज ने मुस्कुराते हुए समीर से कहा तथा उसके दोनों कन्धों को अपने हाथों से हिलाते हुए कहा कि भाई छोड़ न इन बातों को, शाम की कक्षा का वक्त हो चला है, सिमरन तथा आरना हमारी राह देख रही होंगी। उसके उपरान्त सूरज तथा समीर शाम के कैम्प प्रशिक्षण के लिये तैयार होकर कनात से बाहर निकल गए।

आरना सूरज व सिमरन दोनों का, पहले से ही प्रशिक्षण स्थल पर इन्तेजार कर रही थी। सूरज तथा समीर को देखते ही आरना ने शिकायत भरे लहजे में उनसे कहा कि आज बड़ी देर कर दी तुम लोगों ने आने में। आरना के इस प्रश्न पर सूरज जहाँ एक तरफ शान्त खड़ा मुस्कुरा रहा था वहीं समीर ने आरना और सिमरन को दोपहर में घटित घटना के बारे में बताते हुए कहा कि आज हमें इन जनाब की वजह से देर हुई है, आजकल इनके मित्रों की तादाद दिन दुगुनी तथा रात चौगुनी रफ्तार से बढ़ रही है। समीर के इस व्यंग्य पर सभी हँस पड़े। सिमरन ने समीर का समर्थन करते हुए कहा कि चलो अच्छा है कम से कम भोंदू ने यहाँ पर नए मित्र तो बनाना सीख ही लिया। सिमरन की बातों पर सभी खिलखिलाकर हँस दिये थे।

समीर ने जब सिमरन तथा आरना को दोपहर की घटना के बारे में बताया तब आरना का व्यवहार तो सामान्य था किन्तु सिमरन, समीर के द्वारा बताए हुए घटना की बात सुनकर किसी सोच में डूब गई थी। आरना ने सिमरन को झकझोरते हुए पूछा–

सिमरन अब तुझे क्या हुआ, अभी तक तो भली-चंगी-सी थी, लेकिन अब अचानक से किन ख्यालों में खो गई? कुछ पल मौन रहने के पश्चात् सिमरन ने समीर से कहा कि समीर तुम्हारे द्वारा बताए हुए घटना के उपरान्त मुझे कुछ अजीब-सा महसूस हो रहा है। कहीं इस घटना के पीछे आदित्य की कोई चाल तो नहीं, आदित्य की चाल! आरना ने आश्चर्य से सिमरन की तरफ देखते हुए पूछा। सिमरन ने आरना तथा समीर की तरफ देखा और कहने लगी कि मैं आदित्य को बहुत अच्छे से जानती हूँ वह अपने प्रतिद्वन्द्वी को हराने व नीचा दिखाने के लिये कभी-कभी छल का भी सहारा लेता है। मैं एवं आदित्य काफी समय से मित्र होने की वजह से, मैं उसके इस व्यवहार को बहुत ही बेहतर तरीके से समझ सकती हूँ। अचानक से उसके क्रोध का शान्त होना तथा सूरज से एवं मुझसे मित्रता करना मुझे थोड़ा अजीब-सा लगा था। लेकिन आज जो तुमने हमें घटना बतायी उसके उपरान्त सूरज को लेकर मेरा मन थोड़ा व्याकुल-सा हो रहा है। सिमरन की बातों को सुनने के उपरान्त समीर ने मुस्कुराते हुए उससे कहा कि- "सिमरन! तू फालतू में परेशान हो रही है एवं अपने मन को अधीर कर रही है। आदित्य अगर सूरज के खिलाफ कोई भी कुचक्र रचेगा तो उसको सर्वप्रथम हमसे टकराना होगा।"

सूरज अपने दोस्तों की बातें सुनने के पश्चात् मन ही मन उनके प्रति कृतज्ञ महसूस कर रहा था तथा ऊपर वाले को मन ही मन धन्यवाद दे रहा था कि उसने ऐसे दोस्तों का साथ देकर उसके जीवन पर बहुत बड़ा उपकार किया है। किसी ने सत्य ही कहा है- "ईश्वर ने अधिकतर महत्त्वपूर्ण रिश्ते हमारे जन्म के साथ ही प्रदान किये हैं, परन्तु मित्रता एक ऐसा पवित्र रिश्ता है

जिसका चुनाव मनुष्य स्वयं अपनी इच्छा से एवं अपने विवेक के साथ करता है।" सूरज अपने दोस्तों के साथ अपने आपको सहज एवं सुरक्षित महसूस कर रहा था।

इधर दूसरी तरफ कैप्टन शोभित सिंह ने उस लड़के को अपने पास बुलवा लिया था, जिसका पर्स समीर ने उनको दिया था। जब आदित्य का वह दोस्त शोभित सर के कमरे में पहुँचा तब वह अपनी कनात में अकेले ही बैठे उसकी प्रतीक्षा कर रहे थे। सामने उनकी मेज पर अपना पर्स देखकर उस लड़के के चेहरे का रंग उतर-सा गया था। उसके कनात में पहुँचते ही शोभित सर ने सामने लगी कुर्सी पर उसे बैठने का निर्देश दिया तथा उसके पर्स को उसके सामने खिसकाते हुए उससे पूछा- बेटा! क्या यह पर्स आपका है? उस लड़के ने विनम्रतापूर्वक सर के प्रश्न पर हाँ में अपना सिर हिला दिया। उस लड़के के द्वारा हाँ में उत्तर मिलने के पश्चात्, शोभितजी ने उस लड़के से थोड़ी कठोर वाणी में पूछा- "क्या आप बता सकते हैं कि आपने अपना यह पर्स किसी दूसरे खण्ड के बच्चे के बिस्तर के नीचे क्यों छिपाया।" शोभितजी के इस प्रश्न का उत्तर उस लड़के के पास नहीं था। शायद इसी वजह से वह अपनी नजरें नीची किए हुए मौन अवस्था में बुत की तरह खड़ा हो गया था। उस लड़के के मौन रहने पर शोभितजी ने अपना व्यवहार उसके प्रति और अधिक कठोर करते हुए कहा कि कोई व्यक्ति अपना सामान कहीं पर भूल सकता है, लेकिन अगर कोई व्यक्ति अपना सामान दूसरों की नजरों से छिपाकर किसी दूसरी जगह छिपाने की चेष्टा करता है तो उसकी इस हरकत से साफ जाहिर होता है कि या तो वह सामान चोरी का है अन्यथा उसे उसके सामान

के चोरी होने का डर है। अगर इन दोनों बातों पर गौर किया जाए तो इससे यही निष्कर्ष निकलता है कि या तो इस पर्स के अन्दर रखा रुपया तुमने कहीं से चुराया है या फिर तुम्हें किसी ऐसे विद्यार्थी के बारे में ज्ञात है जो यह पैसा चुरा सकता है। अगर तुमने मुझे सत्य नहीं बताया तो मैं यही मानूँगा कि तुमने इस पर्स के पैसे कहीं से चुराए हैं तथा अपनी चोरी को छिपाने के लिये तुमने यह पर्स अपने खण्ड से दूर हमारे खण्ड के एक विद्यार्थी के बिस्तर के नीचे छिपाने का प्रयास किया है। शोभितजी की बातों को सुनकर उस लड़के का चेहरा और अधिक पीला पड़ने लगा था।

उस लड़के को थोड़ा घबराया देख, शोभितजी को यकीन हो गया था कि कहीं कुछ गड़बड़ जरूर है। अतः उन्होंने और अधिक कठोर शब्दों में उस लड़के को डपटते हुए उससे पूछा– "अगर तुम इसी प्रकार से अधिक चुप रहे तो मजबूरन मुझे तुम्हारी शिकायत उच्च अधिकारियों से करनी होगी, जिसके फलस्वरूप तुम्हें इस कैम्प के साथ–साथ तुम्हारे विद्यालय से भी निष्कासित किया जा सकता है। शोभितजी के इस प्रकार डराने की वजह से, जब उस लड़के की आँखों में अपना निष्कासन साफ तौर पर नजर पर नजर आने लगा तब वह डर की वजह से रोने लगा तथा रोते हुए उसने शोभितजी से माफी माँगते हुए आदित्य के द्वारा गढ़ी सारी योजना उन्हें बता दी। उस लड़के के मुख से सारी कहानी सुनने के बाद शोभितजी एक लम्बी साँस लेते हुए कहने लगे– "तुम्हें पता है अगर तुम लोग अपनी योजना में सफल हो जाते तो उसकी वजह से तुम्हें तो मात्र खुशी महसूस होती लेकिन तुम्हारी मात्र एक गलत हरकत की वजह

से एक बच्चे का आगे का भविष्य खत्म हो जाता। उस लड़के को वहीं पर रोककर उन्होंने आदित्य व उसके दोस्त तथा समीर, सिमरन एवं सूरज को अपने पास बुला लिया। बीच प्रशिक्षण के दौरान जब इन बच्चों को शोभित सर के समक्ष पेश होने को कहा गया तब आरना अपने आपको रोक न सकी तथा वह भी सिमरन के साथ-साथ शोभित सर की कनात की तरफ बढ़ चली।

कुछ समय के उपरान्त ही सारे बच्चे शोभित सर के समक्ष खड़े थे। सिमरन, आदित्य और उसके दोस्तों का उतरा हुआ चेहरा देखते ही समझ गई थी कि जरूर इन लोगों ने कुछ खुराफात किया होगा, जिसके फलस्वरूप उन्हें भी इस प्रकार बुलाया गया होगा। सारे बच्चों के पहुँच जाने के उपरान्त शोभित सर ने वह पर्स पुनः सबके सामने अपनी मेज पर रखते हुए उस लड़के एवं आदित्य की तरफ देखते हुए पूछा, “क्या यही योजना थी तुम दोनों की।” शोभित सर के इस विचित्र प्रश्न से जहाँ एक तरफ आदित्य एवं उस लड़के का चेहरा डर की वजह से पीला पड़ गया था। वहीं दूसरी तरफ सूरज, सिमरन, आरना एवं समीर आश्चर्य के साथ कभी शोभित सर को तो कभी उन दोनों को देख रहे थे। आदित्य एवं उसका दोस्त अपना सिर झुकाए अब भी मौन खड़े थे। शर्म एवं डर की वजह से उन दोनों के मुख से एक भी शब्द नहीं निकल पा रहा था। उन दोनों की आँखों से प्रायश्चित्त के अश्रु बह निकले थे। शोभित सर की यह बात सुनने के बाद सूरज के साथ-साथ समीर, सिमरन एवं आरना का चेहरा भी आश्चर्य एवं एक अनजाने भय के साथ उतर गया। शोभितजी ने आदित्य और उसके साथी की तरफ

देखते हुए कहा कि अगर मैं चाहूँ तो इसी वक्त तुम लोगों के द्वारा किए हुए घृणित कार्य के लिये तुम्हारी शिकायत उच्च अधिकारियों से करके तुम्हें इस कैम्प से निष्कासित करवा सकता हूँ। परन्तु मैं ऐसा नहीं करूँगा क्योंकि मेरे द्वारा उठाए गए इस एक कदम से तुम्हारा भविष्य भी खतरे में पड़ जाएगा और सम्भव है कि आगे तुम्हें इस भूल की वजह से और अधिक कष्ट भोगना पड़े। शोभित सर से यह वाक्य सुनने के पश्चात् आदित्य तथा उसके साथी का डर थोड़ा कम हुआ, किन्तु अभी भी वे वैसे ही जड़वत अवस्था में अपनी निगाहें नीचे की तरफ झुकाए खड़े थे। शर्मिन्दगी एवं पछतावे की वजह से दोनों की आँखों से आँसू फूट पड़े थे।

उनकी हालत को देखकर शोभित जी ने वहाँ पर खड़े सभी बच्चों को समझाते हुए कहा कि–

बच्चों आप सभी देश का भविष्य हैं, इस प्रकार अगर आप अपने दिलों में द्वेष की भावना को भरकर रखेंगे तो यह कड़वाहट आपके साथ–साथ इस देश को भी खोखला कर देगी। आप अपने मन के अन्दर कैसा विचार रखते हैं, यह आपके ऊपर निर्भर करता है, लेकिन आपके विचार उस दर्पण के समान होते हैं, जो देर–सबेर आपका प्रतिबिम्ब समाज को दिखाता रहता है। उदहारण के तौर पर अगर आप झगड़ालू हैं तो समाज में आपकी छवि एक झगड़ालू इन्सान की ही बनेगी। अत: अगर आपको जीवन में सफल होना है तो सर्वप्रथम अपने विचारों को उत्तम बनाओ।

आदित्य आज आपकी ईर्ष्या की वजह से ही आप अपने मित्रों के समक्ष यूँ शर्मिन्दा होकर खड़े हैं। आपको पता होना

चाहिए कि मित्रता त्याग माँगती है, वक्त-वक्त पर दोस्ती का इम्तहान भी लेती है। दोस्ती या कोई भी रिश्ता बनाए रखने के लिये निष्ठा तथा समझदारी की आवश्यकता पड़ती है। स्वार्थ की भावना दोस्ती को तोड़ देती है। सच्चे दोस्त कभी अपने दोस्तों का नुकसान नहीं चाहते। सच्ची दोस्ती जितना लेती है, उससे ज्यादा देती है। लेकिन आज तुम्हारे मन की ईर्ष्या ने इस पवित्र रिश्ते को कलंकित कर दिया। एक बात तुम लोग सदैव याद रखना कि सच्ची दोस्ती एक दूसरे की इज्जत पर आधारित होती है। सच्चे दोस्त वे लोग होते हैं जिनके मन में एक-दूसरे के लिये भलाई होती है तथा वे उसी हिसाब से काम करते हैं।

सिमरन तथा समीर ने जब सूरज से मित्रता की थी तब तुम्हारी ईर्ष्या और अधिक बढ़ गई लेकिन तुम्हें यह सोचना चाहिए था कि सच्ची दोस्ती में मदद करना एक-दूसरे का एहसान नहीं होता है। यह मित्रता की सहज अभिव्यक्ति होती है। उसका मकसद नहीं।

बच्चों को यह सब समझाने के उपरान्त कैप्टन शोभितजी ने आदित्य एवं उसके दोस्तों को एक आखिरी मौका देते हुए तो माफ कर दिया था किन्तु शोभित सर ने सभी बच्चों को अपने कक्ष से बाहर भेजते हुए यह सख्त हिदायत भी दी कि अगर पुनः इस प्रकार की गलती किसी ने दोहराने की कोशिश की तो वे इस बार सख्त से सख्त निर्णय लेंगे।

शोभित सर के द्वारा मिली इस चेतावनी के पश्चात् जहाँ एक तरफ आदित्य एवं उसके साथी काफी सहम गए थे, वहीं दूसरी तरफ आरना, सिमरन एवं समीर, सूरज के लिये भविष्य में आने वाली चुनौतियों एवं साजिशों के लिये बहुत चिन्तित थे।

शोभित सर की डाँट खाने के पश्चात् जब सभी उनके कक्ष से बाहर निकले तो सिमरन अपने अन्दर उठे क्रोध के बवंडर को शान्त नहीं कर पा रही थी। उसके अन्तर्मन में कई ऐसे प्रश्नों का तूफान उठ रहा था, जिसको सिर्फ आदित्य के उत्तर ही शान्त कर सकते थे। शायद इसी वजह से अपने मन के अन्दर घृणा एवं क्रोध के तूफान को लिये वह कक्ष से बाहर निकलते ही, आदित्य के सामने जाकर खड़ी हो गई। आदित्य सहसा सिमरन को अपने सामने खड़ा देख, थोड़ा सकुचा-सा गया था। जहाँ एक तरफ क्रोध के कारण सिमरन की आँखें आदित्य को घूर रही थी, वहीं दूसरी तरफ अपने द्वारा किए गलत व्यवहार की वजह से, आदित्य सिमरन से अपनी आँखें नहीं मिला पा रहा था।

सिमरन ने क्रोधित स्वर में आदित्य के द्वारा रचे गए घृणित षड्यन्त्र की असफलता के लिये तंज कसते हुए कहा- "आदित्य तुम जीवन में अब कभी भी हम लोगों की दोस्ती को प्राप्त नहीं कर सकोगे। आज तुमने सूरज के लिये जो घृणित चाल सोची थी, वह चाल तो तुम्हारी असफल हो गई, किन्तु एक बात मैं तुमसे अवश्य कहना चाहूँगी कि सूरज अब अकेला नहीं है, उसके साथ हम सभी हैं और जब तक हम सूरज के साथ हैं तुम उसका कुछ नहीं बिगाड़ सकते। मुझे इस बात का सदैव अफसोस रहेगा कि कभी तुम जैसा संकुचित मानसिकता वाला व्यक्ति भी मेरा मित्र रहा है। सूरज तुम्हें माफ कर सकता है, किन्तु मैं तुम्हें कभी माफ नहीं करूँगी।" सिमरन के मुख से निकले ये कठोर वचन, आदित्य के अन्तर्मन को भेदकर निकल गए थे। उसके मुख से एक भी शब्द नहीं निकल पाया था।

परन्तु उसकी आँखों से बहते हुए आँसू, इस बात का पर्याय थे कि इस समय उसका हृदय किस कदर चोटिल है।

उस रात आदित्य पूरी रात सो नहीं पाया था। शोभित सर और बाकी मित्रों के द्वारा आज जिस प्रकार उसे अपमानित होना पड़ा था, उस अपमान की वेदना उसे अत्यधिक चोटिल कर गई थी। किसी प्रकार उसने करवटों में रात काटी, तथा सुबह के समय जब वह कैम्प ग्राउण्ड पर पहुँचा तब उस समय ऐसा प्रतीत हो रहा था, कि वहाँ पर उपस्थित समस्त बच्चे जैसे उसका ही उपहास उड़ा रहे हों। ऐसी परिस्थिति में उसका उन बच्चों के मध्य रहना काफी असहनीय हो रहा था। वह कैम्प से भाग जाना चाहता था, लेकिन अपने पिता को दिए वचन को वह नहीं तोड़ सकता था। इधर दूसरी तरफ समीर, आरना एवं सिमरन की क्रोधित निगाहें बार-बार आदित्य को उसकी असफलता का बोध कराकर तिरस्कृत कर रही थीं।

इस घटना के पश्चात् इस कैम्प में प्रथम स्थान प्राप्त कर राष्ट्रपति से पुरस्कार प्राप्त करना अब सूरज एवं आदित्य दोनों का मकसद बन गया था। जहाँ एक तरफ आदित्य को यह पुरस्कार जीतकर सिमरन तथा अपने साथियों को यह सिद्ध करना था कि वह इतना भी बुरा नहीं है जितना कि वे लोग समझते हैं, तो वहीं दूसरी तरफ सूरज इस पुरस्कार को जीतकर अपने माता-पिता के सपने तथा अपने साथियों के विश्वास को और मजबूत करना चाहता था। दोनों का मकसद भले ही अलग हो किन्तु लक्ष्य एक ही था और उस लक्ष्य को प्राप्त करने के लिये दोनों जी-जान से जुट गये थे।

अन्ततः कैम्प अपने अन्तिम पड़ाव की तरफ अग्रसित हो चुका था, अब कैम्प में प्रशिक्षण का दौर समाप्त हो गया था, अन्तिम चरण में कैम्प की परीक्षाएँ शुरू हो गई थीं। कैम्प की परीक्षा को तीन दिन में विभाजित किया गया था। इन तीन दिनों में कैम्प के प्रत्येक विद्यार्थी को यह सिद्ध करना था कि उसके अन्दर स्काउट एण्ड गाइड के द्वारा सिखाए गए सेवाभाव के गुण मौजूद हैं तथा इन्हीं गुणों में श्रेष्ठ विद्यार्थियों को स्काउट एण्ड गाइड के अगले चरण के लिये पंचमढ़ी भेजा जाएगा।

सेवा भावना की परीक्षा चूँकि बन्द कक्षा में कागजों पर नहीं ली जा सकती। शायद इसी वजह से कैम्प की परीक्षा हेतु शहर के रेलवे स्टेशन, वृद्धाश्रम, सरकारी अस्पताल एवं बस अड्डे चुने गए थे। इन सभी स्थानों पर कैम्प में उपस्थित सभी बच्चों को अलग-अलग टुकड़ियों में बाँटकर तीन दिन के लिये भेज दिया गया। जहाँ पर उन्हें जाकर जरूरतमन्दों की सेवा करनी थी। कैम्प में मौजूद अलग-अलग खण्डों के विद्यार्थियों को नियमानुसार सेवा स्थल घोषित कर दिया गया था। उन स्थलों पर श्रेष्ठ एवं उत्कृष्ट कार्य करने वाले विद्यार्थियों को चुनकर आगे पंचमढ़ी के लिये भेजा जाना था। चारों खण्डों के विद्यार्थियों को जिन स्थानों पर सेवा हेतु विभाजित किया गया था वह कुछ इस प्रकार था-

महात्मा गाँधी खण्ड- रेलवे स्टेशन पर यात्रियों की मदद

मदर टेरेसा खण्ड- वृद्धाश्रम में वृद्धों की देखभाल करना।

भगत सिंह खण्ड- अस्पताल में जरूरतमन्द मरीजों की सेवा करना

टीपू खण्ड- बस अड्डे पर जरूरतमन्द यात्रियों की मदद करना

जहाँ एक तरफ सूरज तथा उसके साथियों को वृद्धाश्रम में जाकर असहायों एवं वृद्धजनों की सेवा करनी थी, वहीं दूसरी तरफ आदित्य को अपने अन्य साथियों के साथ जाकर अस्पताल में असहायों एवं दु:खी मरीजों के दिलों को जीतना था। यह भविष्य में आने वाले तीन दिन कैम्प में उपस्थित सभी बच्चों के लिये काफी महत्त्वपूर्ण थे, क्योंकि आने वाले इन तीन दिनों में उन सभी को अपने अन्दर मौजूद सेवाभावना को श्रेष्ठ सिद्ध करना था। सभी बच्चे अपने-अपने तरीके से इस परीक्षा को उत्तीर्ण कर अपना नाम श्रेष्ठ विद्यार्थियों में अंकित करवाने हेतु अपने मन को पहले से मजबूत कर चुके थे।

अगले दिन प्रात:काल में ही सभी विद्यार्थियों को निर्धारित स्थानों के लिये बस में बैठाकर रवाना कर दिया गया। सभी विद्यार्थियों के साथ कैम्प के स्काउट एण्ड गाइड के प्रतिनिधि भी मौजूद थे। जो बच्चों द्वारा की जा रही क्रियाकलापों पर नजर रख सकें। तय किए हुए स्थान पर जब विद्यार्थी पहुँचे तो उस समय प्रत्येक विद्यार्थी अपने मन के अन्दर दूसरों की सेवा करके विजेता बनने का प्रण ले चुका था। इसी क्रम में जहाँ सूरज को अपने साथियों के साथ वृद्धाश्रम में असहाय बुजुर्गों के दिल को जीतना था वहीं दूसरी तरफ आदित्य एवं उसके साथियों को बीमार एवं असहाय मरीजों की सेवा कर अपने सेवाभाव का नया कीर्तिमान स्थापित करना था। उस समय हर बच्चा एक नए ही जोश से अपने आपको प्रफुल्लित महसूस कर रहा था।

वृद्धाश्रम में जब सूरज अपने साथियों के साथ वहाँ पहुँचा तो वहाँ पर काफी मात्रा में असहाय बुजुर्गों को देखकर एक पल के

लिये सूरज के साथ-साथ अधिकतर बच्चों की आँखें उन बेसहारों के प्रति वात्सल्य एवं निश्छल प्रेम की वजह से भर आई थीं। एक पल के लिये सूरज के मन में एक ख्याल आया कि क्या यही नियति है, इन बुजुर्गों की? जिनके अपनों ने ही इनका परित्याग कर दिया। कैसे निष्ठुर होंगे वे बच्चे जो अपने माँ-बाप को इस हाल में भेजने को तैयार हो जाते हैं। क्या एक पल के लिये भी ऐसे बच्चों को ख्याल नहीं आया होगा कि नियति ने ऐसा ही एक दिन उनके लिये भी चुना होगा। ऐसे बच्चे जो अपने माँ-बाप के नहीं हुए वे गाँव-समाज अथवा देश के हितैषी कैसे हो सकते हैं। ऐसे ही न जाने और कितने प्रश्न वहाँ पर उपस्थित कई नन्हे दिमागों में आ-जा रहे थे, जिनका हल शायद उस आश्रम में उपस्थित किसी के पास भी नहीं था। आश्रम के प्रबन्धक ने सभी बच्चों का स्वागत करते हुए उन्हें सर्वप्रथम पूरा आश्रम दिखलाया तथा आश्रम में उपस्थित सभी बुजुर्गों से एक-एक कर बच्चों का परिचय भी करवाया। बच्चों को आने वाले तीन दिनों तक इन्हीं बुजुर्गों के मध्य रहकर उनका दिल जीतना था। वहाँ पर उपस्थित अधिकतर बुजुर्ग अपने मध्य इन बच्चों को पाकर काफी हर्षित महसूस कर रहे थे किन्तु कुछ ऐसे भी थे जो अपने अन्धकारमय जीवन के आदी हो चुके थे तथा वे अपने इस शून्य जीवन में अन्य किसी भी प्रकार का बदलाव नहीं चाहते थे। चेहरे पर क्रोध एवं एकान्त रहना इनकी आदत ही नहीं अब इनकी नियति बन गई थी।

ऐसे ही एक बुजुर्ग श्री रघुवीरजी भी थे। जिनके चेहरे पर अपनों से बिछुड़ने का गम एवं धोखे की झलक साफ तौर पर दिखाई पड़ती थी। अपने बच्चों तथा सगे सम्बन्धियों द्वारा इस

कदर उन्होंने धोखा व जलालत झेला था कि अब उन्हें ख़ुशी या सहानुभूति से डर लगने लगा था। जहाँ वृद्धाश्रम के अन्य लोग इन बच्चों को अपने मध्य देखकर हर्ष से प्रफुल्लित हो रहे थे, वहीं दूसरी तरफ रघुवीरजी ने अपने आपको एक कोठरी में बन्द कर लिया था। स्वभाव से चिड़चिड़े व गुस्सैल होने की वजह से ही उस वृद्धाश्रम के प्रबन्धक ने वहाँ पर आए सभी बच्चों को उनसे दूर रहने की विनती की थी। प्रबन्धक के द्वारा आश्रम में उपस्थित सभी बच्चों को यह खास हिदायत दी गई थी कि वे रघुवीरजी तथा उनकी कोठरी की तरफ जाकर उनसे न तो कोई बात करेंगे न ही उस कोठरी में कोई सेवा कार्य करेंगे। स्काउट एण्ड गाइड की तरफ से समस्त बुजुर्गों हेतु मिठाइयाँ एवं उपहार वितरित किए जा रहे थे, जिसे स्वयं बच्चे अपने हाथों से बुजुर्गों को दे रहे थे। उपहार वितरण के पश्चात् सभी बच्चों ने सर्वप्रथम उस आश्रम में साफ-सफाई का कार्य सँभाला, जिसमें कुछ बच्चे आश्रम के बाहरी हिस्से की तो कुछ ने आश्रम में रह रहे बुजुर्गों के कक्ष की जिम्मेदारी सँभाली थी। इसी क्रम में सिमरन तथा आरना को आश्रम की पाठशाला की सफाई की जिम्मेदारी सौंपी गई थी। पाठशाला आश्रम के एक कोने पर स्थित थी, जिसके कोने पर स्थित कक्ष में ही रघुवीरजी का कक्ष भी था। रघुवीरजी अधिकतर अपना कक्ष बन्द ही रखते थे ताकि कोई भी व्यक्ति उनके एकान्त में खलल न डाल सके। वह मात्र भोजन व दवाइयों को लेने हेतु ही कक्ष से बाहर निकलते तथा शेष समय वह अपनी दुनिया में खोए हुए समय व्यतीत करते।

पाठशाला की साफ-सफाई करते हुए जब आरना एवं सूरज पाठशाला के उस हिस्से में पहुँचे जहाँ पर रघुवीरजी का कक्ष

था, तब उन्हें कक्ष के अन्दर से किसी व्यक्ति के लगातार खाँसने की आवाज आ रही थी। वैसे तो रघुवीरजी अधिकतर समय अपना कक्ष अन्दर से बन्द ही रखते थे, किन्तु उस दिन मिठाई वितरण की वजह से शायद कुछ पल के लिये बाहर निकलने के उपरान्त वह अपने कक्ष को अन्दर से बन्द करना भूल गए थे। लगातार खाँसी की आवाज सुनकर सूरज का मन अनायास ही रघुवीरजी की तरफ खिंचने लगा था। निर्देशों के बावजूद सूरज अपने कदम को उस कक्ष की तरफ जानें से नहीं रोक पाया था। लगातार खाँसी की वजह से रघुवीरजी का दम फूल रहा था। पाठशाला की सफाई के कार्य को छोड़कर सूरज दौड़ते हुए रघुवीरजी के कक्ष में प्रवेश किया। कक्ष में प्रवेश करते ही सर्वप्रथम उसने एक गिलास पानी लेकर रघुवीरजी को पानी पिलाया और पीठ सहलाने लगा। सूरज के ऐसा करने के बाद अब रघुवीरजी अपने को थोड़ा सहज महसूस कर रहे थे।

सूरज ने जब कक्ष को अन्दर से देखा तो वह चारों तरफ अंधकारमय गर्द में खोया हुआ, पूरे कक्ष में सड़न एवं बदबू व सामान की अस्त-व्यस्तता की वजह से माहौल में एकदम घुटन-सी प्रतीत हो रही थी। कक्ष की इस अस्त-व्यस्त दशा को देखकर अच्छे-खासे स्वस्थ व्यक्ति भी बीमारी की चपेट में आने से अपने आपको नहीं बचा पाएगा। फिर ऐसी स्थिति में रघुवीरजी जैसे वृद्ध एवं शारीरिक रूप से निर्बल व्यक्ति का बीमार होना तो स्वाभाविक ही था। जब रघुवीरजी सूरज के द्वारा पानी पिलाने एवं पीठ सहलाने से थोड़े ठीक हुए तब सूरज बिना उनकी अनुमति के ही उनके कक्ष की सफाई में जुट गया। रघुवीरजी अपने कक्ष के अन्दर किसी अनजान बच्चे को इस

प्रकार घुसकर सफाई करता देख अपने क्रोधित स्वभाव पर अंकुश नहीं लगा पाए तथा क्रोध में तमतमाते हुए लगभग सूरज के हाथों से सफाई का सामान छीनकर नीचे फर्श पर पटक दिया। उन्होंने लगभग चीखते हुए कर्कश आवाज में सूरज को डाँटकर अपने कक्ष से निकाल दिया। रघुवीरजी की डाँट इस कदर भयावाह थी कि उसके प्रभाव से सूरज पूरी तरह से भय से काँपने लगा था। उसकी आँखों से अनायास ही अश्रु की धारा बह निकली थी। इससे पूर्व सूरज ने कभी किसी के द्वारा इस कदर डाँट नहीं खाई थी। शायद इसी वजह से उसका दिल भारी हो गया था। आँखों में अश्रु लिये दु:खी मन से सूरज रघुवीरजी के कक्ष से बाहर निकल आया था। अभी वह कक्ष से थोड़ी दूर गया होगा कि तभी रघुवीरजी के कक्ष से उनकी चीख के साथ गिरने की आवाज आईं। चीख और गिरने की आवाज की वजह से सूरज एक बार पुनः अपने आपको उस कक्ष की तरफ जाने से नहीं रोक पाया था। रघुवीरजी के द्वारा मिले तिरस्कार को भूलकर एक बार पुनः वह कक्ष की तरफ चला था। कक्ष के दरवाजे पर पहुँचते ही अनायास ही उसके कदम रुक से गए थे। सूरज को यह समझ नहीं आ रहा था कि वह ऐसी परिस्थिति में क्या करे। कहीं अन्दर जाकर वह एक बार पुनः रघुवीरजी के क्रोध का भागी न बन जाए। अजीब-सी असमंजस की स्थिति अब सूरज के सामने उत्पन्न हो गई थी। रघुवीरजी की फटकार और तिरस्कार भरी बातें जहाँ एक तरफ सूरज के कदमों को अन्दर जाने से रोक रही थीं, वहीं दिल के अन्दर किसी भी परिस्थिति में दूसरों की सेवा की भावना उसे बार-बार कक्ष के अन्दर जाकर रघुवीरजी की मदद के लिये प्रेरित कर रही थी।

काफी सोच-विचार के उपरान्त अन्ततः सूरज ने रघुवीरजी की मदद करने का निर्णय लिया। जैसे ही वह कमरे में दाखिल हुआ तभी रघुवीरजी की चीख की आवाज सुनकर आरना एवं अन्य बच्चे भी अब रघुवीरजी के कक्ष तक पहुँच गए थे।

बिना कोई विलम्ब किए सूरज एवं उसके दोस्तों ने वृद्धाश्रम के प्रबन्धक और अन्य उपस्थित व्यक्तियों की मदद से रघुवीरजी को तुरन्त पास के एक अस्पताल में पहुँचा दिया था। बच्चों के द्वारा उचित समय पर की गई कार्यवाही की वजह से रघुवीरजी की जान उचित समय पर बचा ली गई थी।

सूरज एवं उसके साथियों ने रघुवीरजी की सेवा में कोई कसर बाकी नहीं रखी थी। सर्वप्रथम रघुवीरजी के अस्पताल जाते ही सूरज ने अपने कुछ साथियों के साथ मिलकर उनके कक्ष की साफ-सफाई का ध्यान रखा तथा इसके साथ-साथ ही अस्पताल में रघुवीरजी की सेवा का पूरा दायित्व भी सूरज तथा उसके साथियों ने इस कदर निभाया था जैसे कि रघुवीरजी उनके परिवार के अहम सदस्य हों। सूरज, सिमरन, आरना एवं समीर के इस निःस्वार्थ सेवाभाव की वजह से ही शायद उनका चयन स्काउट एण्ड गाइड की तरफ से पंचमढ़ी के लिये कर लिया गया था।

इधर दूसरी तरफ आदित्य एवं उसके साथियों ने भी अपने सेवा कार्य में एक अहम भूमिका निभाई थी। जिसकी वजह से उन लोगों का चयन भी पंचमढ़ी के लिये कर लिया गया था। इस चयन की वजह से सूरज के साथ-साथ आरना, सिमरन और समीर अपने जीवन की इस पहली सफलता को लेकर अत्यन्त उत्साहित थे।

स्काउट एण्ड गाइड में उत्कृष्ट प्रदर्शन के उपरान्त सूरज, आदित्य, समीर, सिमरन और आरना ने एक नया कीर्तिमान रचा था। जहाँ एक तरफ पंचमढ़ी कैम्प के लिये और विद्यालयों से सीमित विद्यार्थियों का चयन हुआ था, वहीं दूसरी तरफ एक ही विद्यालय से एक साथ तीन-तीन विद्यार्थियों के चयन की वजह सूरज के प्रधानाचार्य महोदय अत्यधिक गौरवान्वित महसूस कर रहे थे। दूसरी तरफ आरना और समीर समूचे शहर में ऐसे इकलौते भाई और बहन थे जिनका एक साथ इस कैम्प के लिये चयन किया गया था। इस चयन की वजह से समस्त बच्चे जहाँ खुशी की वजह से फूले नहीं समा रहे थे, वहीं दूसरी तरफ इन बच्चों के अभिभावक भी अपने बच्चों की इस सफलता पर काफी गर्व महसूस कर रहे थे।

कैम्प प्रशासन के द्वारा कैम्प के लिये चयनित प्रत्येक बच्चे को दस दिनों के पश्चात् पंचमढ़ी अपने अभिभावकों के साथ पहुँचने हेतु निर्देशित किया गया था। पंचमढ़ी का सफर काफी दूर होने की वजह से कैम्प तक पहुँचने हेतु अभिभावकों ने अपने-अपने स्तर से व्यवस्था करना प्रारम्भ कर दिया था। सभी अपने-अपने स्तर से बच्चो के साथ कैम्प में जाने हेतू तैयारी कर रहे थे। इसी क्रम में सूरज के पिताजी ने अपने समस्त परिवार के समस्त लोगों के साथ निजी वाहन से पंचमढ़ी जाने का मन बनाया था। जिसके मुख्यतः दो कारण थे। पहला कारण यह था कि सूरज का पूरा परिवार सूरज की इस पहली सफलता का साक्षी बनना चाहता था तथा दूसरा मुख्य कारण यह भी था कि इससे पूर्व सूरज का परिवार कहीं पर भी एक साथ शहर से बाहर घूमने नहीं गया था। शायद इसी कारण से उसके पिता ने

यह मन बनाया था कि सूरज के इस कैम्प के माध्यम से ही सही, वह कुछ पल परिवार को बाहर छुट्टियाँ मनवा लाएँगे। इस विषय पर परिवार के बाकी सदस्यों से विचार करने के उपरान्त सूरज के पिताजी ने पंचमढ़ी जाने हेतु एक निजी वाहन की व्यवस्था कर ली थी। यह गाड़ी उन्होंने अपने छोटे भाई से कुछ दिनों के लिये किराये पर लिया था, जिसको वह खुद ही चलाकर परिवार सहित पंचमढ़ी पहुँचने का मन बना रहे थे। चूँकि पंचमढ़ी का सफर काफी दूर था इसी कारण से सूरज की माँ ने उन्हें इसके लिये मना भी किया था की वह सपरिवार अकेले ऐसे गाड़ी चलाकर न चलें, उनका मत था कि दूर के सफर के लिये उन्हें अपने साथ एक और ड्राइवर ले लेना चाहिए, किन्तु सूरज के पिताजी ने इसके लिये साफ मना कर दिया था क्योंकि वह अपने परिवार के साथ किसी और को लेकर चलने के पक्ष में नहीं थे। वह खुद परिवहन विभाग में एक चालक के पद पर तैनात थे जिसकी वजह से उनको ऐसे सफर का अनुभव था, शायद यही कारण रहा होगा जिसकी वजह से उन्होंने अपनी पत्नी के तमाम तर्कों को अनसुना कर दिया था।

कैम्प के दो दिन पहले ही सूरज अपने परिवार के साथ पंचमढ़ी कैम्प के लिये निकल चुका था। सूरज के पिताजी का मत था कि किसी भी स्थान पर हमें सुनिश्चित तारीख से पूर्व ही पहुँचना चाहिए जिससे हमें किसी भी प्रकार की परेशानी का सामना न करना पड़े। पंचमढ़ी का सफर काफी लम्बा और थकान भरा होने के बावजूद सूरज अपने भाई-बहन तथा माँ और पिताजी के सान्निध्य में काफी प्रसन्न दिख रहा था। घर से पंचमढ़ी की दूरी लगभग 12 घंटों की थी, किन्तु इस सफर के

दौरान सूरज और उसके भाई-बहन को थकान का अहसास भी नहीं रहा लम्बी यात्रा करने के पश्चात् जब सूरज पंचमढ़ी से मात्र 30 किलोमीटर दूर पिपरिया पहुँचा तब उस समय रात्रि के 11 बजे रहे थे। पिपरिया से पंचमढ़ी का पूरा सफर घने जंगलों और घुमावदार पहाड़ी रास्तों से होकर गुजरता था, जिसकी वजह से रात्रि के समय काफी कम गाड़ियों का आवागमन पिपरिया से पंचमढ़ी के मध्य होता था। पिपरिया पहुँचने के पश्चात् सूरज की माँ ने उसके पिताजी को समझाते हुए कहा कि-

"क्यों न हम लोग आज की रात यहीं रुककर बिता लें, कल सुबह हम आगे की यात्रा तय कर लेंगे ।"

सूरज के पिता ने उसकी माँ को यह कहकर शान्त कर दिया कि "इतनी रात्रि में इस छोटी-सी जगह पर हमें रहने हेतु कोई भी सुरक्षित जगह नहीं मिल सकती और यहाँ पर परिवार के साथ गाड़ी में रुकना हम सभी के लिये हितकर भी नहीं होगा। अतः हम सभी के लिये यही उपयुक्त होगा कि हम अपनी यात्रा को चालू रखें और 30 किलोमीटर का सफर तय करने के पश्चात् हम लोग पंचमढ़ी पहुँच ही जाएँगे।"

सूरज के पिता के लाख तर्क देने के पश्चात् भी उसकी माँ इस पक्ष में नहीं थी कि अकेले सुनसान रास्ते पर पंचमढ़ी के लिये सफर किया जाये। सूरज की माँ की जिद के पश्चात् उसके पिताजी ने कहा कि "ठीक है जब तक पिपरिया से पंचमढ़ी के सफर के दौरान रात्रि में किसी और गाड़ी का सहारा नहीं मिल जाता तब तक वह पिपरिया में ही रुककर इन्तजार करेंगे।"

थोड़ी देर पिपरिया में ही रुकने के पश्चात् सूरज को एक सेना का ट्रक पंचमढ़ी के लिये जाता हुआ दिखा जिसमें कुछ सैनिक बैठे हुए थे, सेना के उस ट्रक को देखते ही उसके पिताजी ने भी अपनी गाड़ी उनके पीछे लगा दी थी, इस समय सेना की गाड़ी को चलता देख उसकी माँ भी कुछ नहीं बोल पाई थी।

कई घंटों तक घुमावदार पहाड़ी रास्तों को पारकर जब सूरज की गाड़ी एक पहाड़ी नदी के समीप पहुँची तब तक बारिश शुरू हो चुकी थी। सेना का वह ट्रक मध्यम गति से उनकी गाड़ी से आगे चल रहा था। यह पहाड़ी नदी देनुवा नदी के नाम से प्रसिद्ध है, जिसको पार करने के उपरान्त ही पिपरिया से आने वाले वाहन पंचमढ़ी तक पहुँच सकते थे। आमतौर पर तो यह पहाड़ी नदी काफी शान्त रहती थी, पानी की कमी होने की वजह से आसानी से दिन में कई बार गाड़ियाँ इसको पारकर पंचमढ़ी पहुँच भी जाती थीं, किन्तु बारिश के मौसम में यह शान्त दिखने वाली नदी अचानक से विकराल रूप धारण कर लेती तथा अपने इसी विकराल रूप में कई जीवन को लील गई थी, इस नदी के इस खौफनाक मंजर को यहाँ के स्थायी नागरिक तो भली-भाँति परिचित थे, किन्तु बाहर से आने वाले अक्सर इस नदी के इस भयानक रूप से अनभिज्ञ होते थे तथा जिसकी वजह से कई मनुष्यों की जानें इस नदी में जा चुकी थीं। लगातार हो रही बारिश के पश्चात् भी देनुवा नदी के जल का स्तर काफी कम था, जिसकी वजह से सेना का ट्रक तो आसानी से उस नदी के पुल को पार करने मैं सफल हो गया था किन्तु जैसे ही सूरज की गाड़ी उस पुल के ऊपर पहुँची तभी अचानक न जाने कहाँ

से नदी के जल ने एक प्रलयंकारी रूप धारण कर लिया। देखते ही देखते देनुवा नदी का पुल जल में समाहित होता चला गया और उसके तेज पानी के बहाव में सूरज और उसका परिवार फँस चुका था, उनकी गाड़ी अनियन्त्रित होकर पानी के तेज बहाव में बहने लगी थी। जैसे ही सेना के जवानों ने अपने पीछे आ रही गाड़ी की यह दशा देखी, तो वे सभी जवान अपने ट्रक से नीचे कूद पड़े। उनका ट्रक पानी के जद से बाहर था जिसकी वजह से सैनिक तो बच गए थे किन्तु सूरज अपने परिवार के साथ कुछ पलों के अन्दर ही काल का ग्रास बनने जा रहा था।

सैनिक जीवन अक्सर खुदा उन्हीं को नसीब करता है जो सदा अपने से पहले दूसरों के प्राणों के बारे में सोचते हैं। कुछ ऐसा ही मंजर वहाँ उस समय उसे देखने को मिला था। वह सैनिक जो सकुशल उस पानी के तेज बहाव से बाहर निकले थे। वे सभी पुनः अपनी जान की परवाह किये बगैर सूरज और उसके परिवार को बचाने हेतु नदी में कूद पड़े थे। इधर दूसरी तरफ जब सूरज के पिता ने देखा कि गाड़ी अब उनके नियन्त्रण से बाहर हो चुकी है तो उन्होंने परिवार के बाकी सदस्यों की जान बचाने हेतु सूरज और उसकी माँ से कहा कि वे लोग गाड़ी की खिड़की का शीशा खोलकर गाड़ी से नीचे कूदने की कोशिश करें, वह यह बात भली-भाँति जानते थे कि ऐसा जोखिम भरा कदम उठाने से सम्भव है कि उनके परिवार की जान को खतरा हो, किन्तु ऐसी परिस्थिति में इससे बेहतर उनके पास और कोई विकल्प नहीं बचा था।

सूरज और उसके भाई लगातार कोशिश कर गाड़ी के काँच का शीशा तोड़ने का यत्न कर रहे थे और इधर एक-एक पल उन सभी का जीवन मौत के करीब पहुँच रहा था। जीवन भी कैसा खेल रचता है। इन्सान के साथ, एक पल तो ऐसा लगता है कि यह जीवन कितना विशाल है और दूसरे ही पल जीवन हमें इतनी भी मोहलत नहीं देता कि हम एक पल को साँस भी ले सकें। विधाता भी कैसा खेल रचता है हम इन्सानों के साथ। काफी कोशिशों के उपरान्त सूरज गाड़ी के दरवाजे का काँच तोड़ने में सफल हो गया था। उसी दौरान वे सैनिक भी सूरज की गाड़ी के समीप काफी यत्न के बाद पहुँचने में सफल हो पाए थे।

एक सैनिक ने जैसे ही सूरज का हाथ पकड़कर उस गाड़ी से बाहर निकाला कि तभी पानी की एक तेज लहर के साथ सूरज की आँखों के सामने ही उसका परिवार देनुवा नदी की गर्त में समाता चला गया। अपनी ही आँखों के सामने अपनों को इस प्रकार से समाता देख सूरज मुर्च्छित हो गया था।

एक हफ्ते के उपरान्त जब सूरज को होश आया तो उसने अपने आपको एक सैनिक अस्पताल में पाया। सूरज को उस समय कई सैनिक अधिकारी और स्काउट एण्ड गाइड के कर्मचारी घेरकर खड़े थे। होश में आते ही सूरज के मुख से एक ही आवाज निकली कि "माँ और पिताजी कैसे हैं, तथा उसके उपरान्त वह पुनः बेहोश हो गया।" उसकी यह हालत सभी के लिये काफी गम्भीर और चिन्ता का विषय बनता जा रहा था।

कुछ दिनों के अथक परिश्रम की वजह से सूरज अब काफी हद तक ठीक हो गया था, वह शरीर के बाहरी घावों से तो उभर

गया था किन्तु अपने परिवार की क्षति को वह नहीं भूल पा रहा था। सेना के डॉक्टरों ने सूरज के बाहरी घावों को भरने के उपरान्त उसे उसके चाचा के हाथों सौंप दिया था। चाचा के साथ पंचमढ़ी से वापस आने के दौरान सूरज पूरे रास्ते सिर्फ खामोश-सा बैठा रहा। उसका मुख भले ही शान्त था किन्तु उसके अन्तर्मन में सुनामी की तरह उफान ले रहा था। सारी रात बस में चलने के उपरान्त जब सूरज अपने घर पहुँचा तो वह अपने अन्दर छुपी वेदनाओं को छिपा नहीं पा रहा था।

घर के प्रत्येक कोने से उसे अपने माँ-बाप की मधुर स्मृति बार-बार उसे गम के अन्धकार में धकेल जाती थी। घर आने के पश्चात् वह सीधे अपने कमरे में चला गया और अन्दर से दरवाजा बन्द कर तीन दिनों तक अपने परिवार के गम में शोक मनाता रहा। उससे मिलने हेतु समीर, आरना, सिमरन और उसके प्रधानाचार्यजी घर पर आये किन्तु उस समय सूरज अपने गम के भँवर से निकलकर किसी से भी मिलने का इच्छुक नहीं था।

सूरज को पंचमढ़ी से लौटे लगभग बीस दिन से अधिक हो चुके थे। इतने दिनों से लगातार विद्यालय से दूर रहने की वजह से प्रधानाचार्य महोदय ने खुद सूरज के घर पर जाकर उसे समझाने का मन बनाया। शाम को जब प्रधानाचार्य महोदय सूरज से मिलने हेतु उसके घर पर गए तब वह घर के आँगन में बैठा न जाने किन ख्यालों में खोया हुआ था। आँगन की चारपाई पर सूरज की बगल में ही प्रधानाचार्यजी भी बैठ गए तथा सूरज के हाथों को प्यार से अपने हाथों में लेते हुए कहा कि- "कैसे हो बेटा?", "ठीक हूँ सर" सूरज ने धीमी आवाज में प्रधानाचार्यजी के प्रश्नों का उत्तर देते हुए कहा।

इतने अल्प वार्तालाप के पश्चात् दोनों कुछ देर तक मौन हो चुके थे। सूरज की चाची ने प्रधानाचार्यजी के लिये इतने समय में जलपान का प्रबन्ध कर दिया था, किन्तु सूरज की ऐसी दशा देखकर प्रधानाचार्यजी का मन व्यथित हो उठा था। उन्होंने गिलास का आधा जल पीने के पश्चात्, एक बार पुनः सूरज से बात करने की कोशिश की- "सूरज यह जीवन ऐसा ही है, यह न तो दुःख समझता है और न ही खुशी, यह निरन्तर चलता रहता है। जीवन हमेशा सची है, हमेशा गम्भीर, हमेशा कठोर, जीवन की यह गति हमेशा सत्य है। जब तक हम जीवन के महत्त्व को नहीं समझेंगे तब तक जीवन हमें नहीं समझेगा। मैं इस वक्त तुम्हारी तकलीफों को भली-भाँति समझ सकता हूँ किन्तु, क्या अपनों के गम में जीवन भर यूँ शोक मनाने से वह तुम्हें पुनः मिल सकते है?" नहीं! "किन्तु हम अपने इस जीवन में अपनों के जाने के पश्चात् भी उनकी इच्छाओं का सम्मान कर उनके सपनों को साकार कर उन्हें अपने मध्य जीवित कर सकते हैं।"

प्रधानाचार्यजी ने सूरज से कहा कि- "माँ-बाप के जाने के पश्चात् यह आपका कर्तव्य बन जाता है कि आप उनके हर सपने को साकार करने का यतन करें। उनके हर उस अधूरे ख्वाब को पूरा करें जो उन्होंने आपके लिये सँजोया था। यही उनके लिये आपकी तरफ से सच्ची श्रद्धांजलि होगी।"

प्रधानाचार्य महोदय की बातों ने एक जादू के समान सूरज के दिल पर असर किया था। सूरज ने प्रधानाचार्यजी से कहा कि, सर मैं अपने माँ-बाप के सपनों को टूटने नहीं दूँगा, उनके दूर

जाने के उपरान्त भी मैं यही महसूस करता हूँ कि वे अभी भी मेरे काफी करीब हैं।

सर मैं कल से विद्यालय आऊँगा....। सूरज इस शब्द से ज्यादा कुछ और नहीं बोल पाया, इस शब्द के उपरान्त ऐसा प्रतीत हुआ जैसे कि उसके गले ने उसके कंठों को अपनी वेदनाओं में कसकर जकड़ लिया है, उसके शब्द लड़खड़ाने लगे थे, कंठ से वाणी की जगह पर सिर्फ सिसकियाँ निकल रही थीं।

सूरज की उन सिसकियों में काफी दर्द था, जिसको प्रधानाचार्य महोदय समझ चुके थे। सूरज को शान्त कराते हुए उन्होंने सूरज के बालों को प्यार से सहलाया और कहा कि- "बेटा सफलता की सात श्रेणियों में पहली सबसे महत्त्वपूर्ण है- मानसिक शान्ति। यह सर्वोच्च मानवीय हित है। इसके बिना बाकी किसी चीज का जीवन में ज्यादा महत्त्व नहीं रह जाता। यही वजह है कि मैं तुमसे यह कहना चाहूँगा कि तुम्हें विद्यालय आने से पूर्व अपने मन और मस्तिष्क को शान्त कर लेना चाहिए, ताकि तुम जीवन की लड़ाई में कभी भी किसी से, किसी भी परिस्थिति में पीछे न रह सको। इस वक्त मैं तुम्हारे शोक को कम नहीं कर सकता, किन्तु इतना जरूर कहना चाहूँगा कि शोक-संताप सदा मनुष्य के लिए सफलता के पथ पर एक अवरोध का कार्य करते हैं, अतः जितना जल्दी सम्भव हो सके तुम्हें इस शोक को त्याग देना चाहिए।"

सूरज शान्त मनोभाव से प्रधानाचार्य महोदय की बातों को सुन रहा था। इससे पूर्व कि सूरज प्रधानाचार्यजी की बातों पर कोई प्रतिक्रिया करता, उसकी चाची ने प्रधानाचार्य जी से निवेदन

करते हुए कहा कि– "सर, मैं आपसे क्षमा चाहती हूँ कि अब सूरज को हम लोग आपके विद्यालय में पढ़ने हेतु भेजने में असमर्थ हैं, क्योंकि हमारी आर्थिक स्थिति इतनी मजबूत नहीं है कि हम सूरज की पढ़ाई का खर्च उठा सकें। अतः आपसे निवेदन है कि आप हमारी मजबूरियों को समझने का प्रयत्न करेंगे। उस समय सूरज की चाची की बातों में आर्थिक परिस्थिति का रोना कम तथा सूरज के प्रति नफरत की भावना साफ तौर पर झलक रही थी। उसकी चाची के मुख से ऐसी कटु वाणी सुनकर कुछ पल तक तो प्रधानाचार्य महोदय को यह समझ में ही नहीं आया कि वह उसकी चाची से क्या कहें, किन्तु अपनी भावनाओं के ऊपर संयम रखते हुए, उन्होंने सूरज की चाची से निवेदन करते हुए कहा कि– "बहनजी, इस वक्त मैं आपकी वेदनाओं की स्थिति को भली–भाँति समझ सकता हूँ, किन्तु सूरज की पढ़ाई का खर्च अब आप लोगों को वहन नहीं करना होगा कि इसकी पढ़ाई का समस्त खर्च हमारे स्कूल के ही एक अध्यापक श्री बलदेव पांडेजी ने उठाने का निर्णय लिया है। अतः आपसे अनुरोध है कि आप बस सूरज को सही समय पर विद्यालय भेज दिया करें। इतना कहने के पश्चात् प्रधानाचार्यजी ने हाथ जोड़कर उसकी चाची को प्रणाम किया और सूरज को एक नजर प्यार से देखने के पश्चात् वह उसके घर से चले गए।

प्रधानाचार्य महोदय के जाने के उपरान्त सूरज की चाची ने उसे डपटते हुए कहा कि– "तुझे क्या जरूरत थी प्रधानाचार्य के सामने इस कदर फूट–फूटकर रोने की। क्या हम तुझे परेशान करते हैं, या किसी चीज की तकलीफ देते हैं जो तू इस प्रकार से बाहर से आने वालों के सामने लाचारों की तरह रोता रहता है।

तुम्हारी इस हरकत की वजह से वह मेरे बारे में क्या सोच रहे होंगे, इस बात का तुम्हें थोड़ा भी ख्याल नहीं आया कि तुम्हें हमारी इज्जत को ऐसे सरे बाजार रुसवा नहीं करना चाहिए था।" उस समय चाची की बातों और तंज को सूरज चुपचाप सुनता जा रहा था, वह कर भी क्या सकता था। बार-बार उसके मन में यही ख्याल आ रहा था कि क्या वह अपने माँ-बाप को याद कर खुलकर रो भी नहीं सकता, अपने दर्द को किसी के साथ बाँट भी नहीं सकता, जीवन ने न जाने किस मोड़ पर लाकर उसे खड़ा कर दिया था। चाची से लम्बी-चौड़ी डाँट खाने के पश्चात् वह चुपचाप अपने कमरे में जाकर लेट गया।

शाम को जब सूरज के चाचाजी घर पर आये तब सूरज की चाची ने प्रधानाचार्यजी के आने तथा प्रधानाचार्य और सूरज के मध्य हुई बातचीत का सारा ब्योरा यथावत कह सुनाया। वह शायद इस बात को लेकर अभी तक नाराज थी कि सूरज की हरकतों की वजह से उन्हें प्रधानाचार्य की नजरों में जलालत झेलनी पड़ी थी।

अब सूरज को पुनः उसी विद्यालय में पढ़ने हेतु जाना है जहाँ पर वह प्रधानाचार्यजी भी होंगे। वह नहीं चाहती थी कि सूरज के विद्यालय और बाहर समाज में लोगों को यह पता चले कि वह सूरज के साथ शक्ति से पेश आती है।

सूरज के चाचा ने पत्नी के क्रोध को शान्त करने के लिये प्यार से कहा कि "बस कुछ दिनों की ही तो बात है तब तक तुम्हें और मुझे इसके नखरे उठाने ही होंगे, जब तक इसके पिता के हिस्से का मुआवजा हमें नहीं मिल जाता तथा यह मकान हम

बेचने में सफल नहीं हो जाते, क्योंकि सूरज के माँ–बाप की मृत्यु के पश्चात् यह मकान भी अब सूरज के ही नाम पर हो गया है, हमारे ये दोनों कार्य पूरा होने के पश्चात् जैसा तुम चाहो वैसा ही होगा। हमारे लिये तो यह अच्छा ही है कि इसके विद्यालय के शुल्क का बोझ हमें नहीं उठाना पड़ रहा है। अतः मैं तुमसे निवेदन करता हूँ कि जब तक परिस्थिति हमारे पक्ष में न हो जाये तब तक तुम ऐसा कोई कार्य मत करना जिसके फलस्वरूप हमें नुकसान उठाना पड़े।" सूरज कोने में खड़ा यह सब सुन रहा था, अपने चाचा और चाची का यह रूप देखकर उसे अपने भाग्य पर रोना आ रहा था।

सूरज किसी भी कीमत पर अपने माँ–बाप की मेहनत से बनाया हुआ यह मकान अपने से दूर नहीं जाने देना चाहता था। माँ–बाप के इस संसार से जाने के उपरान्त यह मकान ही उनकी यादों के तौर पर सूरज के पास बचा था जिसको लालच के वशीभूत होकर उसके चाचा और चाची बेच देना चाहते थे। इस ख्याल से सूरज का अन्तर्मन सिहर उठा था। अब उसके लिये खड़े होकर उनकी और बातें सुनाने की इच्छा नहीं हो रही थी। वह हताशाभरे मन से भारी कदमों से अपने कमरे में चला गया।

वह अभी जाकर अपने कमरे में लेटा ही होगा कि तभी उसकी चाची ने प्यार से सूरज को पुकारा– "सूरज बेटा! आ जाओ! रात्रि के भोजन का समय हो गया है।" उनके द्वारा कहे गए इन चन्द शब्दों में प्रेम कम और लालच की झलक साफ तौर पर झलक रही थी। सूरज ने अपनी चाची को कोई भी उत्तर नहीं दिया।

चाची के बार-बार बुलाने के बावजूद जब वह अपने कमरे से बाहर नहीं निकला तो उसकी चाची स्वयं उसके लिये खाने की थाली सजाकर सूरज के कमरे में चली आई थी। चाची के कदमों की आहट को सुनते ही सूरज ने अपनी आँखों से बहते हुए आँसुओं को पोंछ लिया और अपनी आँखें बन्द कर सोने का उपक्रम करने लगा। सूरज को सोया देख वह भी चली गई।

चाची के जाने के पश्चात् सूरज काफी देर तक अपने सामने भविष्य में आने वाली समस्या का समाधान तलाशने हेतु विचार करने लगा। काफी देर तक विचार करने के उपरान्त सूरज ने एक ऐसा फैसला लिया जो आने वाले समय में उसकी जिन्दगी को बदलकर रख देने वाला था। काफी विचार करने के उपरान्त सूरज ने यह निश्चय किया कि वह यह घर छोड़कर कहीं दूर चला जायेगा, जब वह यहाँ रहेगा ही नहीं तब उसके चाचा और चाची यह मकान किसी भी कीमत पर नहीं बेच पाएँगे, वरना सम्भव है कि वह दबाव बनाकर सूरज को यह मकान बेचने पर विवश कर सके।

काफी देर सोच-विचार करने के उपरान्त रात्रि के दो बजे जब सूरज को यह यकीन हो गया कि उसके चाचा और चाची गहरी निद्रा के आवेश में समा गए हैं तब वह दबे कदमों से घर से बाहर निकल आया। सूरज अपने किसी भी परिचित के पास ऐसे हालात में नहीं जा सकता था क्योंकि वह यह भली-भाँति जानता था कि वहाँ पर उसको आसानी से उसके लालची चाचा और चाची पुनः अपने साथ घर वापस आने के लिये विवश कर सकते हैं, तथा अगली बार सम्भव है कि उसके ऊपर कड़ी

निगरानी रखी जाये। मन के अन्दर असंख्य विचार लिये सूरज सुनसान सड़क पर चलता जा रहा था। उसके घर से निकल आने के पश्चात् उसकी समस्या समाप्त नहीं हुई थी किन्तु यहाँ से उसके चुनौतीपूर्ण जीवन का प्रारम्भ हो रहा था- जीवन के प्रत्येक पथ पर सूरज को अपनी योग्यता सिद्ध करनी थी।

कुछ देर यूँ ही सड़क पर चलने के पश्चात्, सूरज को यह अहसास भी नहीं रहा कि न जाने कब वह घर से 10 किलोमीटर की दूरी तय कर शहर के रेलवे स्टेशन के समीप पहुँच गया है। रेलवे स्टेशन के मुख्य गेट के समीप खड़ा होकर कुछ पल सूरज अपने आगे के जीवन की यात्रा के बारे में सोचता रहा, उसे काफी सोचने के उपरान्त भी जब कोई मार्ग नहीं सूझा तब उसने अपने आगे का सफर अपने भाग्य पर छोड़ देना बेहतर समझा।

किसी ने सत्य ही कहा है- जब परिस्थितियाँ तुम्हारे प्रतिकूल हों जब तुम्हें कोई भी बेहतर मार्ग इन प्रतिकूल परिस्थितियों में न सूझ रहा हो, तो तुम्हें सब नियति पर छोड़ देना चाहिए। सूरज ने भी कुछ ऐसा ही किया था। अपना भविष्य नियति को समर्पित कर सूरज भरे कदमों से रेलवे स्टेशन की तरफ बढ़ता चला गया।

रात्रि के तीन बज रहे थे, रेलवे स्टेशन जो दिन के समय यात्रियों की आवजाही की वजह से भरा रहता था, वह एक मरुभूमि के समान प्रतीत हो रहा था। रात्रि में यात्रा करने वाले गिने-चुने यात्रियों और गश्त करने वाले सुरक्षा कर्मचारियों की गिनी-चुनी भीड़ ही दिख रही थी। वहीं खाली पड़े लकड़ी के एक तख्त पर सूरज बैठ गया। वह अपने भविष्य के लिये काफी

आशंकित था। बार-बार उसके मन में यही ख्याल उत्पन्न हो रहे थे कि, क्या इस प्रकार से घर से निकलकर उसने सही किया? उसके प्रधानाचार्य तथा विद्यालय के अन्य मित्र जो उसे एक सम्मान की नजर से देखते हैं उन सबको जब मेरे द्वारा अचानक से घर छोड़ने का ज्ञात होगा, तो उस समय उन लोगों की क्या मनोदशा होगी? प्रधानाचार्य महोदय जिन्होंने मेरी शिक्षा हेतु सहयोग करने का संकल्प लिया है उनके दिल पर क्या बीतेगी? ऐसे ही असंख्य प्रश्नों के मध्य सूरज उलझा हुआ था, कि तभी एक ट्रेन उसके सामने स्टेशन पर आकर रुकी। उस ट्रेन को देखकर सूरज को ऐसा प्रतीत हुआ कि जैसे वह ट्रेन अपने सिटी के माध्यम से सूरज को बुला रही हो। ठीक वैसे ही जैसे एक माँ अपने आँचल में अपने जिगर के टुकड़े को पनाह देकर उसे दुनिया की समस्त मुसीबतों से बचा लेती है। वह ट्रेन भी उसी प्रकार से अपने सिटी के माध्यम से सूरज को एक माँ के समान अपने आलिंगन में पनाह देने हेतु पुकार रही थी। सूरज को ऐसा प्रतीत हो रहा था जैसे कि वह ट्रेन कह रही हो कि- "बेटा! तू इस समय जिस भी परिस्थिति में है, मैं उस परिस्थिति से तुझे निकलने में मदद करूँगी, तू सारी चिन्ताएँ छोड़कर मेरे आलिंगन में समा जा।"

कुछ पल सोचने के उपरान्त सूरज उस ट्रेन में जाकर बैठ गया। उसके बैठने के उपरान्त पुनः सीटी बजाती हुई उस स्टेशन और सूरज के अतीत को छोड़ती हुई अपने वेग से आगे बढ़ चली थी।

जैसे-जैसे सूरज का शहर पीछे छूटता जा रहा था, उस समय उसका मन बार-बार सूरज से यही प्रश्न कर रहा था कि "सूरज

क्या यह कदम उठाना उचित है, क्या यह शहर उसे पुनः बुलाएगा, उसके मित्र और गुरुजन जो सूरज को एक विजेता के तौर पर देखती है क्या वह उसे कायर और भगोड़े की संज्ञा नहीं देंगे?" ऐसे कई प्रश्न उस समय सूरज को परेशान कर रहे थे।

दुःख तथा हताशा की स्थिति ने उसे नींद ने अपने आगोश में ले लिया था। उसे इस बात का आभास ही नहीं रहा। एक मजबूत और रोबदार आवाज ने सूरज को उठाया- "ऐ लड़के! तुम्हारा टिकट कहाँ है?" उस कठोर आवाज से सूरज की जब नींद खुली तब उसने देखा कि एक काली पैंट और काला कोट पहने व्यक्ति तथा उसके साथ रेलवे पुलिस के तीन-चार जवान सूरज को घेरकर खड़े हैं। अपने आपको ऐसे घिरा देखकर, एक पल के लिये सूरज काफी डर गया। जीवन में पहली बार वह ऐसी परिस्थिति में फँसा था। उस काले कोट वाले के बार-बार पूछने पर सूरज ने अपनी आवाज को दबाते हुए, धीमी आवाज में कहा कि- "माफ कीजिये मेरे पास टिकट नहीं है।" टिकट न होने की वजह से सूरज को गिरफ्तार कर लिया गया। अगले स्टेशन (हजरत निजामुद्दीन) पर जब गाड़ी रुकी, तब सूरज को उन पुलिस वालों ने ट्रेन से उतारकर स्टेशन पर ही बने पुलिस थाने पर ले गए। सूरज अपने आपको इस प्रकार से पकड़े जाने से ज्यादा दुःखी नहीं था, किन्तु उसे इस बात का ज्यादा डर सता रहा था कि अगर उसकी गिरफ्तारी की सूचना उसके चाचा और चाची को मिल गई तब उसे काफी मुसीबतें उठानी पड़ सकती हैं। वह किसी भी कीमत पर अपने घर नहीं जाना चाहता था। स्टेशन पर ही बने पुलिस थाने में जब उससे उसके परिजनों के बारे में पूछा गया तब उसने उन पुलिसवालों को यही बताया कि

उसका इस दुनिया में कोई नहीं है। वह अनाथ है। सूरज का इस दुनिया में कोई और न होने की वजह से उसे बाल केन्द्र में पुलिस वालो के द्वारा भेज दिया गया।

यह बाल केंद्र ही अब सूरज का नया घर था, जहाँ पर उसके जैसे सैकड़ों बच्चे अपने अन्धकारमय जीवन को जीने पर विवश थे। कुछ ही दिनों में सूरज की दोस्ती उस बाल गृह में मोहित, और शंकर से हो गई थी। वे दोनों भी सूरज के समान ही अनाथ थे। दोनों हमउम्र होने और समान विचारों वाले होने की वजह से काफी कम दिनों में एक-दूसरे से काफी करीब आ गए थे। उस बाल गृह में सूरज और उसके जैसे रह रहे तमाम बच्चों का मन नहीं लगता था, जिसकी मुख्य वजह उन बच्चों के ऊपर लगाया गया अकुश और खराब गुणवत्ता वाला भोजन का होना हो सकता था।

उस सुधार गृह में काम करने वाले कर्मचारी भी बच्चों के साथ शक्ति से पेश आते थे, जिसकी मुख्य वजह यह थी कि ज्यादातर बच्चे कोई नं कोई अपराध कर पुलिस के द्वारा वहाँ भेजे जाते थे, जिसकी वजह से उस गृह पर काम करने वाला प्रत्येक कर्मचारी उन बच्चों के साथ शक्ति से पेश आता था। ऐसे दम-घोंटू माहौल में सूरज और उसके दोस्तों का दम घुटने लगा था। इसलिए सूरज और उसके दोस्तों ने उस सुधार गृह से भागने का मन बनाया। मौका पाकर सूरज और उसके दोस्त एक दिन उस नरकभरी जिन्दगी से बाहर निकलने में सफल हो गए थे। उस गृह से भागने के पश्चात् सूरज, शंकर तथा मोहित के साथ गौतमबुद्ध नगर चला आया था। सुधार गृह जाने से पहले शंकर और मोहित का यही निवास था। काश! सूरज को इस बात

का आभास हो जाता कि मुश्किलों से भागना उन मुश्किलों से छुटकारा पाने का हल नहीं होता, किन्तु भागने वाले के लिये तो मुसीबतें सदा एक के बाद एक और मुसीबतों का मार्ग खोल देती है। गौतमबुद्ध नगर में एक छोटे-से रेलवे स्टेशन दनकौर के प्लेटफॉर्म संख्या 3 के अन्तिम छोर पर रेलवे का एक टूटा-फूटा खँडहर ही शंकर और मोहित का रहने का ठिकाना था। जब सूरज उन दोनों के साथ अपने इस नए घर पहुँचा तो उसे यह देखकर काफी आश्चर्य हुआ कि उस खँडहरनुमा घर में शंकर, मोहित के समान तीन लड़के और रह रहे हैं, जो कि शायद उन्हीं के समान अनाथ थे। उन लड़कों के साथ सूरज को रहते अभी तीन दिन ही गुजरे होंगे कि तभी सूरज को उन लड़कों के बारे में यह पता चल गया था कि वे सभी आपराधिक प्रवृत्ति वाले हैं, तथा उनका मुख्य कार्य स्टेशन पर आनेवाले राहगीरों के साथ लूटपाट करना और सामान को चोरी करना है। शंकर और मोहित भी ऐसे ही किसी केस की वजह से सुधार गृह भेजे गए थे।

सूरज अनाथ जरूर था, किन्तु वह किसी भी कीमत पर आपराधिक कार्यों का हिस्सा नहीं बनना चाहता था। उसने जब शंकर को अपनी मनसा बताई तब शंकर ने सूरज से यह वादा किया कि वह तथा उसके दोस्त कभी भी सूरज के ऊपर यह दबाव नहीं डालेंगे कि वह उनके साथ किसी भी आपराधिक गतिविधि में शामिल हो। शंकर से मिले इस वचन के उपरान्त सूरज ने चैन की साँस ली तथा वह अपनी जीविका की तलाश में जुट गया। कुछ दिनों की भाग-दौड़ के पश्चात् एक दिन सूरज को वहीं पास के ही एक ढाबे पर काम मिल गया था। काम मिलने की वजह से सूरज अपना अपना दैनिक खर्च आसानी

से चला सकता था। उसे किसी के भी सामने हाथ फैलाने की आवश्यकता नहीं थी। अपने इस नए जीवन को सूरज ने स्वीकार कर लिया था।

तीन वर्ष का समय तो ऐसे उड़ गया जैसे पंछियों का झुंड उड़ जाता है। उसका पता भी न चला। सूरज ने अपनी मेहनत और ईमानदारी से अपने मालिक का दिल जीत लिया था। उसके मालिक के साथ-साथ शंकर और मोहित भी सूरज के व्यवहार की वजह से उसके मुरीद हो गए थे।

ऐसे ही एक काली रात में जब सूरज अपने काम से थका-हारा घर पर आया तो उसने देखा कि उसके आने से पूर्व ही पुलिस के कई जवान उस खँडहरनुमा मकान को चारों तरफ से घेरे खड़े हैं। मकान के चारों तरफ पुलिसवालों और मीडिया के लोगों का जमावड़ा लगा हुआ है। अपने मकान के समीप इतनी भीड़ को देखकर सूरज का मन आशंकित हो उठा था। भागता हुआ जब सूरज अपने कमरे में पहुँचा तब उसने देखा कि वह कमरा खून के धब्बों से भरा पड़ा है। उस कमरे के मध्य में ही शंकर और मोहित की लाशें खून से लथपथ पड़ी थीं, जिनका किसी ने बेरहमी के साथ चाकुओं से गोदकर हत्या कर दी थी। उन दोनों की लाशों को देखकर सूरज एक बुत के समान वहीं कमरे के कोने में बैठ गया था। उस समय सूरज को कुछ भी नहीं सूझ रहा था।

वे तीनों बच्चे कमरे से नदारद थे। पुलिस का भी यही मानना था कि कमरे में रह रहे अन्य बच्चों ने यह कत्ल किया है। शायद इसी वजह से सूरज को तुरन्त गिरफ्तार कर लिया गया

था। सूरज अपनी बेगुनाही हेतु उन पुलिसवालों से बार–बार गुहार लगाता रहा, किन्तु उस समय उसकी मनोदशा को समझने वाला कोई भी नहीं था।

दनकौर पुलिस स्टेशन के एक छोटे–से कमरे में मेज लाकर रख दी गई थी। मेज की एक तरफ सूरज बैठा हुआ था तथा मेज की दूसरी तरफ ठीक उसके सामने पुलिस के सात–आठ अधिकारी बैठे हुए थे। उनमें से कुछ उसके सामने झुकते तथा हठ पूर्वक उस पर इल्जाम लगाना शुरू कर देते। उनके और सूरज के चेहरे के बीच मुश्किल से एक फुट का फासला था। शेष आराम से पीठ टिकाये बैठे हुए थे। वे सभी पुलिसवाले ऊपर से तो काफी शान्त और सदय दिख रहे थे किन्तु ऐसा प्रतीत हो रहा था जैसे कि वे सभी अपने शिकार से सन्तुष्ट होकर धूप खा रहे हों। किन्तु उन सभी की आँखें सूरज पर लगातार टिकी हुई थीं। उनमें से जो सबसे तगड़ा था, उसकी बड़ी–बड़ी लाल आँखें, उसके काले धँसे मांसल चेहरे में धँसी हुई प्रतीत हो रही थीं। वह सूरज से लगातार पूछताछ में लगा हुआ था– उसके चेहरे पर रूखेपन और कड़वाहट की झलक साफतौर पर झलक रही थी।

"तुम्हारा नाम क्या है"?

"जी, सूरज।" दबी हुई आवाज में सूरज ने जवाब दिया।

"इस मर्डर में तुम्हारा क्या क्या योगदान रहा है?"

"जी मेरा किसी भी मर्डर में कोई भी योगदान नहीं रहा है। मैं बेकसूर हूँ।" सूरज ने उन पुलिसवालों के समक्ष लगभग गिड़गिड़ाते हुए कहा।

हमें पता है कि तुम इस समय झूठ बोल रहे हो, उस पुलिस वाले ने लगभग चीखते हुए सूरज से कहा।

उन लोगों ने इसी दौरान उस मकान से सारी वस्तुएँ अपने कब्जे में ले ली थीं। जिनमें उन लड़कों द्वारा लोगों से चुराए हुए काफी सामान और कागजात बरामद हुए थे।

भले ही सूरज का उस अपराध से कोई ताल्लुक न रहा हो किन्तु उसकी गिरफ्तारी के अगले ही दिन देश के महत्त्वपूर्ण अखबारों में छपा कि वह एक खूनी है, जिसको गिरफ्तार करने के लिये पुलिस को काफी मशक्कत करनी पड़ी थी।

"मर्डर में इस्तेमाल हुआ वह हथियार कहाँ पर रखा है?" उस पुलिस के अधिकारी ने एक कड़क आवाज में सूरज से प्रश्न किया।

उस प्रश्न के उत्तर में सूरज सिर्फ इतना ही जवाब दे पाया था कि वह किसी भी हथियार के बारे में नहीं जानता कि तभी एक जोरदार थप्पड़ उस पुलिसवाले ने सूरज को रसीद कर दिया था।

ऐसी परिस्थिति में सूरज उन कारणों को उन्हें कैसे समझा पाता कि उसे जिस अपराध के लिये गिरफ्तार किया गया है, उस अपराध से उसका कोई लेना-देना नहीं है। पूछताछ के दौरान वह सूरज के किसी भी बात को समझने की कोशिश नहीं कर रहे थे। पूछताछ के दौरान सूरज का गला प्यास के कारण सूखता जा रहा था। पुलिस वालों में से एक पुलिस अधिकारी ने सूरज पर दया दिखाते हुए उसकी तरफ पानी की एक बोतल बढ़ाते हुए

कहा कि– "तुम्हें जो कुछ भी पता हो वह बता देना चाहिए, तुम हम लोगों पर यकीन कर सकते हो। अगर तुम वास्तव में बेगुनाह हो तो हम तुम्हारी जरूर मदद करेंगे। उस पुलिसवाले की बातों में दया का भाव कम तथा क्रूरता की झलक साफतौर पर दिख रही थी।

कुछ समय के लम्बी पूछताछ की प्रक्रिया के पश्चात् उन पुलिसवालों ने सूरज को पुलिस स्टेशन के पीछे के कमरे में ले जाकर बन्द कर दिया। पुलिस स्टेशन के पीछे का यह कमरा अर्ध सैनिक बलों की सुरक्षा घेरे में रखा गया था, जिसके कारण सूरज को एक पुलिस कर्मचारी के द्वारा बाद में बताया गया कि उसकी गिरफ्तारी के कुछ समय के उपरान्त ही दनकौर कोतवाली में मीडिया का हुजूम उमड़ने लगा था, पुलिस ने उस हुजूम को रोकने के लिये अपने स्तर से काफी प्रयत्न किया था किन्तु बढ़ती भीड़ ने उनके मनसूबों पर पानी फेर दिया था। काफी कोशिशों के उपरान्त जब पुलिसवाले थाने में लगातार बढ़ रही भीड़ पर काबू पाने में असमर्थ रहे तब मजबूरन उन लोगों ने अर्ध सैनिक बलों को थाने में बुला लिया था।

उस छोटे-से दमघोंटू कमरे में न तो रोशनी की सुविधा थी न ही हवा की। उस कमरे के एक कोने में बना शौचालय अत्यधिक दुर्गन्ध फैला रहा था। वहीं कमरे में पड़े लकड़ी के एक स्टूल पर सूरज बैठ गया था। इसी दौरान कई वर्दीधारी पुलिस अधिकारी आते और एक नजर उसे देखकर चले जाते। उस समय सूरज उन सभी पुलिसवालों के लिये एक इन्सान नहीं बस एक पुतला बनकर रह गया था। लगातार हो रहे पूछताछ की

वजह से वह काफी थका हुआ महसूस कर रहा था। उस कमरे से बाहर ले जाकर उन पुलिसवालों ने जब उसकी तस्वीर खींची, तथा मीडियावालों के सामने खड़ा किया तब उस समय उसे ऐसा प्रतीत हो रहा था, जैसे उसकी भावनाएँ शून्य हो गई हों, उसकी आँखों से आँसुओं की धारा सूख चुकी थी, हृदय कठोर हो चुका था, शरीर की साँसें तो चल रही थीं किन्तु उसका विवेक मर चुका था, वह एक जिन्दा लाश के समान खड़ा सिर्फ वहाँ पर उपस्थित लोगों के लिये एक आकर्षक पुतला बनकर रह गया था। काश! सूरज अपने अन्तर्मन की भावनाओं को उन सबके सामने रख पता। वहाँ पर उपस्थित भीड़ उसकी भावनाओं को समझ पाती। थकान की वजह से आँखों में नींद उतर तो आई थी किन्तु इस अजीब-से हालत का डर उसे सोने की इजाजत नहीं दे रहा था। कमरे के खुले दरवाजे से बाहर का दृश्य दिखाई पड़ रहा था- सूरज ने कमरे के बाहर देखा कि कमरे के बाहर फर्श पर एक लड़का बैठा हुआ है। उसके हाथों में हथकड़ियाँ लगी हुई थीं तथा कमर में रस्सी बँधी थी। उसकी एक आँख सूजकर लाल हो रही थी, जिससे खून की कुछ बूँदें टपककर उसके गले पर बह रही थीं। वह केवल एक जाँघिया पहने हुए था तथा बुखार से बुरी तरह से तप रहा था।

उस लड़के की दशा को देखकर ऐसा प्रतीत हो रहा था कि उसे राइफल के कुन्दे से मारा गया है। ऐसी परिस्थिति में सूरज उस लड़के के प्रति वेदनाएँ तो व्यक्त कर सकता था किन्तु उसकी मदद करने में असमर्थ था। सूरज जानबूझकर सोने का उपक्रम करने लगा- लाख कोशिशों के बावजूद न जाने क्यों वह सो नहीं पा रहा था?

अगले दिन सुबह ही सूरज तथा उसके जैसे उस हवालात में बन्द सभी कैदियों को कोर्ट में पेश किया गया। दिन के दोपहर तक सूरज और उसके साथ के बन्दी अपने केस की सुनवाई हेतु भूखे-प्यासे, पुलिस की दमघोटू गाड़ी में हथकड़ियों में जकड़े हुए बैठने पर विवश थे। शाम को लगभग चार बजे तक कोर्ट से निवृत्त होने के पश्चात् उन तमाम बन्दियों को पुलिस के द्वारा जिला कारागार गौतमबुद्ध नगर ले जाया गया। सूरज ने कभी सपने में भी नहीं सोचा था कि जीवन में कभी कारागार भी उसका घर बनेगा, लेकिन सच्चाई तो यही थी कि अब आने वाले भविष्य में यह कारागार ही सूरज का नया घर था। पहली बार कारागार के मुख्य गेट से भीतर आते वक्त सूरज के कदम लड़खड़ाने लगे थे। कारागार की जाँच-प्रक्रिया समाप्त होने के उपरान्त सभी नए आये बन्दियों को कारागार नियम के अनुसार कुछ दिनों तक कारागार के अन्य बन्दियों से अलग रखा गया। सूरज और उसके साथियों को कारागार के एक पीले वस्त्रधारी कैदी (नम्बरदार जो कि कारागार प्रशासन के लिये कार्य करते हैं) के साथ नवागन्तुक कारागार सर्किल संख्या 3 में भेज दिया गया। सर्किल संख्या 3 के एक बैरक में सूरज और उसके साथ आये अन्य बन्दियों को तीन कम्बल, खाने के लिये बर्तन तथा नहाने-धोने के लिये साबुन और दन्त मंजन देकर भेज दिया गया। उस बैरक में पहले से ही कई बन्दी बन्द थे। अतः सूरज उस बैरक के एक कोने में अपने कम्बलों को एक गद्दे के रूप में बिछाकर लेट गया। दिनभर के थकानभरे माहौल की वजह से बिस्तर पर लेटते ही उसे कब नींद ने अपने आलिंगन में ले लिया उसे पता ही नहीं चला।

अगले दिन सुबह पाँच बजे अर्थात् गिरफ्तारी के तीसरे दिन एक नम्बरदार जिसने पीला वस्त्र धारण किया हुआ था तथा जो जेल के अधिकारियों के लिये एक भरोसेमन्द कैदी था- उसने सूरज को गहरी नींद से अपने पैरों से ठोकर मारकर उठाया। बैरक के बाहर कतार में खड़े लगभग दो सौ से भी ज्यादा कैदियों के साथ सूरज को भी लाकर खड़ा कर दिया गया था। दो-दो की जोड़ी में वहाँ पर उपस्थित सभी बन्दियों को खड़ा करने के पश्चात् जेल के हेड वार्डर ने सुबह की गिनती की प्रक्रिया को प्रारम्भ किया। गिनती की प्रक्रिया के समाप्त होने के पश्चात् वह हेड वार्डन अपनी गिनती को मिलाकर उस नम्बरदार के साथ चला गया।

सुबह के गिनती की प्रक्रिया के समाप्त होने के पश्चात् सूरज को इस नए परिवेश तथा आसपास के वातावरण को करीब से जानने का मौका मिला। पहली नजर में गौतमबुद्ध नगर कारागार का यह सर्किल काफी रमणीय, सफेद, पीले और लाल फूलों की क्यारियों से भरा हुआ था। चारों तरफ से सफेद रंग से पुती हुई ऊँची-ऊँची दीवारों के मध्य दोमंजिल गेरुए रंग से पुती हुई डोरमेट्री तथा उस बैरक के चारों तरफ फूलों की क्यारियाँ एक नजर में किसी का भी मन अपनी तरफ आकर्षित करने में सक्षम थीं। मुख्य फाटक से बैरक तक के रास्ते के दाहिने हाथ की तरफ पड़ने वाली दीवार के साथ ही अमरूद, चमेली, जामुन तथा गेंदे और गुलाब के पौधे लगे हुए थे। इन पौधों के मध्य गेंदे और गुलाब के पौधों से फूल निकल आये थे।

कारागार के इस नए वातावरण का अभी सूरज निरीक्षण कर ही रहा था कि तभी एक बार पुनः सर्किल का मुख्य दरवाजा

फिर खुला, नीली धारिओं वाली टी-शर्ट पहने एक बन्दी अपने दूसरे साथी जिसने काली रंग की शर्ट पहन रखी थी एक नम्बरदार के साथ तेज कदमों से उस अहाते में प्रवेश किया। उनके हाथों में दो बड़ी-बड़ी बाल्टियाँ थीं जिनमें से वे दोनों बारी-बारी से सभी बन्दियों के बर्तन में सुबह का नाश्ता बाँटने लगे। प्रत्येक बन्दी को एक-एक मुट्ठी उबला हुआ चना तथा उसके साथ गन्ने की शिरे (गुड़) से बना हुआ लड्डू नाश्ते में वितरित किया गया था। नाश्ता वितरण के पश्चात् वे दोनों बन्दी पुनः उसी गति से सर्किल के मुख्य दरवाजे से बाहर निकल गए थे।

सुबह का नाश्ता करने के पश्चात् सभी बन्दी सुबह की नित्य क्रिया में व्यस्त हो गए किन्तु सूरज अभी भी हताशा और दुःख के भँवर से बाहर नहीं निकल पाया था। भारी मन से वह नाश्ता लेकर पुनः बैरक में अपने बिस्तर पर जाकर बैठ गया। भूख होने के बावजूद सूरज के मुख में उस नाश्ते का एक भी निवाला नहीं गया। कारागार में आने के पश्चात् सूरज बदहवास-सा हो गया था, कारागार से बाहर निकलने तथा अपनी बेगुनाही साबित करने हेतु उसे कोई भी मार्ग नहीं सूझ रहा था। बार-बार मन में यही ख्याल आता कि उसका इस दुनिया में कोई भी तो नहीं है जो उसके साथ इन्साफ की लड़ाई में उसका सहयोग दे सके। कहीं यह कारागार ही सूरज के जीवन का अन्त तो नहीं? ऐसे खतरनाक ख्यालों की वजह से उसका मन काफी व्याकुल हो उठता।

सुबह के नाश्ते के उपरान्त दोपहर के भोजन का भी ठीक वैसे ही वितरण हुआ जैसे सुबह में वितरित किया गया था।

सूरज ने दोपहर का भोजन ले तो लिया किन्तु उसे खाने की हिम्मत नहीं जुटा पा रहा था। दोपहर का एक पहर बीतने के उपरान्त भी जब सूरज ने भोजन नहीं किया तब एक साथी बन्दी जो उसकी बगल में ही लेटा हुआ था, उसने प्यार से सूरज को अपने पास बुलाकर कहा–

"मित्र! इस तरह भोजन को त्यागने से अगर हम सभी की समस्या का समाधान हो सकता है तो यकीन मानो यहाँ पर बन्द प्रत्येक बन्दी शायद कभी भी भोजन नहीं करेंगे। मेरे भाई, मुझे यह तो नहीं पता कि तुम किस गुनाह में यहाँ पर आये हो किन्तु मैं तुमसे सिर्फ इतना कहना चाहूँगा कि अपने ऊपर लगे गुनाह के कलंक को अपने मस्तिष्क से धोने के लिये हम सभी को आगे बहुत बड़ी लड़ाई लड़नी है। उस लड़ाई के लिये तुम्हें भोजन को इस प्रकार से नहीं त्यागना चाहिए। आज हमारे हालात जो भी हैं, यकीन मानो कल यह हालात जरूर बदलेंगे, इसके लिये तुम्हें अपने आप पर, तथा ऊपरवाले के न्याय पर भरोसा रखना चाहिए।"

उस अजनबी हमदर्द की बातों को सुनकर सूरज की आँखें भर आई थीं, सूरज ने जब भावुक मन से अपनी व्यथा तथा मजबूरी उस मित्र को बतायी, तो उस अजनबी दोस्त ने मुस्कुराते हुए कहा की– "मेरे भाई, एक बात सदा याद रखना कि ईश्वर कभी भी अपने बन्दों को इतनी तकलीफ नहीं देता, जो हम बर्दाश्त न कर सकें। अगर तुम बेगुनाह हो तो यकीन मानो ईश्वर इस कालकोठरी में भी तुम्हारे लिये जरूर कोई मार्ग प्रशस्त करेगा। मेरे भाई! सुख और दु:ख तो जीवन के दो पहलू हैं वह

सदा हम सभी के जीवन में आते रहेंगे किन्तु हमें किसी भी परिस्थिति में धर्म का साथ नहीं छोड़ना चाहिए। सूरज को अपने इस दु:ख की घड़ी में उस अनजान अजनबी की बातें काफी अच्छी लग रही थीं। उनकी बातों से सूरज के मन का दर्द कम होने लगा था। न जाने क्या जादू था उस अजनबी की बातों में जो सूरज सहसा ही उसकी तरफ वाणी को खिंचता ही चला गया।

उस अजनबी बन्दी की वाणी में इस कदर मिठास थी, जिसकी वजह से सूरज सिर्फ वाणी को सुनता ही जा रहा था। उनकी बातों से जब सूरज का मन थोड़ा हलका किया, तब सूरज ने आदर के साथ, उस अजनबी को देखते हुए पूछा-

"भाई क्या मैं आपका नाम जान सकता हूँ, मुझे नहीं पता कि मैं इस दु:ख की घड़ी में आपको क्या कहकर पुकारुँ, किन्तु इस समय आप मेरे लिये उम्मीद की वह किरण बनकर आये हैं, जिसकी व्याख्या मैं शब्दों में नहीं कर सकता हूँ। आपसे बात करने से पूर्व मैं इस दु:ख की घड़ी में अपना जीवन समाप्त करने का मन बना रहा था, किन्तु आपने मुझे इस गुनाह से बचा लिया। मैं आपका यह अहसान जीवन भर नहीं भूल सकता।"

उस अनजान व्यक्ति ने मुस्कुराते हुए सूरज से कहा कि-

"पगले एक ही पल में भाई बनाकर अनजान भी कर दिया, मेरा नाम जैद है। मैं प्रतापगढ़ उत्तर प्रदेश का रहने वाला हूँ, तुम्हारे यहाँ पर आने से कुछ दिन पूर्व ही मैं भी सुल्तानपुर कारागार से यहाँ पर आया हूँ।"

सूरज जैद भाई की तरफ आश्चर्य से देखते हुए कहने लगा कि- "भाई जिसके इतने नेक विचार हों, वह इस तरह से कैदियों की भाँति रह रहा है, मेरा दिल नहीं मानता कि आप जिसका खुदा में इतना अटूट विश्वास है वह किसी भी गुनाह में शामिल हो सकता है, आप ने ऐसा क्या गुनाह कर दिया भाई जो आपको, इस कारागार में एक बन्दी के समान जीवन व्यतीत करने पर विवस होना पड़ रहा है"?

जैद ने मुस्कुराते हुए सूरज से कहा कि मेरे भाई, "अल्लाह ने हम सभी मनुष्यों को एक समान ही बनाया है, सबके पास एक समान ही विवेक, दया, करुणा तथा दूसरों की सेवा का भाव दिया है, किन्तु हम मनुष्यों ने ईश्वर के द्वारा दिए हुए इन्हीं भावनाओं को ईर्ष्या, द्वेष तथा झूठे अभिमान में अपने विचारों को मिश्रित कर इस पूरे समाज को खोखला बना दिया है। मैं एक व्यापारी हूँ, ईमान से मिले धन पर विश्वास रखने वाला किन्तु कुछ अराजक तत्त्वों की साजिशों का शिकार होकर आज मैं भी तुम्हारे साथ यहाँ पर अन्धकार में जीवन को जीने पर विवश हूँ। किन्तु मुझे अल्लाह के न्यायचक्र पर पूरा भरोसा है, वह कभी भी अपने बन्दों को ऐसी मुसीबतों में ज्यादा समय तक नहीं रहने देगा। मेरे भाई, तुम्हारे साथ जो भी घटित हुआ उसको हम कभी बदल नहीं सकते किन्तु हमारे आने वाले भविष्य की रचना हमारे हाथों में होती है, अतः तुम अपने भूतकाल में घटित घटनाओं को भूलकर अपने नए भविष्य के निर्माण हेतु विचार करो, यह मत सोचो की यह कारागार ही तुम्हारे जीवन का अन्त है। सदा याद रखना, इस कारागार को हम मनुष्यों ने बनाया है, किन्तु

ईश्वर ने हम मनुष्यों को बनाया है। हमारे द्वारा की हुई संरचना में भूल हो सकती है किन्तु ईश्वर की संरचना में कभी नहीं, अतः इस वक्त जो भी तुम्हारे साथ घटित हो रहा है उसको तुम ईश्वर पर छोड़ दो।"

सूरज ने जैद से कहा कि भाईजान आप ठीक कहते हैं, अब मैं इस मुश्किल घड़ी में कभी भी हताश और निराश नहीं होऊँगा, बल्कि उन सभी विकल्पों के लिये प्रयास करूँगा जो मुझे बेगुनाह साबित कर सकें।

कुछ दिन कारागार में रहने के दौरान सूरज और जैद एक दूसरे की भावनाओं को काफी अच्छे से समझने लगे थे। जैद भाई कभी भी सूरज को किसी भी वस्तु की कमी का अहसास नहीं होने देते थे। उनको यह पता था कि सूरज का इस दुनिया मैं कोई नहीं है, शायद इसीलिए वह सदा अपनी मुलाकात पर अपने साथ-साथ सूरज के लिये भी कपड़े और जरूरत की सारी चीजें मँगवाते। जैद भाई के सान्निध्य में सूरज को कारागार में किसी भी वस्तु की कमी नहीं होती थी।

नए आगन्तुक बन्दियों को सीमित समय तक कारागार के अन्य बन्दियों से दूर रखा जाता था, वह समय सीमा समाप्त होने के पश्चात् सभी बन्दियों को जेलर के समक्ष पेश किया जाता, जहाँ से जेलर अपनी सुविधानुसार उन बन्दियों को कारागार के विभिन्न अहातों में उनकी गिनती कर भेज देते थे। इस प्रक्रिया की वजह से कारागार में शान्ति कायम रहती थी, क्योंकि कुछ ऐसे भी बन्दी बाहर से आते थे जिनके मध्य आपस में पहले से ही बैर की स्थिति होती थी तथा बन्दी अगर एक ही बैरक में

रहते तो जेल की शान्ति व्यवस्था भंग हो सकती थी, अतः जेलर के पास ऐसे बन्दियों की जानकारी होती थी, जिनकी वजह से वह उन तमाम बन्दियों को एक-दूसरे से अलग कर देते जिनकी वजह से कारागार में शान्ति कायम रखी जा सके। गिनती प्रक्रिया के दौरान कारागार प्रशासन ऐसे बन्दियों को भी चिन्हित कर लेता था जिनका बाहर से कोई मदद करने वाला नहीं होता था, ऐसे बन्दियों को उनकी स्वेच्छा से उनकी सुविधानुसार कारागार में कोई न कोई कार्य करने हेतु प्रेरित किया जाता था जिसकी वजह से ऐसे बन्दी कारागार में रहते हुए स्वाभिमान के साथ अपना जीवन व्यतीत कर सकते थे। उस दौरान किसी भी बन्दी को कभी भी किसी कार्य के लिये मजबूर नहीं किया जाता था। जेलर साहब इस चीज का विशेष ध्यान रखते थे कि उनके कारागार में कभी भी कोई बन्दी किसी भी प्रकार से किसी के द्वारा शोषित न हो। जब गिनती प्रक्रिया चल रही थी तब जैद और सूरज को अलग-अलग बन्दियों की श्रेणी में बैठा दिया गया था। जैद कारागार का कोई भी कार्य करने का इच्छुक नहीं था। शायद इसी वजह से उसे साधारण श्रेणी में बैठाया गया था, किन्तु सूरज अपनी स्वेच्छा से कारागार में कार्य करना चाहता था जिसकी वजह से वह अपने आपको ज्यादा से ज्यादा समय तक व्यस्त रख सके। इसी वजह से वह उन कैदियों की श्रेणी में बैठाया गया जो अपनी स्वेच्छा से कारागार में रहकर श्रमदान करना चाहते थे।

गिनती प्रक्रिया के दौरान जेलर साहब स्वयं प्रत्येक बन्दी को बारी-बारी से अपने स्तर पर परखने के पश्चात् उसे कारागार के अन्य अहातों में भेज रहे थे। इस क्रम में जैद को सर्किल

संख्या–1 एक के अहाते संख्या–2 में स्थान्तरित कर दिया गया। बन्दियों के ट्रान्सफर प्रक्रिया पूर्ण होने के पश्चात् अब बारी उन बन्दियों की थी जो आर्थिक रूप से कमजोर थे। बारी–बारी से प्रत्येक बन्दी से उसकी इच्छानुसार कारागार के कार्य में नियुक्त किया जाने लगा। इसी क्रम में जब सूरज से जेलर साहब ने उसके कार्य के क्षेत्र के बारे में पूछा तब सूरज उनके समक्ष कुछ भी बोलने में असमर्थ लग रहा था।

जेलर साहब के द्वारा बार–बार उसका पसन्दीदा कार्यक्षेत्र पूछने पर भी जब सूरज जेलर साहब को कुछ नहीं बता पाया तब उन्होंने सूरज को अलग कोने में खड़ा होने का इशारा किया और बाकी बन्दियों का वितरण उनकी सुविधानुसार करने में व्यस्त हो गए। सभी बन्दियों को अलग–अलग अहातों में भेजने के पश्चात् जेलर साहब ने सूरज (जो कि कोने में खड़ा था) को अपने पास बुलाते हुए कहा कि–

"बेटा, आप मेरे द्वारा बार–बार पूछने के उपरान्त भी अपना पसन्दीदा कार्यक्षेत्र नहीं बता पाए, आपके रिकॉर्ड के मुताबिक आप के माँ–बाप इस दुनिया में नहीं हैं, तथा कारागार में रहते हुए आप अगर कार्य करेंगे तो आप अपने स्वाभिमान के साथ कारागार में अपना जीवनयापन कर पाएँगे। कार्य सिर्फ पैसे के लिये ही नहीं अपितु, अपने आपको शारीरिक तथा मानसिक रूप से मजबूत करने के लिये भी जरूरी है। मैं आपके ऊपर किसी भी प्रकार का दबाव नहीं डालूँगा कि आप कारागार में रहते हुए कोई कार्य करें किन्तु अगर आप चाहें तो अपनी स्वेच्छा से कोई भी कार्य कर सकते हैं।"

जेलर साहब की बातों को सुनकर सूरज ने दबी जबान में कहा कि-

सर मैं बगिया में कार्य करना चाहूँगा, क्योंकि मेरे माँ-बाप के जाने के पश्चात् यह प्रकृति ही मेरी माँ और बाप है। इनकी सेवा करने से मुझे ऐसा प्रतीत होता है जैसे कि मैं आज भी अपने माँ-बाप की गोद में बैठा हूँ।"

सूरज के इन शब्दों ने जेलर साहब को अनायास ही उसकी तरफ आकर्षित कर दिया था। उनकी कारागार की नौकरी के दौरान शायद यह पहला मौका होगा जब किसी कम उम्र के बन्दी ने प्रकृति की इतनी खूबसूरत व्याख्या की हो। सूरज के द्वारा बोले गए प्रत्येक शब्द से उसके विचार और ज्ञान की अमृतधारा फूट रही थी। न जाने क्या जादू था सूरज के उन चन्द शब्दों में, जिसकी वजह से जेलर साहब अनायास ही उसके व्यक्तित्व की तरफ आकर्षित हो उठे थे। सूरज की इच्छानुसार उसे जेल की बगिया में कार्य करने हेतु नियुक्त कर दिया गया।

सूरज को बगिया में कार्य करते हुए लगभग दो सप्ताह व्यतीत हो चुके थे। इन दो सप्ताहों में उसने अपनी मेहनत से उस बगिया की काया ही पलट दी थी, जहाँ एक तरफ दूसरे बन्दी श्रम से जी चुराकर सारा दिन बातचीत और हँसी-मजाक में अपना समय व्यतीत कर रहे थे वहीं दूसरी तरफ सूरज बगिया में कोई न कोई कार्य करता रहता। जेलर साहब प्रतिदिन सुबह में जब भी बगिया की तरफ टहलने जाते, तो उन्हें सूरज सदा काम में व्यस्त ही मिलता। कारागार के इस बगिया में कुछ ऐसे भी पौधे थे जो लगातार सूखते जा रहे थे, किन्तु सूरज ने अपनी

मेहनत और लगन से उन पौधों में पुनः जीवन का संचार कर दिया था।

जेलर साहब को जब सूरज के द्वारा किये हुए इस करामात का पता चला तो, वह सूरज की मेहनत और कार्य करने की निष्ठा से अत्यधिक प्रसन्न हुए। एक दिन सुबह में टहलते हुए उन्होंने देखा कि सूरज एक सूखे हुए पौधे की मिट्टी की गुड़ाई कर उसमें पुनः खाद और पानी डाल रहा है। सूरज को ऐसा करता देख, वह सूरज के समीप जाकर खड़े हो गए। काफी समय तक सूरज अपने काम में लगा हुआ था, इस दौरान उसे यह होश भी नहीं रहा कि उसके पीछे जेलर साहब खड़े होकर उसे देख रहे हैं। उस पौधे को खाद और पानी देने के उपरान्त जैसे ही सूरज पीछे मुड़ा, तो अपने ठीक सामने जेलर साहब को खड़ा देखकर घबरा गया। जेलर साहब अभी भी सूरज को परम् आत्मीयता से देख रहे थे।

जेलर साहब ने उस समय तो सूरज से कुछ नहीं कहा, किन्तु उन्होंने अपने साथ चल रहे एक नम्बरदार को यह आदेश दिया कि सूरज को दस बजे उनके ऑफिस में पेश किया जाये। इतना कहकर वह तो वहाँ से चले गए, किन्तु सूरज तथा उसके साथ काम कर रहे तमाम बन्दियों का खून सूखने लगा था, वहाँ पर उपस्थित प्रत्येक बन्दी यही कयास लगा रहा था कि सूरज के द्वारा एक सूखे पौधे में खाद और पानी की बर्बादी की वजह से जेलर साहब काफी क्रोधित हुए हैं इसके फलस्वरूप सूरज को जेलर साहब कोई न कोई कठोर दंड जरूर देंगे।

सूरज का मन भी लगातार शंकाओं से घिरा जा रहा था। बार-बार उसके मन में यही ख्याल आ रहा था कि उसकी इस

गलती पर न जाने क्या सजा दी जाएगी। खैर डरते-डरते जब सूरज जेलर साहब कि ऑफिस में पहुँचा तब उस समय जेलर साहब सूरज का ही इन्तजार कर रहे थे।

डरते-डरते जब सूरज उनके कक्ष में पहुँचा तब उन्होंने सूरज को मुस्कुराते हुए देखा और प्यार से पूछा कि –

"बेटा, आज सुबह मैंने आपको एक सूखे पौधे में खाद और पानी डालते हुए देखा था, क्या आप मुझे बता सकते हैं कि आपने ऐसा क्यों किया?" जेलर साहब के प्रश्न पर सूरज ने कहा कि– "सर वह पौधे अभी पूर्ण रूप से सूखे नहीं हैं, उनमें अभी भी जीवन को जीने की आस बाकी है, मैं तो बस खाद और पानी की वजह से उन पौधों के उस जज्बे को आगे बढ़ाने की कोशिश कर रहा हूँ।

सूरज के इस उत्तर ने जेलर साहब के मन को मोह लिया था। उन्होंने मन में सोचा कि कितनी सच्चाई है इस लड़के की बातों में। जिसके इतने पवित्र विचार हों वह कैसे एक साथ दो-दो लोगों का कत्ल कर सकता है। न जाने क्यों जेलर साहब का दिल यह मानने को तैयार ही नहीं था कि सूरज ने दो-दो खून किए होंगे। कुछ पल मौन रहने के पश्चात् जेलर साहब ने सूरज से उसके अतीत के बारे में बताने के लिये कहा। सूरज ने यथावत अपने अतीत में घटित प्रत्येक घटना को जेलर साहब के समक्ष कह सुनाया।

सूरज की दर्दभरी कहानी को सुनने के उपरान्त जेलर साहब ने सूरज से कहा कि- बेटा! मैं यह तो नहीं कह सकता कि तुम्हारे साथ जो भी ईश्वर ने अन्याय किया है मैं उसको बदल सकता हूँ, किन्तु अगर तुम चाहो तो मैं तुम्हारी इस न्याय की

लड़ाई में तुम्हारा साथ दे सकता हूँ। जेलर साहब ने जब सूरज से यह शब्द कहे तो सूरज को यह यकीन ही नहीं हुआ कि उसकी न्याय की लड़ाई में खुद जेलर साहब उसकी मदद करना चाहते हैं।

जेलर साहब ने सूरज से कहा कि– "बेटा, कारागार विभाग ऐसे बन्दियों को जो आर्थिक रूप से पिछड़े हुए है तथा जिनके पास अपनी कानूनी लड़ाई को लड़ने के लिये कोई सुविधा नहीं है, ऐसे बन्दियों के लिये मुफ्त मैं विधिक सेवा की सुविधा मुहैया करवाई जाती है। अगर तुम चाहो तो मैं विधिक सहायता से तुम्हारे लिये एक अच्छा वकील मुहैया करवा सकता हूँ, जो तुम्हारे लिये कोर्ट में न्याय की जंग लड़ेगा। इसके साथ–साथ अगर तुम चाहो तो इस कारागार में रहते हुए अपनी अधूरी शिक्षा को भी पूर्ण कर सकते हो। बेटा, एक बात सदैव याद रखना कि, विद्या धन से बड़ा और कोई धन नहीं होता। अगर तुमने यहाँ पर रहकर अपने समय का सदुपयोग करना सीख लिया तो सम्भव है कि एक दिन तुम अपने माथे पर लगा यह कलंक भी मिटाने में कामयाब हो जाओगे। मैंने तुम्हारे अन्दर अच्छाई की जो चिंगारी देखी है मैं नहीं चाहता कि वह चिंगारी वक्त और हालात के थपेड़ों में पड़कर शान्त हो जाये। तुम्हें इस मुश्किल घड़ी में सत्य और धर्म का साथ कभी नहीं छोड़ना चाहिए।"

जेलर साहब की बातों में सूरज ने अपने अन्धकारमय जीवन में एक प्रकाश की किरण देखी थी। वह यह समझ ही नहीं पा रहा था कि इस दु:ख की घड़ी में उसको कोई देवदूत इस रूप में दर्शन दे सकता है। बिना किसी विलम्ब के सूरज ने कारागार

में रहकर आगे पढ़ने की इच्छा व्यक्त कर दी। कुछ ही दिनों के उपरान्त सूरज का दाखिला इगनू (इन्दिरा गाँधी राष्ट्रीय मुक्त विश्वविद्यालय) में करवा दिया गया था। उसी दिन सूरज के निवेदन पर उसकी गिनती भी उसी बैरक में कर दी गई जिसमें मित्र गया था। जैद भाई अक्सर सूरज से न्याय, धर्म और नीति की बाते करते रहते तथा बाहर से मुलाकात के दौरान सूरज के लिये उपयोगी पुस्तकें और कपड़े मँगाकर देते रहते। जब भी सूरज उनसे वह कपड़े और पुस्तक लेने में संकोच करता तो वह मुस्कुराकर यही कहते कि भाई कहा है तो भाई का धर्म तो निभाना ही होगा, उनके इस कथन के पश्चात् सूरज कुछ भी बोलने में असमर्थ हो जाता।

इधर दूसरी तरफ जेलर साहब भी अपने स्तर से सूरज को बाहर से फल तथा किताबें लाकर देते रहते थे ताकि सूरज को कभी किसी भी वस्तु की कमी महसूस न हो। सूरज दिन-रात एक कर अपनी पढ़ाई में लग गया था। अक्सर वह अपनी पढ़ाई दिन में दोपहर के भोजन के उपरान्त प्रारम्भ करता तथा रात्रि के एक बजे तक पढ़ता ही रहता। कारागार में अब यही उसकी दिनचर्या बन गई थी।

कारागार में सूरज के समान ही शिव नामक एक और बन्दी था, जो सूरज के समान ही अनाथ था, किन्तु नशे की हालत ने उसकी दशा को काफी खराब कर दिया था। नशे की पूर्ति करने के लिये वह अक्सर घरों में चोरी करता और उन पैसों से अपने लिये नशा खरीदता। अपने इसी लत की वजह से शिव कई बार इससे पूर्व भी कारागार आ चुका था। कारागार में आने के पश्चात् भी शिव की हरकतों में कोई विशेष सुधार नहीं था।

सूरज का बिस्तर शिव के बिस्तर के बगल में ही था तथा सदा शिव को इस बात की चिढ़ रहती कि कारागार में सूरज को जेलर साहब की विशेष कृपा मिली हुई है, शिव कभी नहीं चाहता था कि सूरज जेलर साहब की विशेष कृपा का पात्र बना रहे, इसलिए वह सदा कोई न कोई बहाना करके सूरज से उलझते रहता। कभी सूरज की किताबें फाड़ देता, तो कभी जबरन उसके कपड़े पहन लेता। वह ऐसा कोई मौका नहीं छोड़ता जिसकी वजह से सूरज और उसके मध्य लड़ाई की स्थिति उत्पन्न हो सके।

सूरज शिव की वजह से काफी परेशान रहता, किन्तु कभी किसी के समक्ष शिव की शिकायत नहीं करता। एक रात जब बैरक के समस्त बन्दी गहरी नींद की चपेट में सो रहे थे, तब सूरज ने देखा कि शिव अचानक से अपने पेट की दर्द की वजह से तड़पने लगा था। शिव को ऐसे तड़पते देखकर सूरज ने बैरक के बाहर पहरा दे रहे कारागार के सिपाही को आवाज लगायी, उसी समय पर शिव को कारागार के अस्पताल में उपचार के लिये ले जाया गया किन्तु कारागार के अस्पताल पहुँचने से पूर्व ही शिव के प्राणपखेरू निकल चुके थे।

शिव की आकस्मिक मौत ने सूरज के मन और मस्तिस्क पर गहरा आघात किया था। चूँकि शिव का बाहर कोई नहीं था। अतः उसका क्रिया-कर्म कारागार प्रशासन के द्वारा कर दिया गया था। शिव की मृत्यु के पश्चात् सूरज के मन में यह डर बैठ गया था कि शिव के समान ही उसका भी इस दुनिया में कोई नहीं है, क्या उसके भी जीवन का अन्त ऐसे ही होगा एक

गुमनामी के अँधेरे में, इस विचार से सूरज का दिल और दिमाग बैठा जा रहा था। उसका मन अब किसी भी कार्य में नहीं लग रहा था। सूरज के हालत के बारे में जब जेलर साहब को ज्ञात हुआ तब उन्होंने उसे अपने पास बुलाकर कहा कि –

"बेटा यह समाज ही तुम्हारा परिवार है। तुम अपने कर्म के अनुसार समाज को जो दोगे बदले में समाज से तुम्हें भी वहीं प्राप्त होगा। तुम्हारी शिक्षा और तुम्हारी अच्छाई तुम्हें समाज में जरूर सम्मान दिलाएँगी, इसका मुझे पूर्ण विश्वास है। हम सभी का जन्म ईश्वर की कृपा से होता है किन्तु मृत्यु के समय समाज का हमारे प्रति क्या रवैया होगा यह हमारे विचारों और संस्कारों पर निर्भर करता है। शिव की मृत्यु से समाज के किसी भी वर्ग को कोई फर्क नहीं पड़ा क्योंकि शिव ने समाज को कभी कुछ दिया नहीं अपितु अपने कर्मों से सदा समाज को दुःखी किया, इसलिए उसकी मृत्यु से समाज के किसी भी वर्ग को कोई फर्क नहीं पड़ता। अगर हमारा कर्म दूसरों की सेवा तथा धार्मिक कार्यों में लगा होगा तो यह समाज भी हमारा परिवार की तरह ही सम्मान करेगा।"

जेलर साहब की बातों को सुनकर सूरज ने उनसे कहा कि सर, "मैं समाज में एक सच्चे तथा एक जिम्मेदार नागरिक के भाँति रहकर जीवन व्यतीत करना चाहता हूँ, मैं अपने सेवा भाव से समाज में एक नई पहचान स्थापित करूँगा तथा मेरी मृत्यु एक लावारिश मृत्यु नहीं होगी बल्कि मैं समाज के एक सम्मानीय व्यक्ति की मृत्यु को प्राप्त करूँगा।" सूरज की बातों को सुनकर उन्होंने सूरज को गले से लगा लिया।

जेलर साहब से मिलने के पश्चात् सूरज ने अपने जीवन का लक्ष्य निर्धारित कर लिया था। वह दिन-रात मेहनत करने लगा था। सूरज ने पढ़ाई के दौरान खाली समय में जैद के साथ मिलकर दो-तीन पौधे अपनी बैरक के बाहर लगा दिये थे, खाली समय में सूरज उन पौधों की देखभाल करता तथा उन पौधों की सेवा कर अपना मन शान्त करने का यत्न करता। कुछ ही दिनों में सूरज और जैद ने उस वीरान पड़ी भूमि को अपनी मेहनत से एक हरे-भरे बाग में तब्दील कर दिया था। बैरक के बाहर का यह इलाका काफी मनोरम लगता था। समय बिताता गया, और समय के साथ-साथ सूरज का अटल निश्चय भी हिमालय के साथ-साथ मजबूत होता चला गया।

दसवीं की परीक्षा समाप्त हो चुकी थी। सूरज की मेहनत ने रंग लायी थी। दसवीं की परीक्षा में सूरज ने शत-प्रतिशत अंक लाकर एक नया कीर्तिमान स्थापित किया था। उसने वह मुकाम हासिल किया था जो आज से पूर्व देश के इतिहास में किसी भी बन्दी के द्वारा नहीं रचा गया था। सूरज की यह उपलब्धि सिर्फ जिला कारागार गौतमबुद्ध नगर की ही उपलब्धि नहीं थी अपितु, देश में बन्द प्रत्येक उस बन्दी के लिये उसने इतिहास रच दिया था, जो जीवन में कुछ करना चाहता है। कारागार के अन्दर से ही दसवीं में पूरे भारत में टॉप करने की वजह से सूरज सहसा ही सम्पूर्ण देश में आकर्षण का केन्द्र बन गया था। देश के बड़े-बड़े मीडियाकर्मी सूरज का एक इंटरव्यू लेने हेतु आतुर हो उठे थे।

सूरज की इस सफलता को देखकर जेलर साहब की आँखें भी खुशी से नम हो उठी थीं। उन्होंने सूरज को गले से लगाकर

उसे आशीर्वाद देते हुए कहा कि बेटा, "कारण और परिणाम का नियम बताता है कि हमारे जीवन में मौजूद हर परिणाम के पीछे एक निश्चित कारण होता है। यह इतना महत्त्वपूर्ण नियम है कि इसे 'ब्रह्मांड का फौलादी नियम' भी कहा जा सकता है। यह बताता है कि हर चीज किसी न किसी कारण से होती है, चाहे हम उस कारण को जानते हों या न जानते हों। इस दुनिया में संयोग जैसी कोई चीज नहीं होती, अतः आज तुमने जो सफलता हासिल की है वह सिर्फ इसीलिए मिली है क्योंकि तुम इस सफलता के पीछे की मुख्य वजह को जानते हो। अँधेरे में कोसने के बजाय एक छोटी मोमबत्ती जलाना बेहतर होता है। तुमने इस शिक्षा और अपने परीक्षा में उत्कृष्ट प्रदर्शन से यह साबित कर दिया है कि तुम्हारे अन्दर अपने आपको बेगुनाह साबित करने की कितनी इच्छा प्रबल है। बेटा-विश्वास का नियम यह बताता है कि हम प्रबल इच्छाशक्ति के साथ जिस भी चीज की कामना करेंगे वह एक-न-एक दिन जरूर हकीकत बन जाएगी। बेटा, तुम बस अपने आप पर सदा भरोसा रखना।"

सूरज की सफलता की खबर जैसे ही जेल के डी.जी.पी. श्री आनन्द कुमार साहब तक पहुँची तो उनकी खुशी का ठिकाना ही नहीं रहा। डी.जी.पी साहब एक नेक, अनुशासन प्रिय, सदा अपने निजी सुखों से पहले दूसरों के हितों के बारे में सोचने वाले, बहुमुखी प्रतिभा के धनी व्यक्तित्व के मालिक हैं। कारागार विभाग में बतौर डी.जी.पी. नियुक्त होने के पश्चात् उनकी यह प्राथमिकता रही है कि वह अपराधियों के जीवन में गुणात्मक सुधार कर समाज में उन्हें एक सम्मानित जीवन जीने का मार्ग प्रशस्त करें। अपने इसी उद्देश्य की पूर्ति के लिये उन्होंने

अपने कार्यकाल में बन्दियों के हितों का ख्याल रखते हुए कई बन्दी कल्याणकारी योजनाओ को उत्तर प्रदेश के समस्त कारागारों में शुरू किया है। जिनमें मुख्यत:, बन्दियों के पुनर्वास योजना, उन्हें उचित माहौल में शिक्षित करने की योजना तथा कारागार में ही बन्दियों को रोजगार हेतु विभिन्न प्रकार के उपयोगी प्रशिक्षण देने की योजना उनकी दूरदर्शिता तथा उनकी उदार विचारों की ही देन हैं। डी.जी.पी. साहब की सदा यही प्राथमिकता रही है कि इन समस्त योजनाओं का लाभ उठाकर कारागार में बन्द प्रत्येक बन्दी जब भी कारागार से बाहर निकलकर समाज की मुख्य धारा से जुड़ने हेतु जाये तो उस समय उस अपराधी की मानसिकता एक अपराधी की न होकर देश के एक जिम्मेदार नागरिक की होनी चाहिए।

सूरज की इस सफलता ने डी.जी.पी. साहब के उस सपने को उम्मीद का एक पंख दिया था जो वह कारागार विभाग में नियुक्त होने के पश्चात् सिद्दत से देख रहे थे। उन्हें जैसे ही यह ज्ञात हुआ कि जिला कारागार गौतमबुद्ध नगर के एक बन्दी ने शिक्षा के क्षेत्र में ध्रुवतारे के समान वह सर्वोच्च स्थान प्राप्त किया है जो युगों-युगों तक कई बन्दियों को एक नई सोच और दिशा का मार्ग प्रशस्त करेगा, तो डी.जी.पी. साहब की खुशी का ठिकाना नहीं रहा। सूरज की सफलता उनके लिये उम्मीद की वह किरण लेकर आई थी, जिसके फलस्वरूप निकट भविष्य में कारागार में बन्द कई बन्दियों का अन्धकारमय जीवन, ज्ञान के प्रकाश से रोशन होने वाला था।

सूरज के द्वारा अर्जित इस सफलता ने उनके दिल को इस कदर मोह लिया था, कि वह सूरज के बारे में सब कुछ जानने

हेतु तत्पर एवं इच्छुक थे। अगले ही दिन उन्होंने जिला कारागार से सूरज की केस फाइल अपने ऑफिस में मँगवा ली थी। वह सूरज के बारे में सब कुछ जानना चाहते थे, उनके दिमाग में बार-बार यही प्रश्न कौंध रहा था कि ऐसे कौन-से हालात उत्पन्न हुए होंगे सूरज के समक्ष जो वह एक प्रतिभावान एवं गुणवान होने के बावजूद आज कारागार में एक बन्दी की भाँति रहने को विवश है।

डी.जी.पी. साहब का दिल यह मानाने को तैयार ही नहीं हो रहा था कि जिस बालक की शिक्षा के प्रति इतनी अटूट श्रद्धा हो वह अपराध कैसे कर सकता है? डी.जी.पी. साहब के आदेशानुसार सूरज की केस फाइल को लेकर स्वयं जेलर साहब उनके ऑफिस में पहुँचे थे। सूरज की फाइल को देखने के पश्चात् तथा जेलर साहब के मुख से सूरज के कारागार में मेहनत की दास्तान को सुनकर डी.जी.पी. साहब ने मन ही मन में सूरज को इन्साफ दि़लाने हेतु संकल्प ले लिया था। वह किसी भी हालत में सूरज जैसे एक प्रतिभावान बच्चे को कैद में नहीं रहने देना चाहते थे। डी.जी.पी. साहब मन ही मन यह निर्णय लिया कि अगर सूरज बेकसूर है तो वह उसके इन्साफ की लड़ाई में पूरी मदद करेंगे।

अगले ही दिन सूरज के विषय में चर्चा करने हेतु उन्होंने अपने एक विश्वसनीय वकील मित्र श्री राजन सिंहजी से सलाह लेते हुए यह निवेदन किया कि वह सूरज कि केस को स्वयं अपने स्तर पर देखें और अगर वह वास्तव में बेकसूर है तो सूरज को न्याय दिलाने में उसकी मदद करें। राजन सिंहजी क्षेत्र के मझे

हुए प्रतिष्ठित वकील थे, किन्तु सूरज के बारे में जानने के पश्चात् उन्होंने डी.जी.पी. साहब से सूरज का केस मुफ्त में लड़ने का निर्णय लिया। डी.जी.पी. साहब ने राजनजी से निवेदन करते हुए कहा कि सूरज को कभी यह नहीं पता चलना चाहिए कि मैंने आपको उसके केस के लिये तैयार किया है, उसे सदा यही लगना चाहिए कि, उसकी मेहनत की वजह से उसे यह सब सम्मान मिल रहा है, ताकि वह निरन्तर मेहनत करता रहे तथा उसके जैसे और बन्दी भी मेहनत की ताकत को समझ सकें। अगर सूरज अपनी मेहनत के दम पर न्याय प्राप्त कर लेता है तो यह सिर्फ उसकी जीत नहीं होगी अपितु यह जीत होगी उन तमाम उम्मीदों की जो सूरज ने उसके जैसे कई बन्दियों की आँखों में जगाया है।

डी.जी.पी. साहब के निर्देशानुसार राजन सिंहजी अगले ही दिन सूरज से मिलने कारागार गौतमबुद्ध नगर पहुँच गए थे। उन्होंने सूरज से मिलकर उसके केस की विस्तृत जानकारी इक्ट्ठी की तथा सूरज को यह वचन दिया कि सूरज के केस में वह खुद उसकी पैरवी करेंगे। सूरज को जैसे यकीन ही नहीं हो रहा था कि अचानक से उसके जीवन में इतनी खुशियाँ कहाँ से आ गईं। सब कुछ एक स्वप्न जैसा प्रतीत हो रहा था।

पाँच वर्ष सूरज ने कारागार में रहते शिक्षा के क्षेत्र में एक नया मुकाम हासिल कर लिया था। सूरज की उपलब्धियों को देखते हुए कारागार में मौजूद उसकी उम्र के अन्य बन्दी भी अब शिक्षा की शक्ति को समझने लगे थे। धीरे-धीरे जिला कारागार गौतमबुद्ध नगर उन तमाम बन्दियों के लिये एक पाठशाला बन

गया था जो जीवन में कुछ सीखकर अपनी पहचान बदलना चाहते थे। गौतमबुद्ध नगर कारागार से शिक्षा की जो आँधी उठी थी वह अब प्रदेश की ही नहीं अपितु देश के कई युवा अपराधियों की मनोदशा को बदल रही थी। देखते ही देखते जिला कारागार गौतमबुद्ध नगर प्रत्येक दिन अखबारों की सुर्खियाँ बटोरने लगा था।

सूरज ने इन पाँच वर्षों में कारागार के अन्दर रहते हुए स्नातक तक विद्या अर्जित कर लिया था। एक दिन सूरज के जीवन में वह खुशखबरी आई जिसको सुनाने के लिये सूरज के कान और आत्मा दोनों तरस गए थे। कोर्ट ने अन्त में यह फैसला सुना ही दिया कि सूरज का उस अपराध में कोई हाथ नहीं है, वह बेकसूर है तथा सूरज को बा-इज्ज़त सभी जुर्मों से बरी किया जाता है।

जज ने जैसे ही सूरज के सामने यह फैसला सुनाया, सूरज की आँखों से आँसू की धारा फूट पड़ी थी, उसका रोम-रोम हर्ष से प्रफुल्लित हो उठा था, इस फैसले के तुरन्त बाद ही सूरज राजनजी के चरणों में गिर पड़ा था।

सूरज को चरणों से उठाकर राजनजी ने उसको गले से लगते हुए कहा कि- बेटा! मैंने तो सिर्फ तुम्हारे लिये इस कोर्ट में पक्ष रखा है किन्तु जिन लोगों ने तुम्हारी इस लड़ाई में महत्त्वपूर्ण भूमिका निभाई है, तुम्हें उनका आशीर्वाद लेना चाहिए। वे दोनों महान आत्माएँ अगर नहीं होती तो संभव है कि इस इंसाफ की लड़ाई में मैं तुम्हारा कभी साथ नहीं दे पाता। वे दोनों महान आत्माएँ तुम्हारे जेलर साहब और खुद डी.जी.पी साहब हैं जिनके

दिशा–निर्देश की वजह से आज यह शुभ दिन तुम्हें प्राप्त हुआ है। जीवन में इन दोनों का अहसान तुम कभी मत भूलना। इतना कहने के पश्चात् राजन सिंहजी कोर्ट से बाहर चले गए और सूरज अपलक उनको बस देखता रहा।

अदालत से बेकसूर साबित होने के पश्चात् सूरज जैसे ही कारागार में पहुँचा तो उसे ज्ञात हुआ कि जेलर साहब का भी तबादला ललितपुर कारागार में हो गया है तथा वह भी कल यहाँ से जाने वाले हैं। अपनी पोस्टिंग के पश्चात् जेलर साहब बेसब्री से सूरज का ही इन्तजार कर रहे थे। जैसे ही सूरज वकील के आने के पश्चात् उनके सम्मुख खुशखबरी देने हेतु पहुँचा, उन्होंने सूरज के चेहरे की मुस्कान को देखते ही समझ लिया कि उसे माननीय अदालत ने सारे गुनाहों से बरी कर दिया है। आँखों में बहते आँसुओं को पोंछते हुए सूरज जेलर साहब के चरणों में गिर पड़ा था।

जेलर साहब ने सूरज को प्रेमपूर्वक अपने चरणों से उठाकर गले से लगा लिया। कुछ पल तक सूरज जेलर साहब से लिपट कर सिर्फ रोता ही रहा। आज जेलर साहब ने उसको रोने से नहीं टोका, बल्कि प्रेम से उसके सिर को सहलाते हुए कहा कि "बेटा! अब जीवन तुम्हारा एक नए मार्ग पर स्वागत करने को तैयार खड़ा है। इस कारागार से निकलने के पश्चात् तुम जीवन का एक नया अध्याय प्रारम्भ करोगे। इसीलिए जितनी भी तुम्हारे दिल में वेदनाएँ हैं उन समस्त वेदनावों को यहाँ से जाने से पूर्व यहीं कारागार में ही दफन कर देना। अपने नवीन जीवन का प्रारम्भ एक नवीन जोश और उत्साह के साथ करना। ईश्वर सदा तुम्हें सफलता का पथ प्रदान करेगा।"

जेलर साहब के इस आशीर्वाद से सूरज को अपने गुरु की निःस्वार्थ एवं निश्छल प्रेम की महक महसूस हो रही थी। सूरज ने हाथ जोड़कर जेलर साहब से निवेदन करते हुए कहा कि, "सर मैंने कभी ईश्वर को प्रत्यक्ष रूप से नहीं देखा, किन्तु आप से मिलने के पश्चात् आज मैंने यह जान लिया कि, आप ही मेरे ईश्वर हैं। मेरे अन्धकारमय जीवन में ज्ञान का प्रकाश बिखेरकर आपने मुझे गिरने से बचा लिया। सर अगर आप मेरे जीवन में नहीं आये होते तो आज यह सूरज कब का अस्त हो चुका होता, किन्तु आपने अपने तेज से इस सूरज को अस्त होने से बचा लिया। आपने जो ज्ञान रूपी पौधा मेरे अन्दर अंकुरित किया था वह सदा मेरे हृदय में विद्यमान रहेगा।"

सूरज की बातें सुनने के पश्चात् जेलर साहब ने मुस्कुराते हुए सूरज से कहा कि- बेटा, तुम्हारी इस सफलता के पीछे सिर्फ मेरा ही नहीं अपितु डी.जी.पी. साहब का भी बड़ा योगदान है। उनके इस योगदान को तुम्हें कभी नहीं भूलना चाहिए। उन्होंने ही तुम्हारे लिये राजनजी जैसे एक होनहार वकील को नियुक्त किया था। यह डी.जी.पी. साहब का ही निर्देश था कि तुम्हें कभी यह नहीं बताया जाये कि वह तुम्हारी प्रत्यक्ष रूप से मदद कर रहे हैं। इसके पीछे उनका मात्र यही उद्देश्य था कि तुम अपनी शिक्षा और मेहनत से कभी विमुख न हो सको।

तुमने जो भी ज्ञान यहाँ पर रहकर प्राप्त किया है, उस ज्ञान के प्रकाश से तुम अब समाज में प्रकाश करो यही डी.जी.पी. साहब और मेरी मंशा है तथा यही सही मायनों में हम दोनों की गुरुदक्षिणा होगी। सूरज ने जेलर साहब को वचन देते हुए कहा कि- "सर, मैं आपको यह वचन देता हूँ कि आपका यह शिष्य

इस कारागार में जरूर एक अपराधी के समान आया था किन्तु आगे भविष्य में मैंन सेवा, ज्ञान तथा त्याग से समाज में एक ऐसा उदाहरण पेश करूँगा जो युगों-युगों तक एक कीर्तिमान बनेगा। आपका और डी.जी.पी. साहब का वह सपना की एक अपराधी को समाज की मुख्य धारा से जोड़ा जाये वह मैं जरूर पूरा करूँगा। मैं अपने कर्मों और सेवाभाव से सदा आप दोनों का मान बढ़ाने की कोशिश करूँगा।

सूरज की बातों को सुनकर जेलर साहब की आँखें नम हो गयी थीं, अब उन्हें अपना और डी.जी. साहब का सपना सूरज के रूप में साकार होते नजर आ रहा था। उन्हें सूरज के अन्दर उम्मीद की एक किरण नजर आ रही थी जो निकट भविष्य में कई ऐसे युवाओं के लिये एक ऐसी प्रेरणा का स्रोत बनाने वाला था जो जाने-अनजाने में अपराध की दलदल में फाँसकर अपना और देश का भविष्य अँधेरे में डाल देते हैं। जेलर साहब ऐसे युवाओं के समक्ष सूरज का उदाहरण प्रस्तुत कर उन्हें अपराध के पथ से हटाकर समाज की मुख्य धारा से जोड़ने का आने वाले भविष्य में एक सपना अपनी आँखों में सँजो रहे थे।

उस दिन गौतमबुद्ध नगर जेल में एक जश्न का माहौल बन गया था क्योंकि सूरज की रिहाई की खबर सिर्फ सूरज के लिये ही नहीं अपितु उस कारागार में बन्द समस्त बन्दियों के लिये न जाने क्यों एक उल्लास का कारक बन गई थी। जो भी बन्दी सूरज की रिहाई की खबर सुनता वह उसी क्षण सूरज से मिलने और उसे बधाई देने हेतु सूरज के बैरक की तरफ चल देता। इन तमाम बधाइयों और शुभकामनाओं के मध्य सूरज का मन जहाँ

एक तरफ हर्ष से प्रफुल्लित हो रहा था वहीं दूसरी तरफ दिल के किसी कोने में सूरज का मन संशय के बादल में फँसा हुआ यह विचार कर रहा था कि क्या आने वाला समय उसके लिये इतना ही सुगम हो पायेगा?

सुबह की पहली किरण के साथ जब प्रातः की लालिमा ने रात्रि के अन्धकार पर विजय प्राप्त कर जीवन को एक नए संघर्ष के लिये जागृत किया तब वातावरण में चिड़ियों की मधुर आवाज सम्पूर्ण वातावरण को एक मधुर संगीत में पिरोने लगी थी। इधर सुबह के प्रहरियों ने बन्द कारागार को खोलकर बन्दियों के सुबह के गिनती की प्रक्रिया प्रारम्भ कर दी थी। सूरज के बैरक के समूचे बन्दी अपनी-अपनी बिस्तर से उठकर गिनती के लिये बाहर निकलने लगे थे किन्तु इस सुबह सूरज अपने बिस्तर पर ही लेटा हुआ अभी अपने अतीत की यादों में गोते लगा रहा था।

जैद ने सूरज को प्यार से उठाते हुए कहा- "सूरज, आज की सुबह तुम्हारे जीवन में एक नया प्रकाश लेकर आई है, ऐसे आलस में लेटकर अपने जीवन के इस नए पर्व को बर्बाद मत करो। तुम्हें तो इस वक्त उत्साह और जोश के साथ अपने इस नई सुबह का स्वागत करना चाहिए, किन्तु तुम न जाने किस सोच में डूबे हुए हो।"

जैद के उठने के पश्चात् सूरज भी अपने अतीत की यादों से बाहर निकल आया था, उसने मुस्कुराते हुए जैद को प्रातः का नमस्कार करते हुए कहा कि- "भाईजान, आप सत्य कहते हैं आज की सुबह मेरे जीवन में एक नया प्रकाश लेकर आई है, मुझे इस अनमोल अवसर को यूँ ही आलस में बर्बाद नहीं करना

चाहिए। चलिए आज इस कारागार में मेरे आखरी गिनती में हम दोनों भाई एक साथ सरीक होते है।"

इतना कहते हुए सूरज जैद भाई का हाथ पकड़कर सुबह की गिनती की प्रक्रिया में शामिल होने के लिए बाहर निकल गया। गिनती और सुबह के नाश्ते की प्रक्रिया के समाप्त होने के पश्चात् एक नम्बरदार हाथों में सूरज के रिहाई का फरमान ले कर उसको आवाज देता हुआ उसकी बैरक की तरफ चला आ रहा था। उस नम्बरदार के उत्साह को देखकर ऐसा प्रतीत हो रहा था कि जैसे यह रिहाई सूरज की नहीं अपितु स्वयं उसकी खुद की हो। रिहाई का कागज आने के पश्चात् सूरज का अन्तर्मन तो खुशी से प्रफुल्लित हो रहा था किन्तु न जाने क्यों उसकी आँखों से अश्रुओं का सैलाब फूट पड़ा था। अश्रुओं के इस सैलाब को देखकर सूरज यह समझ नहीं पा रहा था कि यह उसके रिहा होने के खुशी के आँसू हैं या फिर इन पाँच वर्षों में जो अपनापन इन बन्दियों से मिला उनसे बिछुड़ने के गम के आँसू है। आँखों में अश्रु लिये सूरज सभी मित्रों से गले मिलते हुए अपने बैरक से बाहर निकल रहा था। जैसे-जैसे सूरज के कदम कारागार के मुख्य दरवाजे की तरफ बढ़ रहे थे वैसे-वैसे ही उसके पीछे कई बन्दी उसको मुख्य दरवाजे तक छोड़ने के लिये उसके साथ हो लिये थे। देखते ही देखते सूरज के साथ बन्दियों की एक लम्बी कतार लग गई थी।

मुख्य दरवाजे से अन्दर जाने के पश्चात् सूरज रिहाई की समस्त प्रक्रिया को पूर्ण करने के पश्चात् अन्त में जब जेलर साहब के ऑफिस में पहुँचा तो वह बड़े ही गर्मजोशी के साथ

सूरज का स्वागत करते हुए उसे गले से लगाते हुए बोले- बेटा, आज से तुम अपने नए जीवन का प्रारम्भ करने जा रहे हो, मेरी एक बात सदा याद रखना, जीवन का दूसरा नाम ही संघर्ष है, कभी भी जीवन में चुनौतियों से डरकर अपने लक्ष्य से विमुख मत होना। धर्म और संघर्ष से तुम अपने ज्ञान की बदौलत वह सम्मान अर्जित करोगे जो आने वाले समय में समग्र समाज के लिये एक प्रेरणा का स्रोत बन जायेगा, ऐसा मुझे पूर्ण विश्वास है। किन्तु बेटा एक बात सदा याद रखना आने वाले समय में तुम्हें कई चुनौतियों का सामना करना है, और जब तक तुम उन चुनौतियों का स्वागत एक नए उत्साह और धैर्य के साथ नहीं करोगे तब तक तुम अपनी मंजिल तक नहीं पहुँच पाओगे।

सूरज को समझाने के उपरान्त जेलर साहब ने सूरज के हाथों में एक सफेद लिफाफा देते हुए कहा कि "बेटा, पाँच वर्षों तक तुमने कारागार में जो भी श्रम किया है उसके फलस्वरूप यह 40,000 रुपये तुम्हें कारागार की तरफ से दिए जा रहे हैं। यह पैसे तुम्हारी मेहनत का फल है और इन्हीं पैसों से अब तुम्हें अपने नवीन जीवन की शुरुआत करनी होगी, अतः बेटा इस धन का सदुपयोग तुम्हें सदा अपने विवेक और बुद्धिमत्ता के अनुसार करना होगा ताकि तुम अपने आने वाली चुनौतियों के लिये अपने आप को सहकर सको। जेलर साहब की हाथों से वह लिफाफा लेकर सूरज ने नम आँखों से जेलर साहब का चरण स्पर्श किया तथा उनसे विदा लेते वक्त कहा कि- "सर आपकी दी हुई शिक्षा सदा आपके आशीर्वाद स्वरूप मेरे साथ रहेगी।" जेलर साहब से विदा लेने के पश्चात् सूरज जिला कारागार से रिहा होकर अपने जीवन के नए पथ की तरफ बढ़ चला था।

कारागार से रिहा होने के पश्चात् सूरज एकदम अकेला था। जेल से बाहर निकलने के पश्चात् उसे कुछ भी नहीं सूझ रहा था कि वह अब अपने नए जीवन का प्रारम्भ किस प्रकार करे, कहाँ जाये और कहाँ से अपने इस नए जीवन का प्रारम्भ करे। गौतमबुद्ध नगर भारत के समृद्ध शहरों की श्रेणी में आता है अतः यहाँ पर सूरज जैसे होनहार लड़के के लिये रोजगार के उम्दा अवसर मौजूद थे। शायद इसी वजह से सूरज ने गौतमबुद्ध नगर (नोएडा) में ही रहकर अपने जीवन के नए अध्याय का सफर प्रारम्भ करने का विचार किया। सूरज ने नोएडा में ही अपने रहने हेतु एक छोटे-से कमरे की व्यवस्था कर ली थी। प्रतिदिन एक नई उम्मीद के साथ वह प्रातःकाल में ही उठकर नोएडा के उन तमाम कारखानों का चक्कर लगाता जहाँ पर उसे रोजगार प्राप्त होने की उम्मीद होती। किन्तु काफी प्रयत्नों के बावजूद वह रोजगार प्राप्त करने में सफल नहीं हो पा रहा था, जिसमें कहीं भी सूरज की योग्यता बाधक नहीं थी किन्तु वह जिस भी कारखाने में जाता वहाँ पर सूरज का पिछला इतिहास उसे नौकरी नहीं प्राप्त करने देता। जैसे ही कारखाने के मालिक को यह ज्ञात होता कि सूरज पाँच वर्ष तक कारागार में रहकर आया है वह उसे रोजगार देने से साफ मन कर देते। जब काफी मेहनत के बावजूद सूरज कोई रोजगार नहीं प्राप्त कर सका तो धीरे-धीरे उसके हौसले टूटने लगे थे। अब वह धीरे-धीरे हताशा और निराशा के बादल के मध्य घिरता जा रहा था। कारागार से मिला हुआ पैसा भी धीरे-धीरे समाप्ति की ओर बढ़ रहा था। ऐसी परिस्थिति में सूरज एक बार पुनः अपने आप को ठीक उसी

प्रकार से असहाय महसूस कर रहा था जैसा उसने अपने माँ-बाप की मृत्यु के उपरान्त किया था। वह किसी भी कीमत पर सत्य और धर्म के पथ से विमुख नहीं होना चाहता था, किन्तु ऐसी जटिल परिस्थिति में वह कब तक सत्य और धर्म का दामन थामे रहता। यह उसके लिये स्वयं एक चुनौती बनती जा रही थी।

अंततः सूरज के जीवन में वह समय भी आ गया जब उसके समस्त पैसे समाप्त हो चुके थे, और रोजगार अभी भी उसकी किस्मत से कोसों दूर था। धीरे-धीरे सूरज के जीवन में पुनः कई परेशानियों ने आ घेरा। पास में धन न होने की वजह से रोजाना सूरज को विभिन्न प्रकार की कठिनाइयों का सामना करना पड़ता। उसकी परेशानियाँ इस कदर बढ़ गयी थीं कि, कई बार सूरज को यह लगने लगा था कि शायद उसके जीवन में खुदा ने सुख लिखा ही नहीं है। जीवन से परेशान और हताश होकर जब सूरज को आगे भविष्य में कोई और मार्ग नहीं सूझा तब उसने अपने जीवन को ही समाप्त करने का फैसला कर लिया। सूरज का आत्मबल पूरी तरह से टूट चुका था। उसे आगे अब कोई भी मार्ग नहीं दिख रहा था, हताशा और निराशा के घने बदलों ने उसके विवेक को पूरी तरह से हर लिया था। सूरज किसी भी कीमत पर रोजगार को प्राप्त करना चाहता था, जिससे वह अपने भावी जीवन को सुखमय कर सके, इसके लिए वह मानसिक तथा शारीरिक मेहनत करने को तैयार था किन्तु उसका अतीत सदा उसके भावी सपने पर पानी फेर देता। ऐसा नहीं था कि सूरज सिर्फ अपनी योग्यता के अँधेरे पर नए काम की तलाश कर रहा था, वह तो किसी भी प्रकार का कार्य करने हेतु प्रस्तुत था किन्तु उसकी इस लालसा को समझने वाला शायद कोई नहीं

था। मजदूरी करने हेतु भी वह बेचारा जहाँ कहीं भी जाता वहाँ उसका अतीत एक सर्प के समान उसकी समस्त उम्मीदों पर पानी फेर देता।

काफी सोच-विचार करने के उपरान्त भी जब सूरज के पास नोएडा में रोजगार का कोई और विकल्प नहीं बचा तब उसने किसी और शहर जाकर रोजगार ढूँढ़ने का मन बनाया। अपने नए जीवन के उद्गम के लिये वह किसी ऐसी जगह जाना चाहता था जहाँ पर उसका अतीत उसकी सफलता में बाधक न बने। मन में यही विचार कर सूरज ने नोएडा को अलविदा कह दिया तथा वह अपने नए सफर पर निकल पड़ा। एक ऐसा सफर जिसके बारे में खुद उसे भी ज्ञात नहीं था कि उसकी मंजिल कहाँ है, वह तो बस बढ़ता ही जा रहा था।

रेलवे स्टेशन पर पहुँचने के उपरान्त सूरज घंटों तक अपनी नई मंजिल के बारे में विचार करता रहा तथा काफी सोच विचार करने के उपरान्त उसने झाँसी जाने का फैसला किया। सूरज को यह यकीन था कि उस छोटे-से शहर में कई कारखाने ऐसे स्थित हैं जहाँ पर उसे आसानी से रोजगार प्राप्त हो सकता है तथा उस छोटे-से शहर में शायद उसका अतीत उसकी तरक्की में बाधक न बन सके। मन में उम्मीद की एक और किरण को जागृत कर सूरज अपनी नई मंजिल की तरफ बढ़ चला था।

झाँसी पहुँचाने के उपरान्त सूरज ने बिना किसी विलम्ब के यहाँ पर भी रोजगार की तलाश प्रारम्भ कर दी थी किन्तु यहाँ भी जैसे ही कारखाने के मालिक को सूरज के दस्तावेजों से यह ज्ञात होता कि वह पाँच वर्ष तक कारागार में रहकर आया है वह उसे

काम देने से मना कर देते। सूरज की योग्यता उसके अतीत के सामने पूरी तरह से धूमिल हो चुकी थी। काफी दौड़-भाग करने के उपरान्त भी जब सूरज को कहीं पर भी रोजगार नहीं मिला तब उसने निराशा और हताशा के आलम से बाहर निकलने का एक ऐसा मार्ग चुना जिसकी इजाजत खुद उसका जमीर भी नहीं दे रहा था, किन्तु मजबूरीवश उसने आत्महत्या कर जीवन को समाप्त करने का फैसला कर लिया तथा वह अपना कमरा छोड़कर बाहर निकल आया। जिस समय सूरज मृत्यु का आलिंगन कर अपने दु:खमय जीवन का अन्त करने जा रहा था उस समय उसका मस्तिष्क शून्य हो चूका था, उसका विवेक पूर्ण रूप से उसका साथ छोड़ चूका था। सूरज बदहवास-सा सड़क पर बढ़ता जा रहा था, वह किसी भी कीमत पर अपनी जीवन लीला को समाप्त कर अपने दु:खों से अन्त पाना चाहता था। कुछ दूर चलने के उपरान्त सूरज एक नाले के पुल के समीप जाकर खड़ा हो गया।

कुछ देर तक जड़वत अवस्था में वह उस नाले को देखता रहा, उसकी आँखों से बहते आँसू रुकने का नाम नहीं ले रहे थे। कुछ पल वहाँ खड़ा रहने के उपरान्त वह जैसे ही पुल के ऊपर बनी सुरक्षा रेलिंग के ऊपर चढ़कर उस नाले में कूदने को तैयार हुआ कि तभी उसकी जेब में रखा फोन बज उठा। यह पहला अवसर था जब सूरज के फोन पर किसी ने कॉल किया था अन्यथा तो सदा सूरज कारखानों के निदेशकों को कॉल कर रोजगार की माँग करता किन्तु कहीं से भी उसके लिये कोई कॉल नहीं आता।

फोन की घंटी ने सूरज को एक पल के लिये मृत्यु को गले से लगाने से रोक लिया था। वह रेलिंग से नीचे उतर आया था।

सूरज ने फोन को उठाकर जैसे ही हेलो कहा, तभी सामने से जेलर साहब की आवाज ने उसे अन्दर से पूरी तरह से झकझोर दिया था।

"कैसे हो सूरज, आज न जाने क्यों तुम्हारी याद आ रही थी", जेलर साहब ने भावुकता के साथ सूरज से पूछा।

"मैं ठीक हूँ सर, बस बाहर की चुनौतियों से टूटकर बिखर गया हूँ", सूरज ने भर्राए गले से जेलर साहब से कहा।

सूरज की आवाज से ही जेलर साहब को यह अहसास हो गया था कि सूरज इस वक्त किन हालातों का सामना कर रहा है, उन्होंने सूरज को प्यार से समझाते हुए कहा कि "बेटा, जीवन में हम सभी के सामने चुनौतियाँ आती हैं किन्तु अँधेरे को कोसने के बजाए एक छोटी-सी मोमबत्ती जलाना बेहतर है। इसीलिए हमें अपनी मुश्किलों के बारे में सोचकर गुस्सा होने या विचलित होने के बजाए यह कहीं बेहतर होता है कि हम शान्त मन से उन मुश्किलों के बारे में सोचकर उनका हल निकालने का यत्न करें। बेटा यही तो जीवन का सारांश है। परिस्थितियाँ हम इन्सानों को बनाती नहीं हैं; वह तो सिर्फ उसे प्रकट करती हैं। दबाव में हमारा व्यवहार हमारे विचारों और अन्तर्मन के बारे में सबसे बेहतर जानकारी दे सकता है। वास्तव में हम आन्तरिक रूप से कितने मजबूत हैं। हमारा असली स्वरूप, चाहे वह अच्छा है या बुरा वह सदा ऐसी स्थितियों में ही बाहर निकलकर आता है।"

जेलर साहब की बातें सूरज को आन्तरिक रूप से काफी मजबूती प्रदान कर रही थीं। ऐसी अवस्था में सूरज के पास जेलर साहब सूरज के लिये किसी देवदूत के समान आये थे।

"सर आप सदा मेरे लिये पूजनीय रहे हैं, तथा जब भी मैं अपने आप को किसी ऐसे भँवर में फँसा पाता हूँ जहाँ से निकलने का मुझे कोई और मार्ग नहीं दिखाई पड़ता तब-तब आप एक देवदूत के समान सदा मुझे सँभाल लेते हैं।" सूरज ने रूँधे गले से जेलर साहब से कहा।

"मुसीबत! कैसी मुसीबत बेटा! तुम ठीक तो हो" जेलर साहब ने व्याकुलता के साथ सूरज से प्रश्न किया।

"सर आपके आशीर्वाद से मैं ठीक हूँ किन्तु मेरा अत्तित सदा मेरी योग्यता पर भारी पड़ रहा है, मेरे गुजरे अतीत की वजह से मुझे कहीं भी नौकरी प्राप्त नहीं हो रही है, जिसकी वजह से मेरा मन काफी व्याकुल हो रहा है, ऐसी परिस्थिति में मैं अपने जीवन का निर्वहन किस प्रकार करूँगा यह विचार मन में आते ही, हृदय आशंकित हो उठता है। इसी डर और आशंका की वजह से आज मैंने अपने प्राणों को समाप्त करने की मनसा की थी किन्तु उसी समय आपका फोन आ गया और मुझे एक महापाप करने से आपने बचा लिया।"

सूरज की बातों को सुनकर जेलर साहब ने सूरज को लगभग चिल्लाते हुए कहा कि- "पगले! यह तुम क्या करने जा रहे थे? जीवन के इन छोटे-मोटे थपेड़ों से तुम इस कदर परेशान हो गए कि तुम अपनी जीवनलीला को ही समाप्त करने का मन बना बैठे। सूरज मुझे तुमसे काफी उम्मीदें थीं किन्तु मैंने कभी यह नहीं सोचा था कि मेरी उम्मीद इस कदर कमजोर निकलेगी, एक बात सदा याद रखना कि मुसीबतों का आना जीवन का अन्त नहीं बल्कि जीवन के नए पड़ाव की शुरूवात होती है, यह बात

तुम्हें सदा अपने मस्तिस्क में रखना होगा। अगर आज तुम आत्म हत्या कर लेते तो क्या फर्क रह जाता तुममें तथा शिव में। तुम भी शिव के समान ही गुमनामी के अँधेरे में खो जाते और तुम्हारी मृत्यु से समाज को कोई फर्क भी नहीं पड़ता। क्या इसी दिन के लिये तुमने इतनी मेहनत की थी?"

जेलर साहब की डाँट सूरज को प्रतिपल अन्दर ही अन्दर और अधिक मजबूत करती जा रही थी, अब उसका मन मृत्यु के आलिंगन से विमुख हो चुका था। उसके अन्तर्मन की आत्मा में अब मरने की नहीं अपितु जीवन में एक नए प्रकाश की तलाश के लिये उद्विग्न हो रही थी।

सूरज की आँखों से पश्चत्ताप के अश्रु बह निकले थे, उसने रोते हुए जेलर साहब से माफी माँगते हुए कहा कि- "सर मुझे माफ कर दीजिये कुछ पल के लिये मैं कमजोर पड़ गया था किन्तु मैं आपको यह वचन देता हूँ कि अब मैं आगे कभी इस प्रकार से कमजोर नहीं बनूँगा, अगर मेरी किस्मत के समस्त दरवाजे भी बन्द हो जायेंगे तो भी मैं एक नए विकल्प की तलाश करूँगा किन्तु आपकी उम्मीदों को कभी बिखरने नहीं दूँगा।"

जेलर साहब का फोन काटने के बाद, सूरज वहीं पुल पर ही एक कोने में बैठ गया तथा फूट-फूटकर एक छोटे-से बच्चे के समान रोने लगा। काफी देर तक सूरज यूँ ही रोता रहा फिर कुछ समय उस पुल पर बिताने के पश्चात् वह पुनः एक नई मंजिल की तलाश में निकल पड़ा। रात घनी थी किन्तु आत्मविश्वास के प्रकाश ने सूरज को आन्तरिक रूप से काफी प्रकाशवान बना दिया था।

उस नाले को पारकर सूरज झाँसी बस स्टेशन की तरफ अपनी नई मंजिल की तलाश में निकल पड़ा था। उसने मन ही मन यह निश्चय कर लिया था कि अब परिस्थितियाँ चाहे जैसी भी हों वह उनका सामना करेगा, वह किसी भी कीमत पर अब मृत्यु को गले लगाकर अपनी जीवनलीला को समाप्त नहीं करेगा। कुछ देर चलने के उपरान्त वह बस स्टेशन के निकट ही बने एक पत्थर पर जाकर बैठ गया, रात काफी घनी थी जिसकी वजह से उस समय बस स्टेशन पर लोगों की भीड़ नदारद थी, आस-पास का वातावरण काफी सुनसान प्रतीत हो रहा था। उस शिला पर बैठे-बैठे सूरज को कब निद्रा ने अपने आगोश में ले लिया उसे पता ही नहीं चला।

सुबह की पहली किरण के साथ जब सूरज की आँखें खुलीं, तब तक बस स्टेशन का वातावरण काफी बदल चुका था। रात्रि के समय शान्त प्रतीत होने वाला बस स्टेशन सुबह के समय यात्रियों के हुजूम से भर गया था। चारों तरफ लोगों का शोर तथा बसों की आवाजाही का शोर सुनाई दे रहा था। उस आपाधापी के माहौल में सूरज ने देखा कि एक विकलांग बालक जिसकी उम्र लगभग 14-15 वर्ष रही होगी, वह अपने हाथों में गुब्बारे तथा बच्चों के लिये खिलौने लिये दूसरे हाथ में बैसाखी थामे यात्रियों के पीछे भाग-भागकर उन्हें बेचने की कोशिश कर रहा था, कभी-कभी उसकी मेहनत रंग लाती और वह अपना सामान यात्रियों को बेचने में कामयाब भी हो जाता किन्तु अधिकतर समय उसे यात्रियों से दुत्कार और निराशा ही हाथ लगती। इतनी थकान और निराशा के मध्य भी उस अपाहिज लड़के के हौसले कम नहीं होते थे, न ही उसके चेहरे पर शिकन दिखाई देती थी।

वह तो बस अपने काम में लगा हुआ था। सूरज उस शिला पर बैठा हुआ काफी समय तक उस लड़के को देखता रहा। वह लड़का लगभग दोपहर तक ऐसे ही बस स्टेशन के यात्रियों के पीछे भाग-भागकर अपना सामान बेचने की कोशिश करता रहा। उस लड़के की इतनी भाग-दौड़ के उपरान्त भी उसका सामान बड़ी मुश्किल से बिक रहा था। किन्तु इसके बावजूद उसके चेहरे पर शिकन लेशमात्र भी नहीं थी। बाहर से उसका शरीर अवश्य थक रहा था किन्तु उसका आत्मबल अन्दर ही अन्दर उस लड़के को काफी ऊर्जावान बना रहा था, उसके चेहरे पर एक अलग प्रकार की आभा साफ झलक रही थी। पाँच से छह घंटे की भाग-दौड़ के उपरान्त वह लड़का एक कोने में बैठकर भोजन करने हेतु अपने बस्ते में रखे टिफिन को निकालकर जैसे ही भोजन करने को बैठा, उसी समय सूरज भी उसके करीब जा कर बैठ गया। अपने बगल में यूँ किसी अजनबी को बैठा देख वह लड़का बड़ी ही शालीनता के साथ सूरज की तरफ अपना भोजन बढ़ाते हुए कहा कि, "मित्र ऐसा प्रतीत होता है कि आपको भी भूख लगी है, अतः आइये हम साथ में बैठकर भोजन करते हैं।" उस लड़के के द्वारा इस सहजता से किसी अजनबी को यूँ अपना भोजन खिलाने के लिये आमन्त्रित करना, यह बात सूरज को अन्दर ही अन्दर भावविभोर कर गई थी। सूरज ने बड़े ही प्यार से उस लड़के से भोजन हेतु मना करते हुए कहा कि- "मित्र, मैं यहाँ तुम्हारे पास भोजन की लालसा लेकर नहीं अपितु एक जिज्ञासा लेकर आया हूँ।"

"जिज्ञासा! कैसी जिज्ञासा, मित्र आप बिना किसी संकोच के मुझसे कुछ भी पूछ सकते हैं, अगर मेरे बस में हुआ तो मैं

निश्चित ही आपकी जिज्ञासा का समाधान करने का यत्न करूँगा।" उस लड़के ने मुस्कुराते हुए सूरज से कहा।

"आप इतनी सहजता के साथ इतना कठिन परिश्रम कैसे कर लेते हैं, आपकी शारीरिक दुर्बलता क्या कभी आपके लिये बाधा उत्पन्न नहीं करती?"

सूरज की बातों को सुनकर उस लड़के ने कहा कि "मित्र जब तक हम अपने दुःखों और कष्टों के बारे में विचार करते हैं तब तक ही बाधाएँ हमें तकलीफ देती हैं, किन्तु जिस दिन हम अपना कष्ट भुलाकर दूसरों के कष्टों के बारे में विचार करने लगते हैं, उनके दुःखों के समाधान हेतु प्रयास करने लगते हैं उस दिन हमारी समस्त बाधाएँ हमारे लिये रुकावट नहीं अपितु हमारी ताकत बन जाती हैं, शायद यही वह कारण है जिसकी वजह से मुझे इस कठिन कार्य में अत्यधिक आनन्द की अनुभूति होती है।"

उस अनजान लड़के के उत्तर ने सूरज के अन्दर कई प्रश्नों को जन्म दे दिया था। सूरज ने उत्सुकता के साथ उस लड़के से पूछा कि- "मित्र, आपके इस उत्तर ने मेरे अन्दर कई प्रश्नों को जन्म दे दिया है। अतः आपसे निवेदन है कि आप अपना विस्तृत परिचय दें ताकि मैं आपसे कुछ ज्ञान अर्जित कर सकूँ।"

उस लड़के ने मुस्कुराते हुए सूरज से कहा कि- "मित्र, मेरा नाम विजय शंकर है, बचपन में ही मेरा यह पैर पोलियो से ग्रसित हो गया था, जिसके उपचार हेतु माँ-बाप ने काफी परिश्रम किया ताकि मेरा पैर ठीक हो सके। वे दोनों दिन-रात मजदूरी करके पैसे इसी उम्मीद से इकट्ठा कर रहे थे ताकि

मैं एक दिन अपने दोनों पैरों पर खड़ा हो सकूँ। किन्तु मेरी नियति को कुछ ओर ही मंजूर था, एक दिन मिल में काम करते वक्त एक हादसा हो गया जिसमें मैंने अपने माँ-बाप को हमेशा के लिये खो दिया। उस वक्त मैं आठ वर्ष का रहा होगा। सिर से माँ-बाप का साया उठने के बाद मैं अनाथ हो चुका था। मेरा कोई सहारा नहीं था। इसी वजह से मुझे एक अनाथालय में भेज दिया गया। अनाथालय में मेरे जैसे कई और भी बच्चे थे जो अपनी फूटी किस्मत की वजह से वहाँ पर रहने को मजबूर थे।

धीरे-धीरे वक्त गुजरता गया, और मैं अपने दुःखों को भूल कर उस अनाथालय को ही अपनी नियति समझकर वहाँ पर रहने लगा। कुछ ही दिनों में वहाँ के अन्य बच्चों से मेरी निकटता बढ़ती गयीं। वहीं पर मेरी मुलाकात ललिता दीदी से हुई, जो हम बच्चों के साथ ही रहती थीं, चूँकि वह हम सभी बच्चों से उम्र में बड़ी हैं इसीलिए हम सभी बच्चे उन्हें दीदी कहकर बुलाते हैं। उन्होंने उस आश्रम में हम सभी बच्चों को माँ के समान स्नेह दिया है। उस अनाथालय में लड़कों को दस साल की उम्र तक ही रखा जाता है उसके उपरान्त हम सभी लड़कों को बाकी के 18 वर्ष तक दूसरे अनाथालय में भेज दिया जाता है। बाकी लड़कियों को उसी आश्रम में शादी तक या फिर जब तक वे पढ़-लिखकर अपने पैरों पर खड़ी नहीं हो जातीं तब तक उसी अनाथालय में रखा जाता है। दो वर्ष उस अनाथालय में व्यतीत करने के दौरान मुझे विकलांग होने की वजह से ललिता दीदी का कुछ ज्यादा ही स्नेह प्राप्त हुआ। वह सदा और बच्चों से कहीं ज्यादा मेरा ख्याल रखती थीं। सरल स्वभाव तथा शिक्षा के प्रति अटूट श्रद्धा की वजह से वह हमारे आश्रम में सभी की

प्रिय थीं। दूसरे आश्रम में स्वतन्त्र होने के पश्चात् भी मैं अक्सर रक्षाबन्धन पर ललिता दीदी से मिलने हेतु उनके पास जाता रहा। दीदी मुझे अपने सगे भाई की तरह मानती हैं, कुल मिलाकर अब दीदी ही मेरा परिवार हैं।

पिछले वर्ष जब मैं रक्षा बन्धन पर दीदी से मिलने हेतु उनके पास गया तो दीदी बहुत खुश थीं, उन्होंने बारहवीं कक्षा की परीक्षा में अपने समस्त विद्यालय में टॉप कर इतिहास रच दिया था। सोमित्र उस दिन दीदी ने मुझे पहली बार अपनी मनसा से अवगत करवाया कि पढ़-लिखकर एक प्रशासनिक अधिकारी बनना चाहती हैं, किन्तु उनके इस सपने के लिये काफी पैसों की जरूरत होगी, तीन साल ग्रेजुएशन करने के उपरान्त उन्हें अपने सपने को साकार करने हेतु प्रतियोगिता परीक्षा की तैयारी हेतु किसी दूसरे शहर जाना होगा जिसके लिये मैं अभी से बिना उन्हें सूचित किये यह कठिन कार्य कर रहा हूँ। दिन-प्रतिदिन मेहनत करने के उपरान्त मैं दिनभर में जो भी पैसे जोड़ता हूँ वह मैं बैंक में जमा कर देता हूँ। मित्र मेरी यह मेहनत उस दिन सफल होगी जिस दिन ललिता दीदी अपने सपने को साकार कर लेंगी। दोस्त, जब दिल में किसी अपने की खुशी के लिये कुछ कर गुजरने की चाहत हो तब हमारी शारीरिक दुर्बलता तथा थकावट कोई मायने नहीं रखती।

विजय के विचारों ने सूरज को एक नई दिशा प्रशस्त की थी। सूरज अब तक अपने निजी हितों के लिये काम की तलाश कर रहा था, शायद इसी वजह से उसे इतनी कठिनाईयों का सामना करना पड़ा, किन्तु अब वह समझ चुका था कि उसके जीवन का लक्ष्य अपने निजी हितों के बारे में न सोचकर सामाजिक

हितों के बारे में सोचना है तथा उसे वही कार्य करना चाहिए जिसमें उसके साथ-साथ समाज का भी भला हो सके, उसे समाज को अपना परिवार मानकर उसकी सेवा करनी होगी। कुछ पल विजय के साथ और व्यतीत करने के उपरान्त अपनी नई मंजिल की तरफ निकल पड़ा।

यह सत्य है कि ईश्वर ने हम सभी की नियति पहले से ही निर्धारित कर रखी होती है। ईश्वर की योजना को समझ पाना हमारे वश में नहीं होता। कई बार ईश्वर हमारे जीवन में छोटे-मोटे कष्ट देकर हमें यही निर्देशित करते हैं कि जिस मार्ग का चुनाव हमने किया है वह हमारे लिये नहीं है तथा जो लोग ईश्वर के इस निर्देश को समझ जाते हैं वही जीवन में अपने लक्ष्य को प्राप्त करने में सफल हो पाते हैं। अगर हम सच्चे मन से अपने हितों के साथ-साथ अपने आसपास के लोगों के हितों के बारे में विचार कर कोई भी कार्य करें तो उसमें हमें अवश्य सफलता मिलेगी। ऐसा विचार करने वाले व्यक्तियों के लिये समग्र सृष्टि उनका मार्ग प्रशस्त करती है।

सूरज ने मन ही मन यह ठान लिया था कि वह अब किसी रोजगार हेतु प्रयास नहीं करेगा बल्कि उसके पास जो ज्ञान रूपी दीपक है उसी से समाज को प्रकाशवान करने का प्रयास करेगा। इस निर्णय के साथ सूरज भी झाँसी से अपना मकान खाली कर वह वहाँ से 100 कि.मी। दूर उरई (जो झाँसी जिला का ही एक पिछड़ा हुआ क्षेत्र है) की तरफ निकल पड़ा। उरई पहुँचने के उपरान्त सूरज ने एक छोटा-सा मकान किराये पर ले लिया। उस मकान के लेने के उपरान्त अब सूरज के पास बहुत ही सीमित मात्रा में धन बचा था। अपने आगे के निर्वहन के लिये उसे जल्द

से जल्द कुछ ऐसा प्रबंध करना था जिसकी सहायता से वह अपने आप को आर्थिक रूप से सँभाल सके।

अगली सुबह सूरज जल्दी तैयार होकर उरई क्षेत्र को देखने और समझने हेतु निकल पड़ा। उरई चरों तरफ से ग्रामीण किसानों के छोटे-मोटे कस्बों और गाँवों से घिरा हुआ है। यहाँ के लोग मुख्यत: कृषि से ही अपने जीवन का निर्वहन करते हैं। दूर-दूर तक हरे-भरे खेतों के अलावा घने जंगलों के मध्य बसा यहाँ छोटा-सा कस्बा प्राकृतिक रूप से तो काफी मनोरम लगता है किन्तु शिक्षा के अभाव में आज भी यह कस्बा भारत के अन्य कस्बों की अपेक्षा पिछड़ा हुआ महसूस करता है।

दिनभर उरई में घूमाने के उपरान्त सूरज के दिमाग में एक योजना ने आकार लिया। उसने मन ही मन यह विचार किया कि क्यों न किसी एक गाँव के समस्त बच्चों को मात्र 100 रुपये के मासिक फीस पर पढ़ाने की कोशिश की जाये, इतनी कम फीस होने की वजह से सम्भव है की गाँवों के लोग अपने बच्चों को मेरे पास पढ़ने हेतु भेज़ने को राजी हो जाये। मन में यही विचार लिये हुए वह पास के ही एक गाँव रघुपुरा के सरपंच के पास जा पहुँचा।

रघुपुरा के सरपंच श्री भवानी लालजी नेक-दिल इन्सान थे। वह खुद चाहते थे कि उनके गाँवों के बच्चे पढ़-लिखकर ऊँचा मुकाम हासिल करें, किन्तु इसके लिये उन्हें कोई भी योग्य अध्यापक नहीं मिल रहा था, जो भी अच्छे अध्यापक थे वह अधिक धन की लालसा में उरई का त्याग कर बड़े-बड़े शहरों का रुख कर चुके थे, जिसकी वजह से रघुपुरा के अनेक विद्यार्थी

अच्छी शिक्षा से महरूम हो रहे थे। जब सरपंचजी को सूरज के शिक्षादान की योजना का ज्ञात हुआ तो वह काफी प्रसन्न हुए। उन्होंने उसी समय से सूरज को अपने गाँवों के बच्चों को पढ़ाने हेतु आमन्त्रित कर दिया। सरपंचजी का साथ मिल जाने की वजह से सूरज काफी प्रसन्न था।

अगले दिन शाम को ही सरपंचजी ने गाँवों के समस्त लोगों को चौपाल पर बुलावा भेजा जिसमें उन्होंने सूरज को भी आमन्त्रित किया था। गाँवों के समस्त लोगों से सूरज का परिचय करवाते हुए रघुवीरजी ने कहा कि– "मित्रों! सूरजजी हमारे गाँवों के बच्चों को बहुत ही कम फीस में पढ़ाने की मनसा जाहिर की है। यह हम सभी के लिये एक सुनहरा अवसर है जिसका लाभ हम सभी गाँव वालो को अवश्य अपनी शिक्षा का दान इन गाँवों के समस्त बच्चों को देने हेतु प्रस्तुत हुए हैं जिसके लिये यह मात्र 20 रुपये प्रति माह फीस लेंगे, अगर आप लोग अपने बच्चों को इनके द्वारा शिक्षा दिलवाने हेतु तैयार हों तो इसकी व्यवस्था जल्द ही गाँवों की सरकारी पाठशाला में करवा दी जाएगी।"

गाँवों में कई ऐसे अभिभावक थे जो अपने बच्चों को अच्छी शिक्षा दिलवाना चाहते थे किन्तु आर्थिक तंगी की वजह से उन सभी की मनसा धूमिल होती जा रही थी। सरपंचजी के इस प्रयास से उन लोगों के अन्तर्मन में उम्मीद की एक रोशनी जागृत हो रही थी।

सरपंच और गाँव वालों का सकारात्मक विचार देखकर सूरज का मन हर्ष से प्रफुल्लित हो उठा था। वास्तव में ईश्वर सदा उनके साथ होते हैं जो दूसरों की सहायता हेतु तत्पर रहते हैं, इस

का अहसास सूरज को हो रहा था। मन ही मन सूरज ने ईश्वर को उसकी अनुकम्पा हेतु धन्यवाद दिया और खुशी-खुशी अपने कमरे की तरफ निकल पड़ा। सूरज अपने जीवन की यह पहली खुशी सर्वप्रथम अपने गुरु जेलर साहब से बाँटने हेतु उतावला था, किन्तु वह यह भी जनता था कि कारागार की दिनभर की व्यस्त दिनचर्या में जेलर साहब को फोन करना उचित नहीं होगा अतः उसने विचार किया कि शाम को वह जेलर साहब को अपने इस प्रथम सफलता से अवगत करवाएगा।

शाम को लगभग 9 बजे सूरज ने जेलर साहब को फोन किया। फोन पर जेलर साहब का आशीष लेने के उपरान्त सूरज ने जैसे ही उन्हें अपने इस नए कार्य से अवगत करवाया, उस समय जेलर साहब की खुशी का ठिकाना नहीं रहा। उन्होंने सूरज को उसके नए कार्य में सफलता हेतु आशीर्वाद देते हुए कहा कि- "बेटा, मुझे तुमसे यही उम्मीद थी, ईश्वर तुम्हारी सारी मनोकामनाओं को पूर्ण करेंगे, बस एक बात याद रखना कि किसी भी परिस्थिति में तुम धर्म के मार्ग से विमुख मत होना। जब तक तुम्हारे पास धर्म है तब तक तुम्हारे मार्ग में कठिनाइयाँ तो आ सकती हैं किन्तु किसी भी स्थिति में तुम्हारा अहित नहीं हो सकता। बेटा, धर्म सदा परीक्षा लेता रहता है, और जो मनुष्य धर्म के इस कठिन परीक्षा को पास कर लेता है फिर उसकी कीर्ति सदा के लिये इस संसार में अमर हो जाती है। तुम्हें भी अपनी अच्छाई और ईमानदारी के दम पर उस कीर्ति को हासिल करना होगा। तुम्हारे इस नए सफर पर मेरा आशीर्वाद सदा तुम्हारे साथ रहेगा।" जेलर साहब से आशीर्वाद मिलने के उपरान्त सूरज का आत्मविश्वास और ऊँचा हो उठा था।

कुछ ही दिनों में सरपंच साहब और गाँव वालों के सहयोग से गाँव के ही सरकारी पाठशाला में बच्चों के पढ़ने हेतु व्यवस्था कर दी गयी थी। देखते ही देखते गाँव के लगभग 300 बच्चे सूरज के पास पढ़ने हेतु आने लगे। सूरज उन बच्चों को इतनी सिद्दत और लगन से पढ़ाता, जिसके फलस्वरूप बच्चे कुछ ही दिनों में सूरज का सम्मान करने लगे थे। कुछ ही दिनों में सूरज ने अपनी मेहनत और लगन की वजह से गाँव के समस्त लोगों का सम्मान पा लिया था। कुछ ही दिनों के उपरान्त सरपंचजी ने सूरज को गाँव में ही रहने और भोजन की व्यवस्था करवा दी, जिसकी वजह धीरे-धीरे उसकी आर्थिक स्थिति भी सुधरने लगी थी।

लगभग तीन महीने के उपरान्त सूरज के पास जब कुछ पैसे जमा हो गए तब वह गाँव वालों से एक दिन का अवकाश ले कर, पुनः झाँसी के उसी बस स्टेशन पर पहुँचा जहाँ पर उसकी मुलाकात विजय शंकर से हुई थी। वह विजय के नेक मकसद में कुछ योगदान करना चाहता था, इसी वजह से एक बार पुनः वह विजय की तलाश में उस बस स्टेशन पर आया था। बस स्टेशन पर उतरने के उपरान्त सूरज ने देखा कि विजय हमेशा की तरह आज भी यात्रियों के पीछे भाग-भागकर अपना सामान बेचने के लिये मेहनत कर रहा था। बिना एक पल का विलम्ब किये सूरज विजय के पास जा पहुँचा।

मुस्कुराते हुए विजय के कन्धों पर अपना हाथ रखते हुए पूछा, "कैसे हो मित्र?" बस स्टेशन पर विजय को ऐसे किसी सम्बोधन की उम्मीद नहीं थी। शायद इसी वजह से हड़बड़ाते हुए तथा चेहरे पर विस्मित भाव लिये हुए उसने सूरज से कहा कि "माफ कीजिये, मैं आपको पहचान नहीं पा रहा हूँ।"

सूरज ने मुस्कुराते हुए विजय से कहा कि– दोस्त संभव है कि आप इन चार महीनों के अन्तराल में मुझे भूल गए होंगे, किन्तु आज से चार माह पूर्व मेरी मुलाकात आपसे इसी जगह पर हुई थी तथा आपने मुझे मेरी मंजिल तक पहुँचने का मार्ग प्रशस्त किया था। आपसे मिलने के उपरान्त ही मैं आज थोड़ा-बहुत जीवन में कुछ हासिल करने में समर्थ हो सका हूँ। अतः मेरी सफलता में आपका बहुत बड़ा योगदान है जिसका ऋण मैं शायद कभी न चुका पाऊँ, किन्तु मैं इस छोटी-सी भेंट के द्वारा आपके महान सपने को साकार करने में थोड़ी मदद करना चाहता हूँ।" इतना कहने के उपरान्त सूरज ने विजय के हाथों में 30,000 रू. देते हुए कहा कि दोस्त यह पैसे मेरी तरफ से तुम्हारी दीदी के भविष्य के सपने को साकार करने में मदद करेंगे।

सूरज के इस पेशकश ने विजय को अत्यधिक भावविभोर कर दिया था। उसके समक्ष यह प्रथम अवसर होगा जब किसी अजनबी ने उसकी इस प्रकार सहायता की पेशकश की हो। भावुकता की वजह से गला भर आया था, उसने रूँधे गले से कहा कि– "मित्र, तुम मेरे लिये साक्षात् ईश्वर का रूप बनकर प्रकट हुए हो, आज मुझे यह यकीन हो गया है कि ईश्वर धर्म के मार्ग पर चलकर दूसरों की सहायता करने वालों के लिये सदा चमत्कार करते रहते हैं। ईश्वर का यह चमत्कार मैं अपने जीवन में कभी नहीं भूल सकता। आप मेरे लिये सदा वन्दनीय रहेंगे।" यह कहते हुए विजय ने सूरज के सामने अपने दोनों हाथ जोड़ लिये थे। सूरज ने मुस्कुराते हुए विजय के हाथों को पकड़ते हुए कहा कि– "तुम्हें इस प्रकार मेरे समक्ष हाथ जोड़ने की आवश्यकता नहीं है, आज मैं जो कुछ तुम्हें दे रहा हूँ वह तुम्हारे ही द्वारा

प्रशस्त किये हुए मार्ग का प्रतिफल है, अतः इन पैसों पर तुम्हारा ही अधिकार है। दोस्त, मैं इन पैसों के साथ-साथ तुमसे एक निवेदन और करने आया हूँ।" सूरज ने सकुचाते हुए विजय से कहा। "निवेदन कैसा निवेदन, आप मुझे आदेश करें मैं अगर आपके किसी भी काम आ सकूँ तो यह मेरे लिये सौभाग्य की बात होगी।" विजय ने आत्मविश्वास के साथ सूरज से कहा।

सूरज ने विजय से अनुरोध करते हुए कहा कि- दोस्त, मैं चाहता हूँ कि तुम भी मेरे साथ उरई चलों वहाँ पर हम दोनों मिलकर गाँववालों की यथा सम्भव सेवा करेंगे तथा वहाँ पर जो भी धन हमें प्राप्त होगा उससे हम तुम्हारी बहन के भविष्य एवं शिक्षा हेतु भी धन संचय कर लेंगे। दोस्त, तुम्हारे साथ-साथ मेरा भी इस दुनिया में कोई नहीं है। अतः हम दोनों अकेले मिलकर क्यों न एक साथ अपने जीवन के इस नए सफर की प्रारम्भ करें।" सूरज का प्रस्ताव विजय को अत्यधिक पसन्द आया। वह उसी क्षण सूरज के साथ उरई के लिये निकल पड़ा।

सूरज और विजय ने अल्प समय में ही उरई के उन छोटे-से गाँवों में अच्छी खासी ख्याति प्राप्त कर थी। यहाँ पर किसी को सूरज के अतीत से कोई लेना-देना नहीं था, बल्कि सब सूरज की विद्वता की वजह से उसको भरपूर सम्मान दे रहे थे। सूरज के रहने, खाने-पीने तथा उसकी छोटी-मोटी जरूरत की जिम्मेदारियाँ विजय ने सँभाल ली थी। उस गाँव में रहने का सबसे बड़ा फायदा उन दोनों को यह मिला था कि उन्हें अपने भोजन की व्यवस्था के लिये चिन्तित नहीं रहना पड़ता था। उसी गाँव में रहने वाली एक विधवा जो अपनी दस वर्ष की बेटी के साथ

रहती थी वह प्रतिदिन सुबह के नाश्ते के साथ-साथ दो वक्त का भोजन सूरज और विजय के लिये तैयार कर देती थी। उस बेचारी का अब इस दुनिया में कोई और सहारा नहीं बचा था, इसी वजह से दो वक्त के भोजन के जुगाड़ के लिये गाँवों में मेहनत मजदूरी कर अपना जीवन जीने पर मजबूर थी। गाँवों के बच्चे प्यार से उसको सकुरी चाची के नाम से बुलाते थे। इसीलिए सूरज और विजय भी उस बेचारी को सकुरी चाची के नाम से ही सम्बोधित करते थे। सकुरी चाची सूरज और विजय को अपने सगें बेटों के समान ही स्नेह देती और उन दोनों को इसी चाह से भोजन करवाती जैसे कि वे दोनों उसी की सन्तान हों। सूरज और विजय भी सकुरी चाची को अपनी माँ के समान ही सम्मान देते थे। सूरज को जो भी पैसे प्राप्त होते वह उन पैसों में से विजय और सकुरी चाची को आधा पैसा बाँट देता तथा बाकी पैसा वह अपने भविष्य के लिये संचित कर लेता।

सब कुछ सामान्य होने लगा था सूरज की जिन्दगी में, किन्तु किस्मत ने सूरज की जिन्दगी में कुछ और ही अध्याय लिख रखा था। उसके जीवन की यह शान्ति ज्यादा समय तक नहीं चलने वाली थी।

एक दिन सूरज जब गाँव की पाठशाला में बच्चों को पढ़ाने में व्यस्त था, उसी समय विजय और सकुरी चाची बदहवास से भागते हुए उसके पास आये। उन दोनों की इस अवस्था को देखकर सूरज को यह समझते देर न लगी कि जरूर कोई मुसीबत उसकी जिन्दगी में पुनः दस्तक दे चुकी है। सकुरी चाची की आँखों से आश्रु थमने का नाम ही नहीं ले रहे थे। सकुरी

चाची को इस प्रकार से रोता हुआ देखकर सूरज ने घबराते हुए उनसे पूछा- "चाची क्या हुआ, आप इस प्रकार रो क्यों रही हैं?" सूरज के इस प्रश्न पर विजय ने रूंधे गले से कहा कि- "मित्र सोनू (सकुरी चाची की बेटी सोनू) अचानक से खेलते-खेलते बेहोश हो गई है, हम लोग तुरन्त उसकों गाँवों के हाकिमजी के पास ले गए, तो उन्होंने बताया कि उसका जीवन घोर संकट में है तथा उसका इलाज शहर के किसी बड़े अस्पताल में करवाना होगा। जब से चाची ने यह खबर सुनी है तब से वह सिर्फ रोये जा रहीं है। यही कारण है दोस्त जिसकी वजह से हमें-तुम्हें बीच कक्षा में परेशान करना पड़ा।

सोनू की इस प्रकार से तबियत खराब होने की वजह से सूरज को काफी दु:ख हुआ। बिना किसी विलम्ब के सूरज उन दोनों के साथ घर की तरफ दौड़ पड़ा। उसी शाम सोनू को लेकर सूरज सकुरी चाची के साथ झाँसी शहर के लिये निकल पड़ा था। उस समय सूरज के पास लगभग 60,000 रुपये थे, जो उसने अपनी मेहनत की कमाई से जोड़ रखे थे, झाँसी जाते वक्त वह उन पैसों को भी अपने साथ लेता गया, ताकि वक्त पड़ने पर वह उन पैसों का इस्तेमाल कर सके। सोनू को झाँसी ले जाते वक्त सूरज तथा सकुरी चाची को अच्छी-खासी मशक्कत करनी पड़ी थी क्योंकि उस विषम परिस्थिति में उनके पास कोई ऐसा साधन मौजूद नहीं था जिसकी सहायता से वह सोनू को जल्द से जल्द झाँसी लेकर पहुँच सकें। काफी भाग-दौड़ करने के उपरान्त उन्होंने एक टेम्पो का बन्दोबस्त किया था, जिसमें बैठकर वे झाँसी के लिये निकल पाए थे। रातभर चलने के

उपरान्त जब वे लोग झाँसी के एक अस्पताल पहुँचे तब तक काफी देर हो चुकी थी, सही समय पर इलाज न मिल पाने की वजह से बेचारी सोनू ने बीच रास्ते में ही इस दुनिया को अलविदा कह दिया था।

सोनू की मृत्यु ने जहाँ एक तरफ सकुरी चाची को बिखेर कर रख दिया था वहीं दूसरी तरफ सूरज को भी अन्दर ही अन्दर झकझोरकर रख दिया था। वह कई दिनों तक इस गम से उभर नहीं पा रहा था, बार-बार सूरज के मन में यही ख्याल आता कि अगर सोनू को सही समय पर उपचार मिल गया होता तो सम्भव है कि वह आज उनके बीच होती। जो घटना सकुरी चाची के साथ घटित हुई थी सूरज वैसी दुःखद घटना गाँवों में किसी और के साथ घटित होते नहीं देखना चाहता था, इसी विषय पर बात करने हेतु वह सरपंचजी के पास गया। सरपंचजी स्वयं सकुरी की बच्ची की मृत्यु से काफी आहत थे।

जब सूरज ने सरपंचजी को अपने आने के प्रयोजन के बारे में बताया तब सरपंचजी ने सूरज से कहा कि- “बेटा यह हम सभी के लिये दुर्भाग्य की बात है कि आज जहाँ एक तरफ हमारा देश सूचना और तकनीक में दिन-प्रतिदिन एक नया कीर्तिमान स्थापित कर रहा है, वहीं दूसरी तरफ इसी देश में हमारे क्षेत्र के जैसे ही कई ऐसे अल्प विकसित प्रान्त आज भी मौजूद हैं जो आज भी अपनी मूलभूत आवश्यकताओं के लिये तरस रहें हैं। बेटा सरकारी कागजों में तो हमारी तरक्की के लिये कई उपयोगी योजनाओं का आरम्भ होता है किन्तु वास्तविकता में समस्त योजनाएँ सिर्फ खोखली होती है धरातल पर ये

योजनाएँ कार्यान्वित ही नहीं हो पाती हैं।" इसके उपरान्त एक गम्भीर साँस लेते हुए सरपंचजी ने कहा कि समस्त देश का भरण-पोषण करने वाले इन गरीब किसानों की सुध लेने वाला कोई नहीं है।

सरपंच साहब से मिलने के उपरान्त सूरज लगभग एक हफ्ते तक ढंग से सो नहीं पाया था। बार-बार उसके मन में यही ख्याल आते कि वह इन गरीबों की मदद किस प्रकार से करें, किन्तु उसे कोई भी मार्ग नहीं दिख रहा था। काफी सोच-विचार करने के उपरान्त सूरज ने यह फैसला किया कि वह इन गरीबों की मदद के लिये किसी और से मदद की आस नहीं करेगा, बल्कि वह उनके मदद की शुरुआत अपनी क्षमता अनुसार अपने ही स्तर से करेगा।

उस गाँव में अशिक्षा के साथ-साथ संसाधनों की भी अत्यधिक कमी थी, जिसकी वजह से गाँवों के लोगों को कई प्रकार की परेशानियों का सामना करना पड़ता था। जिसमें मुख्य थीं गाँवों से झाँसी जैसे बड़े शहर जाने के लिये सीमित परिवहन की सुविधा, बेहतर स्वास्थ्य के लिये अच्छे अस्पताल और डॉक्टर की कमी तथा किसानों द्वारा अपने कृषि में उपयोग किये जा रहे पुराने और उपकरण। चूँकि गाँवों के लोग कृषि पर ही निर्भर थे और वे लोग अपनी कृषि के लिये किसी भी आधुनिक उपकरणों का उपयोग नहीं जानते थे जिसकी वजह से वह बेचारे अपनी पैदावार की क्षमता को कभी बढ़ा ही नहीं पाते थे। कम पैदावार होने की वजह से गाँवों के अधिकतर किसान आर्थिक रूप से पिछड़ते जा रहे थे जिसकी वजह से कइयों ने कृषि को

त्यागकर गाँवों से बाहर निकलकर मजदूरी करना प्रारम्भ कर दिया था।

सूरज ने गाँवों के बच्चों को पढ़ाते-पढ़ाते थोड़ा-बहुत धन संचित कर लिया था। अतः उसने सर्वप्रथम गाँवों के लोगों की सहायता के लिये एक सेकेंड हैंड चार पहिया वाहन खरीद कर गाँवों के जनमानस के कल्याण हेतु समर्पित कर दिया। इस वाहन की सहायता से अब गाँवों के लोग किसी भी आपात स्थिति में कुछ ही समय में झाँसी पहुँच सकते थे। सूरज के द्वारा उठाये गए इस नेक कदम की वजह से गाँववालों की कई प्रकार की समस्याएँ अब कम होने लगी थीं। उस चार पहिया गाड़ी को चलाने की जिम्मेदारी सूरज ने विजय को सौंप दी। यह गाड़ी गाँववालों को सिर्फ आपात स्थिति में इस्तेमाल करने के लिये दी जाती थी, जिसकी वजह से इस गाड़ी का दुरुपयोग न हो सके। अब रात-वे-रात कोई भी गाँव का बीमार व्यक्ति तुरन्त इलाज के लिये झाँसी जैसे बड़े शहर जा सकता था।

कुछ दिनों के उपरान्त सूरज ने सरपंच साहब की मदद से गाँवों के लोगों को कृषि में बेहतर पैदावार के लिये जागरूक करने की एक योजना बनायी। उसने झाँसी जाकर वहाँ के जिला कृषि अधिकारी से एक निवेदन किया कि वह गाँवों के लोगों को कृषि में उत्तम पैदावार के लिये जागरूक करने के लिये एक कार्यक्रम का आयोजन उरई के इन छोटे-से गाँवों में करें ताकि इस कार्यक्रम का फायदा ज्यादा से ज्यादा किसान उठा सकें।

सूरज और सरपंच साहब के प्रयासों से जिला कृषि अधिकारी ने उनके गाँवों में बेहतर कृषि की सुविधा हेतु जब कार्यक्रम का

आयोजन किया तब कई किसानों को ऐसे तमाम मुख्य कारणों का पता चला जिसको अमल में लाकर वह भोले-भाले गरीब किसान अपनी फसलों की पैदावार को कई गुना बढ़ा सकते थे। इसके साथ-साथ उन्हें कई नई तकनीकों का भी ज्ञान हुआ जिसकी वजह से वे अपने खेतों की गुणवत्ता का विकास कर सकते थे।

किसी ने सच ही कहा है कि अगर मंजिल इतनी आसान होती तो प्रत्येक मुसाफिर अपने जीवन की मंजिल को आसानी से प्राप्त कर सकता था। कुछ यही दशा सूरज और सरपंच साहब की भी आने वाले समय में होने वाली थी। कई उत्कृष्ट कृषि वैज्ञानिकों के द्वारा गाँवों में सेमीनार का आयोजन करवाने के पश्चात् सूरज और बाकी गाँवों के किसानों के समक्ष कई अन्य छोटी-मोटी समस्याएँ उत्पन्न हो रही थीं, जिनकी वजह से गाँवों के किसान कृषि के प्रति जागरूक होने के पश्चात् भी उत्तम बीजों और कृषि हेतु उत्तम खाद और तकनीकों का इस्तेमाल करने में अपने आपको असहाय महसूस कर रहे थे।

इन समस्त वस्तुओं के इस्तेमाल के लिये गाँवों के किसान तैयार तो थे किन्तु उनकी निर्धनता और इन तकनीकों के इस्तेमाल के लिये सुदूर जाकर इन तकनीकी उपकरणों को खरीदकर लाना गाँववालों के लिये सबसे बड़ा मुश्किल काम था। इसके अतिरिक्त गाँवों के अन्दर लगभग 40% ऐसे भी किसान थे जिनके पास कृषि की भूमि अत्यधिक कम थी जिसकी वजह से उनका मानना था कि वह ऐसे उन्नत उपकरणों पर अपना पैसा और धन किस प्रकार से व्यय कर सकते हैं।

इन समस्याओं के समाधान हेतु सूरज ने गाँववालों के साथ मिलकर कई बार चर्चा की किन्तु वह अपने किसी भी सकारात्मक विचार पर गाँववालों के विचारों को एक नहीं कर पा रहा था। जब भी वह कोई हल गाँव के लोगों के समक्ष रखता, गाँव के कुछ लोग उस समाधान में कुछ न कुछ त्रुटि निकालकर उसके समाधान की धज्जियाँ उड़ा देते। गाँव के कुछ लोगों के इस नकारात्मक व्यवहार की वजह से गाँवों के बाकी किसानों की तरक्की का मार्ग अवरोधित हो गया था।

जब सूरज के लाख समझाने के पश्चात् भी गाँवों के लोग उन्नत खाद और बीजों के इस्तेमाल हेतु एकमत नहीं हो सके थे तब सूरज ने मन ही मन यह निष्कर्ष निकाला कि वह खुद अपने स्तर से उन्नत खाद, बीज और उपकरणों को गाँवों में खरीद कर लायेगा तथा बहुत ही मामूली रकम पर इन वस्तुओं को गाँवों के जरूरतमन्द किसानों को बाँटने की कोशिश करेगा। किन्तु इसके लिये सूरज को अच्छे-खासे पैसों की आवश्यकता थी। सूरज के पास अब तक जो भी धन संचित था वह पैसा उसने गाँववालों की सहायता हेतु गाड़ी खरीद कर व्यय कर दिया था। अब उसके पास भी सीमित धन ही बचा था।

इतने कम पैसों में सूरज गाँववालों की मदद किस प्रकार से करे वह इसी सोच में खो-सा गया था। इस चिन्तन की वजह से सूरज का मन किसी भी कार्य में नहीं लग रहा था। उसने उन तमाम विकल्पों पर विचार किया था जहाँ से उसे धन की प्राप्ति हो सकती थी किन्तु समस्त जगहों पर उसे निराशा ही हाथ लगती। काफी सोच-विचार करने के उपरान्त सूरज ने यह निर्णय

लिया कि वह पैसों की व्यवस्था अब बैंक के माध्यम से कर्ज लेकर करेगा।

अगले दिन जब सूरज बैंक में कर्ज का निवेदन करने के लिये पहुँचा तब बैंक के मैनेजर के द्वारा उसके कर्ज के दरख्वास्त को यह कहते हुए नामंजूर कर दिया कि वह कर्ज लेने के लिये योग्य नहीं है। बैंक कर्ज उन्हीं लोगों को देता है जो उसका पैसा चूका पाने के लिये सक्षम हो। उस मैनेजर ने सूरज को बताया कि कर्ज लेने के लिये उसे अपनी कोई सम्पत्ति बैंक के पास गिरवी रखनी पड़ेगी अन्यथा उसे बैंक किसी भी स्थिति में कर्ज नहीं दे सकता। बैंक ही सूरज की लिये एकमात्र रास्ता था जहाँ से वह गाँववालों की सहायता हेतु पैसे प्राप्त कर सकता था। बैंक का दरवाजा बन्द हो जाने के पश्चात् सूरज अन्दर ही अन्दर मायूस हो रहा था। गाँववालों की मदद करना उसके जीवन का एकमात्र लक्ष्य बन गया था, क्योंकि सूरज के लिये यही वह मार्ग था जहाँ से वह अपने अतीत के हर उस दाग को धो सकता था जो उसके दामन पर वक्त और हालात ने लगाये थे। वह किसी भी कीमत पर अपने ऊपर लगे उस दाग को मिटा देना चाहता था, जिसकी वजह से वह बरसों से चैन से सो नहीं पाया था। किन्तु उसने कभी नहीं सोचा था कि मजबूत इरादों के साथ चलने वाले प्रत्येक व्यक्ति को ईश्वर के द्वारा पल-पल परीक्षा ली जाती है।

सोनू की मृत्यु के पश्चात् सकुरी चाची अब सूरज के साथ ही रहती थी। उन्हें सूरज और विजय के रूप में दो पुत्र और सूरज तथा विजय को एक माँ जो मिल गई थी। बैंक से निराश लौटने के पश्चात् सूरज का मन किसी भी कार्य में नहीं लग रहा

था, वह शाम को अपने कमरे में जाकर चुपचाप लेट गया। सकुरी चाची ने जब सूरज को रात्रि के भोजन के लिये भी अपने कमरे से बाहर निकलते नहीं देखा तब विजय को भोजन देने के पश्चात् सकुरी चाची ने सूरज का भोजन लेकर उसके कमरे में जाकर खिलाना बेहतर समझा। सोनू के जाने के पश्चात् अब सूरज ही तो उनके जीवन का एकमात्र सहारा बन गया था, उस माँ के लिये यह कैसे सम्भव था कि उसका बेटा बिना भोजन के ही सो जाये।

सकुरी चाची जब भोजन की थाली लेकर सूरज के कमरे में गयीं तो उस समय सूरज अपने ख्यालों में इस कदर खोया हुआ था कि उसे चाची के आने का अहसास ही नहीं रहा। भोजन की थाली को एक तरफ रखकर चाची ने प्यार से सूरज के बालों को सहलाते हुए पूछा कि– "किस ख्याल में खोए हुए हो बेटा, आज तुम रात्रि के भोजन के लिये भी बाहर नहीं आये" उस समय सकुरी चाची के शब्दों में असीम ममता उमड़ रही थी। सकुरी चाची के इन ममतामयी शब्दों ने सूरज को उसके ख्यालों की दुनिया से बाहर धकेल दिया था। चाची के इस प्रश्न का उत्तर सूरज क्या देता, वह खुद ऐसे हजारों प्रश्नों से गुजर रहा था। उसने मन ही मन विचार किया कि वह चाची से क्या कहे कि जो सपना उसने चाची की आँखों में सोनू के जाने के पश्चात् जगाया है वह कुछ ही दिनों में टूटकर बिखर जायेगा। चाची ने जो उम्मीद सूरज के माध्यम से अपने गाँववालों की तरक्की के लिये बाँधी है वह सब धूमिल हो चुकी है। किस मुख से वह चाची से कहे कि वह हार गया है, उसने जो सपना गाँववालों की तरक्की के लिये देखा है उसका पूर्ण हो पाना अब सम्भव

नहीं है। मन में ऐसे कई विचारों ने सूरज के होठ तो सिल दिए थे किन्तु उसकी आँखें अश्रुओं के माध्यम से चाची को काफी कुछ बयान कर रही थीं।

सूरज की आँखों में लगातार बहते अश्रुओं को शायद चाची की ममता ने पढ़ लिया था, सूरज को इस प्रकार से रोता देख कर उनकी आँखें भी भर आई थीं। उन्होंने सूरज को गले से लगा लिया तथा उसके अश्रुओं को पोंछते हुए रूँधे गले से कहने लगीं कि "बेटा, तुम्हारे ये अश्रु इस बात का प्रतीक हैं, कि तुम बहुत जल्द अपने लक्ष्य को प्राप्त करने वाले हो, अतः इन अश्रुओं को अभी खर्च मत करो कुछ आँसू अपने खुशी के पल के लिये भी तुम्हें बचाकर रखना चाहिए।" चाची की बातें सूरज को जहाँ एक तरफ अन्दर ही अन्दर धीरज रखने की प्रेरणा दे रही थीं वहीं दूसरी तरफ उसका अन्तर्मन बार-बार उसको धिक्कार रहा था कि वह गाँववालों की मदद नहीं कर पा रहा है।

सकुरी चाची के बार-बार आग्रह करने पर सूरज बे-मन से भोजन करने के लिये उठ तो गया था किन्तु उसका अशान्त मन उसकी तकलीफों को लगातार बढ़ा रहा था। बे-मन से भोजन करने के पश्चात् जब सूरज पुनः सोने के लिये अपने बिस्तर पर जाने लगा तब सकुरी चाची ने प्यार से सूरज से पुनः पूछा कि- "बेटा, सोनू के जाने के पश्चात् अब तू ही मेरी दुनिया है, मैं मानती हूँ कि मैं तेरी सगी माँ नहीं हूँ, किन्तु यह भी सत्य है कि मैंने तुझे अपने सगे बेटे के समान ही चाहा है। तेरा यह उदास और व्याकुल मुख मुझे प्रतिपल परेशान कर रहा है। कभी-कभी हमारी समस्याएँ इतनी कठिन भी नहीं होती जितना हम सोचते

हैं, अतः हमें सदा अपनी परेशानियों और समस्याओं को अपनों के साथ बाँट लेना चाहिए। अपनों के साथ समस्या बाँटने से उस समस्या का जरूर ही कोई न कोई हल निकलकर सामने आता है। यूँ अकेले अपने मन के अन्दर किसी भी परेशानी को दबाकर रखने से उसका समाधान नहीं निकल सकता।"

चाची के बार-बार पूछने पर सूरज ने नम आँखों से चाची से कहा कि- "चाची, मैं बचपन से लेकर आज तक सदा ईश्वर की परीक्षा देते ही आ रहा हूँ, क्या कभी मेरी परीक्षाओं का अन्त नहीं होगा, क्या कभी मेरे जीवन में सुख और शान्ति नहीं प्राप्त होगी, मैं अपनी मृत्यु से पूर्व एक बार समाज में एक सम्मानजनक जिन्दगी जीना चाहता हूँ क्या वह सम्भव नहीं हो सकेगा?" सूरज के इन तमाम प्रश्नों में उसकी विवशता और निराशा साफ तौर पर झलक रही थी। उसके इन तमाम प्रश्नों को सुनकर सकुरी चाची ने प्यार से उसको समझाते हुए कहा कि- बेटा, कौन कहता है कि तुम सफल नहीं हो। एक बार अपनी सफलता को उन विद्यार्थियों की नजरों में देखने की कोशिश करो जिनके लिये तुमने अपने ज्ञान से तरक्की की एक नई राह खोली है। भविष्य में तुम्हारे द्वारा पढ़ाये गए ये विद्यार्थी जब अपने जीवन के सबसे मुश्किल इम्तेहान से गुजर रहे होंगे उस समय तुम अपने ज्ञान की वजह से उन सभी के लिये एक प्रेरणा का स्रोत होगे। तुमने गाँववालों के लिये जो निःस्वार्थ सेवा हेतु जो कुछ भी किया है यह सब तुम्हारी सफलता ही तो है। जो कार्य करने से हमें अत्यधिक खुशी की अनुभूति हो वही हमारी वास्तविक सफलता होती है। अपनी सफलता को एक बार मेरी नजरों में तलाशने की कोशिश करो तुम्हें तुम्हारे प्रत्येक प्रश्न का हल

स्वतः ही मिल जायेगा। चाची की बातों को सुनकर सूरज का उद्विग्न मन अब कुछ-कुछ शान्त होने लगा था।

सूरज ने चाची से कहा कि- "चाची, गाँववालों की सहायता के लिये मैंने एक योजना बनायीं है, जिसके अन्तर्गत मैं खुद ही कुछ उत्तम बीज और खाद खरीदकर गाँववालों को बिना पैसे के वितरित करूँगा तथा इसके साथ-साथ कृषि में उपयोग होने वाले उत्तम कृषि के उपकरणों को खरीदकर गाँव के लोगों को समर्पित कर दूँगा, जिससे गाँव के गरीब किसान बिना किसी आर्थिक बाधा के अपने खेतों में फसल उगा सकेंगे। उनकी पैदावार को उत्तम और समृद्ध बनाने के लिये मैं झाँसी के कृषि वैज्ञानिकों से जो भी मुमकिन सुविधा होगी वह प्राप्त करने की कोशिश करूँगा। किन्तु मेरी ये समस्त योजनाएँ आज धरी की धरी रह गयी, क्योंकि इस कार्य को प्रारम्भ करने के लिये मुझे जितने धन की आवश्यकता थी वह मैं नहीं जुटा पा रहा हूँ। आज मैं बैंक भी गया था किन्तु वहाँ से भी मुझे यह कहकर वापस लौटा दिया गया कि मेरे पास ऐसी कोई सम्पत्ति नहीं है जिसके आधार पर वह मुझे पैसे देने को तैयार हों। ऐसी विषम परिस्थिति में मैं क्या करूँ उसका कोई समाधान नहीं मिल रहा है। सूरज ने रूंधे गले से कहा कि चाची मैं तो इन गाँववालों की भलाई के लिये निःस्वार्थ सेवा करना चाहता था किन्तु ईश्वर ने यहाँ पर भी मेरी कोई मदद नहीं की।

सूरज की बातों को सुनने के पश्चात् सकुरी चाची ने प्यार से उसके सिर को सहलाते हुए कहा कि- "बेटा, तुम परेशान न हो। ईश्वर सदा उन लोगों के साथ रहते हैं जो अपने सुख से

पहले दूसरों के हितों का ख्याल रखते हैं, तुम्हारा उद्देश्य निश्चय ही महान है, और महान उद्देश्य के लिये अपना जीवन समर्पित करने वालों के लिये ईश्वर कभी समस्त मार्ग बन्द नहीं करते। यकीन मानो बेटा, कल का सूरज तुम्हारे लिये जरूर कोई नया मार्ग प्रशस्त करेगा जिसकी सहायता से तुम अपने उद्देश्य को जरूर प्राप्त करोगे। इस वक्त तुम अपने मन को शान्त कर सोने की कोशिश करो, यह मेरा विश्वास है कि कल का सूरज तुम्हारे लिये जरूर खुशियाँ लेकर आएगा।"

चाची के समझाने के उपरान्त सूरज सोने के लिये अपने बिस्तर पर लेट गया और चाची सूरज के भोजन के दौरान जूठे बर्तनों को समेटकर अपने कमरे में चली गयी। सूरज अपने बिस्तर पर लेट तो गया था किन्तु चिन्ता और थकान की वजह से वह रात के तीन पहर तक बस करवट ही बदलता रहा। नींद उसकी आँखों से कोसों दूर थी, रात्रि के तीन पहर के बीतने के पश्चात् उसको जब नींद आई तो उसके उपरान्त उसको सकुरी चाची ने नींद से जगाते हुए कहा कि– "बेटा, कब तक यूँ सोते रहोगे? यह वक्त तुम्हारे सोने का नहीं अपितु अपने प्रत्येक उस सपने को पूरा करने के लिये है जो तुमने खुली आँखों से देखे हैं। चाची की बातों ने सूरज को जब गहरी नींद से उठाया, तो उस समय वह अत्यधिक थका हुआ महसूस कर रह था। आँखों में उस समय भी नींद भरी हुई थी। चाची ने सूरज के हाथों में चाय का कप देते हुए कहा कि वह जल्दी तैयार हो जाये, क्योंकि आज चाची को बैंक जाना था। चाची की यह इच्छा थी कि वह बैंक सूरज के साथ ही जाएँगी।

सूरज चाची की इच्छा के अनुसार चाय पीने के पश्चात् जब तैयार होकर बैंक में पहुँचा, तो उस समय चाची उसको लेकर सीधे बैंक के मैनेजर के केबिन में जाकर बैठ गयी। चाची ने बैंक मैनेजर से निवेदन करते हुए कहा कि– "श्रीमान् आप सूरज को कर्ज देने की कृपा करें, क्योंकि ये पैसे आने वाले समय में एक महान् उद्देश्य की पूर्ति में खर्च होंगे, यह लड़का उन पैसों की सहायता से गाँववालों के दुःखों का अन्त करना चाहता है।" चाची के अनुरोध को सुनने के पश्चात् बैंक मैनेजर ने विनम्रता पूर्वक चाची से निवेदन करते हुए कहा कि– "बहनजी, मैं इनके उद्देश्य से भलीभाँति परिचित हूँ, मुझे इस बात की खुशी भी है कि यह स्वयं अपने स्तर से गाँवों के लोगों के विकास के लिये अथक परिश्रम भी कर रहे हैं। किन्तु, इस वक्त मैं अपने आपको असहाय महसूस कर रहा हूँ कि मैं आप लोगों को बिना माकूल कागजातों के कर्ज लेने की अनुमति बैंक से नहीं दे सकता। कर्ज देने के लिये बैंक ने जो नियम बनाये हैं, यहाँ का एक जिम्मेदार मुलाजिम होने की वजह से यह मेरा फर्ज बनता है कि मैं बैंक के प्रत्येक नियम का ईमानदारीपूर्वक निर्वहन करूँ।" सकुरी चाची ने सकुचाते हुए कुछ कागजात बैंक मैनेजर की तरफ बढ़ाते हुए पूछा कि– "मैनेजर साहब, ये मेरे घर के कागजात हैं, क्या इनको बैंक में रखने से हमें लोन मिल सकता है?" सकुरी चाची के द्वारा दिए हुए कागजातों को निरीक्षण करने के उपरान्त बैंक के मैनेजर ने कर्ज देने देने की इजाजत उन्हें दे दी।

उस समय सूरज को यह समझ नहीं आ रहा था कि वह चाची की इस त्याग का शुक्रिया किस प्रकार से अदा करे। कर्ज लेने की सभी आवश्यक कार्यवाही को पूर्ण करने के बाद बैंक

मैनेजर ने उन्हें आश्वासन दिया कि कर्ज का पैसा कुछ ही दिनों में उन्हें प्राप्त हो जायेगा। बैंक मैनेजर के द्वारा मिले आश्वासन के उपरान्त सूरज को यह समझ नहीं आ रहा था कि वह किन शब्दों में सकुरी चाची के इस महान त्याग का शुक्रिया अदा करें।

बैंक से निकलकर घर तक के सफर में चाची और सूरज दोनों मौन थे, किन्तु अन्दर ही अन्दर सूरज चाची से यह पूछने के लिये बेचैन हो रहा था कि उन्होंने उसकी सहायता हेतु इतना बड़ा त्याग क्यों किया। घर पर पहुँचते ही सूरज ने चाची के लिये पानी का गिलास बढ़ाते हुए पूछा कि- "चाची, तुमने ऐसा क्यों किया? यह घर ही अब तुम्हारे जीवन का एकमात्र सहारा बचा है और इसे भी तुमने मेरे लिये बैंक में गिरवी रख दिया!"

इस प्रश्न के पूछने के दौरान सूरज का गला भर आया था, उसके शब्द लड़खड़ाने लगे थे। उसकी आँखों से अश्रुओं का सैलाब फूटने को तैयार खड़ा था। सूरज के इस प्रश्न पर सकुरी चाची ने मुस्कुराते हुए कहा कि- "बेटा, मैंने आज से पूर्व अपना सारा जीवन केवल अपने लिये ही जिया है, किन्तु तुम्हारा सपना अपने लिये नहीं दूसरों के लिये समर्पित है। अगर इस महान उद्देश्य में मैं किसी भी प्रकार से तुम्हारे काम आ पाई हूँ तो यकीन मानो यह मेरे लिये गर्व की अनुभूति करवाती है।

मनुष्य का सबसे बड़ा कर्तव्य है मनुष्यता की सेवा करना। मुझे खुशी है कि तुम इस पथ पर चलने का व्रत ले चुके हो। ईश्वर ने मुझसे मेरा सब कुछ छीन लिया किन्तु तुम्हारे रूप में एक ऐसा पुत्र भी दिया है जो अपने महान् कार्य की वजह से मुझे सदा गर्व का अहसास करवाता रहेगा। मुझे तुम पर नाज है।

तुमने जिस पथ पर चलने का निर्णय लिया है, वह बहुत ही महान है, किन्तु ऐसा पथ सदा कष्टों और चुनौतियों से भरा रहता है, जिसके लिये तुम्हें सदा तैयार रहना होगा।"

चाची की बातों को सुनकर सूरज अपने अन्तर्मन में एक अलग प्रकार की ऊर्जा की अनुभूति महसूस कर रहा था।

लगभग दस दिन के उपरान्त बैंक मैनेजर ने सूरज को फोन कर बैंक में सकुरी चाची के साथ आने के लिये कहा। बैंक मैनेजर के बुलाने पर सूरज और सकुरी चाची जब बैंक पहुँचे तो बैंक मैनेजर ने उनको खुशखबरी सुनाते हुए कहा कि आपका कर्ज स्वीकृत कर लिया गया है तथा कुछ जरूरी कागजातों पर आप लोगों के हस्ताक्षर करने के उपरान्त आप यह पैसा आपके खाते में डाल दिया जायेगा।

सूरज को पैसे अब मिल चुके थे अतः वह बिना किसी विलम्ब के झाँसी जाकर गाँववालों के खेतों की मिट्टी की जाँच करवाने हेतु निकल पड़ा। सूरज यह चाहता था कि इस बार गाँव के किसान अपने खेतों में फसल वैज्ञानिक विधि के हिसाब से रोपित करें, जिसके लिये समस्त खेतों की मिट्टी की गुणवत्ता की जाँच अति आवश्यक थी। एक हफ्ता के अन्दर जब सूरज को खेतों की मिट्टी की गुणवत्ता का पता चल गया तब उसने गाँव के किसानों की मदद से उन समस्त खेतों में उनकी गुणवत्ता के अनुसार बीज बोये गये। फसलों को उगाने से पूर्व और फसलों के काटने तक का खर्च इस बार सूरज ने स्वयं अपने स्तर से किया। इस बार किसानों को सिर्फ अपने खेतों में मेहनत करनी थी और बाकी समस्त आवश्यक वस्तुओं की पूर्ति सूरज अपने

स्तर पर ही कर रहा था। सूरज के इस महान् कार्य की चर्चा अब सिर्फ उसी गाँव तक सीमित नहीं थी बल्कि धीरे-धीरे उस गाँव के आसपास के लोगों तक भी पहुँचने लगी थी। सूरज ने किसानों के इस सेवा कार्य के बदले किसी भी वस्तु और धन की आस नहीं की थी, वह तो बैंक के कर्ज को अपने द्वारा दी जा रही शिक्षा के पैसों से उतरना चाहता था, ताकि गरीब किसानों के ऊपर कोई भी आर्थिक बोझ ना पड़ सके।

किसी ने सत्य ही कहा है कि महान् उद्देश्य के लिये किया गया कोई भी कार्य सदैव ईश्वर के द्वारा फलित ही होता है। उस वर्ष सूरज की मेहनत रंग लाई थी, काफी वर्षो के उपरान्त उस गाँव के प्रत्येक किसान के चेहरे पर खुशी की झलक दिख रही थी। गाँव के प्रत्येक किसान के खेत उत्कृष्ट फसल से लह लहा रहे थे। कुछ माह के उपरान्त ही जब किसानों ने अपनी फसलों को काटकर बाजार में बेचा तो उन सभी को अत्यधिक मुनाफा हुआ।

सूरज ने भले ही अपने सेवाभाव के लिये किसी भी किसान से किसी भी तरह के लाभ की उम्मीद नहीं की थी। किन्तु इसके बावजूद वे किसान सूरज को अपने मुनाफे का कुछ अंश देना चाहते थे। सूरज ने जब उन लोगों से पैसे लेने के लिये मना कर दिया तो गाँव के समस्त किसानों ने अपनी फसल के मुनाफे का कुछ हिस्सा शकुरी चाची के पास यह कहकर जमा करवा दिया कि- इन पैसों से सूरज उनके जैसे और गरीब किसानो की मदद कर सकता है। इसके साथ ही गाँव के अधिकतर किसान सूरज के इस महान् कार्य में उसका हाथ बँटाने को तैयार खड़े थे।

शाम को जब सूरज बच्चों को पढ़ाकर घर लौटा तो उस समय सूरज के घर के सामने मुखियाजी के साथ-साथ और कई किसान सूरज से मिलने के लिये खड़े थे। उन सभी की आँखों में सूरज ने अपने प्रति प्रेम और कृतज्ञता को महसूस किया था। सभी का हाथ जोड़कर सम्मान करने के उपरान्त जब सूरज ने उन सभी लोगों को इस प्रकार से आने का कारण पूछा तब मुखियाजी ने बतलाया कि- "सूरज, तुमने जिस प्रकार से निःस्वार्थ भावना के साथ हम सभी गाँववालों की सहायता की हम सभी उसका तुम्हें दिल से धन्यवाद कहने आये हैं। इसके साथ-साथ ही हम कुछ किसान तुम्हारे साथ मिलकर, तुम्हारे उद्देश्य को पूरा करने में कन्धे से कन्धा मिलाकर तुम्हारे साथ चलने को तैयार खड़े हैं। तुमने अपने ज्ञान और विचारों से जिस प्रकार से इन गाँवों के गरीब किसानों के चेहरों पर मुस्कान बिखेरी है, हम चाहते हैं कि वही मुस्कान एक दिन भारत के प्रत्येक किसान के चेहरे पर हो।

उस समय सूरज को यकीन ही नहीं हो रहा था कि उसके उद्देश्य में इस कदर कई और लोगों का हुजूम भी शामिल हो जायेगा। मुखियाजी और अन्य किसानों का साथ पाकर सूरज अपने अन्दर असीम ताकत की अनुभूति कर रहा था। सूरज, सरपंचजी तथा उन गाँवों के कुछ प्रभावशाली किसानों ने कुछ दिनों के उपरान्त ही एक संगठन की स्थापना की जो किसानों की तरक्की और उत्थान के लिये कार्य करने वाला था। सरपंचजी और गाँववालों ने उस का नाम रखा था उम्मीद संगठन। जिसका मुख्य उद्देश्य था- जहाँ तक सम्भव हो सके गरीब किसानों को हर सम्भव सहायता करना तथा किसानों को उत्कृष्ट पैदावार के

लिये जागरूक करना। इस नए उम्मीद के संगठन का मुखिया गाँव के लोगों ने सूरज को चुना था। अब धीरे-धीरे इस संगठन की सहायता से सूरज गाँवों के आसपास के लोगों की मदद भी करने लगा था, बदले में सूरज किसी से भी किसी भी वस्तु अथवा धन की चाह नहीं रखता। किन्तु अगर कोई किसान इस संगठन को अपनी स्वेच्छा से कुछ देना चाहता तो वह दे सकता था। कुछ ही वर्षों में सूरज के द्वारा स्थापित यह उम्मीद का संगठन अब उरई ही नहीं बल्कि समस्त प्रदेश और देश में अत्यधिक ख्याति प्राप्त करने लगा था। धीरे-धीरे सूरज के इस संगठन से काफी लोग जुड़ने लगे थे। देखते ही देखते लोगों का कारवाँ इस संगठन से जुड़कर इसको और मजबूत बनाता ही जा रहा था।